文艺进万家 健康你我他

新时代文明实践文艺志愿服务项目模式工作手册

中国文联文艺志愿服务中心
中国文艺志愿者协会　编著

中国文联出版社

图书在版编目（C I P）数据

“文艺进万家　健康你我他”新时代文明实践文艺志愿服务项目模式工作手册 / 中国文联文艺志愿服务中心，中国文艺志愿者协会编著. — 北京：中国文联出版社，2022.4

ISBN 978-7-5190-4856-3

Ⅰ. ①文… Ⅱ. ①中… ②中… Ⅲ. ①文艺－志愿－社会服务－中国－手册 Ⅳ. ①D669.3-62

中国版本图书馆 CIP 数据核字(2022)第 063142 号

编　　著　中国文联文艺志愿服务中心　中国文艺志愿者协会
责任编辑　王柏松　张　甜
责任校对　方　悦　刘　丽
装帧设计　地大彩印

出版发行　中国文联出版社有限公司
社　　址　北京市朝阳区农展馆南里 10 号　　邮编　100125
电　　话　010-85923025（发行部）　010-85923091（总编室）
经　　销　全国新华书店等
印　　刷　北京地大彩印有限公司

开　　本　710 毫米 × 1000 毫米　1/16
印　　张　19.25
字　　数　250 千字
版　　次　2022 年 4 月第 1 版第 1 次印刷
定　　价　62.00 元

编委会

序

新时代文明实践中心建设是以习近平同志为核心的党中央作出的一项重要决策，是宣传思想工作盘活基层、打牢基础的重要改革。中国文联高度重视新时代文明实践中心建设，积极发挥文艺和志愿服务双重独特作用，推动开展新时代文明实践文艺志愿服务试点工作。自 2019 年 10 月以来，通过两年多的试点工作，中国文联开创了“文艺进万家　健康你我他”新时代文明实践文艺志愿服务项目模式，创新了理念和工作局面，取得了一定成效。

编撰《“文艺进万家　健康你我他”新时代文明实践文艺志愿服务项目模式工作手册》（以下简称《工作手册》）是中国文联创新开展新时代文明实践文艺志愿服务的重要内容，是推动该项目在全国广泛开展的重要举措，其目的是为各级各类文联、文艺志愿服务组织和文艺志愿者提供规范开展新时代文明实践文艺志愿服务的工作参考。《工作手册》汇编了 2019—2021 年在北京、河北、内蒙古、山东、河南、湖北、新疆 7 省（区、市）试点过程中涌现出的 13 个典型项目，汇编了中国文联组织开展的两个典型项目。项目实施主体涵盖了中国文联、省级文联、省级文艺家协会、市级文联、市级文艺家协会、县文联、乡镇文联、社区文联等各级各类具有代表性的文联组织和文艺家协会，介绍了不同类型项目的开展情况，各项目具有较强的规范性，因而也具有较强的代表性和较高的参考价值，对于运用文艺志愿服务推进加强新时代文明实践中心建设具有重要意义。

目　录

总　论

省级文联统筹性项目

线上项目

线下项目

总　论

“文艺进万家　健康你我他”
新时代文明实践文艺志愿服务项目模式

一、项目模式简介

（一）项目及项目模式

“文艺进万家　健康你我他”新时代文明实践文艺志愿服务项目，是按照新时代文明实践中心建设要求，以项目建设为关键，以文艺志愿服务为主要方式，突出文艺在解决思想问题方面的优势，发挥人民群众主角作用，团结凝聚广大文艺志愿者在县级及以下行政区域广泛开展文艺演出、文艺培训、文艺展示等志愿服务的创新项目。

该项目瞄准新时代文明实践可操作、可复制、可推广总体要求，坚持目标导向、需求导向、效果导向，聚焦群众所思所想所盼，加强项目策划、设计和组织，从理念、行为、视觉等方面进行模式创建。经过近三年的实践检验，初步形成了理论清晰、目标明确、措施得力，形象识别系统鲜明，可操作、可复制、可推广的新时代文明实践文艺志愿服务工作模式。

该项目模式在试点地区应用，创建了覆盖线上线下、农村城市的项目体系，创建了涵盖国家、省、市、县、乡、村六级各类文艺志愿服务的项目集群，重构了人民群众为主角发挥文艺和志愿服务双重功能优势的新型动员体系。从项目实施渠道来看，项目形成了线上（网络）、线下（实地）、线上线下相融合三大类项目；从项目实施主体来看，形成了联动实施和自行实施两大类项目。从实践来看，项目模式推广应用，突出文艺促进社会健康发展的主题特色，以健康人们的心理、健康人们的身体、健康人们的思想为出发点和落脚点，促进社会文明风尚健康发展，促进社会治理体系健康完善，对于倡导文明风尚，引领大众行为方式，培育和践行社会主义核心价值观，推进习近平新时代中国特色社会主义思想落地落实，为中华民族伟大复兴贡献力量有重要作用。

（二）项目模式创建的背景

项目模式创建，从三个大的背景出发。

一是贯彻落实中央精神的要求。近年来，中央明确要求坚持以人民为中心、高质量发展思想，要求推进国家治理体系、治理能力现代化，明确指出这是党中央从战略和全局上作出的重大决策。中国文联贯彻落实中央精神，坚持政治机关的根本定位，树立和落实科学发展观，提高战略思维、历史思维、辩证思维、创新思维、法治思维、底线思维能力，以推动物质文明与精神文明协调发展，更好地满足人民群众多样化的精神文化生活需求，促进人的全面发展为目标，从加强思想道德建设、文化阵地建设方面推进供给侧结构性改革角度，着力于加强新时代文明实践中心建设和开展文艺志愿服务相结合研究。如何使精神文明建设活动内容丰富、有声有色、富有实效，成为当前文艺志愿服务的重要课题。

二是中央关于加强新时代文明实践中心建设的直接要求。2018 年 8 月以来，中央先后印发《关于建设新时代文明实践中心试点工作的指导意见》《关于深化拓展新时代文明实践中心建设试点工作的实施方案》《关于新时代文明实践志愿服务机制建设的实施方案》等文件，明确要求以志愿服务为基本方式加强新时代文明实践中心建设，推动新时代文明实践中心建设试点工作。《中国共产党宣传工作条例》也明确将新时代文明实践中心建设纳入其中。黄坤明部长多次讲话，对加强新时代文明实践中心建设提出明确要求。2021 年 11 月，中共中央办公厅印发《关于拓展新时代文明实践中心建设的意见》，要求在全国广泛开展新时代文明实践中心建设。以上均为发挥文艺志愿服务力量加强新时代文明实践中心建设提供了重要遵循。文艺志愿服务是志愿服务的重要组成部分，推动加强新时代文明实践建设是其责无旁贷的历史责任。

三是发挥文艺和志愿服务功能优势的要求。文艺是民族精神的火炬，是时代的号角。国内外经验表明，文艺功能的良好发挥，有助于增强国家软实力,提升国家精神文明建设水平。志愿服务是现代社会文明进步的重要标志。做好文艺志愿服务，其意义重大。新时期，社会主要矛盾发生变化，人民群众对于新时代有更高的期许，对精神文化生活有了更高的期待。文艺志愿服务身处历史发展的潮流之中，应积极主动为满足基层群众新期待发挥作用。中央对文联深化改革提出总要求，要求深化文联改革，加强基层文联组织建设，广泛开展基层文艺活动，团结引领广大文艺工作者为基层群众服务。坚持“二为”方向，积极践行“爱国、为民、崇德、尚艺”文艺界核心价值观，弘扬志愿精神，广泛开展新时代文明实践文艺志愿服务，有助于广泛建立群众性文艺社团，有助于推动基层加强文联组织建设，尤其是乡、村两级文联组织的建设与发展，推进文联组织深化改革。发挥党建引领作用，推动基层文联组织积极发挥作用，有为有位，能够搭建广阔的舞台，能够进一步推动文联组织团结凝聚广大的新文艺组织和新文艺群体在脱贫攻坚和推动乡村文化振兴中作出贡献。

（三）创建方法

由于新时代文明实践中心建设战略推出不久，文艺志愿服务在模式创建过程中，采用多种方法进行探索创建。

1. 调研。系统研究习近平新时代中国特色社会主义思想和中央关于新时代文明实践中心建设的政策资料，明确模式创建的内涵与工作方向。着力阐明文艺在塑造人的信仰方面发挥着积极作用，即文艺的娱乐功能、审美功能、教育功能具有解决人的精神需求的重要作用。基层群众需要文艺在娱乐、审美、教育方面发挥作用。

2. 运用项目管理方法。运用 SWOT 分析法，通过分析文艺志愿服务各种主要内部优势、劣势和外部机会、威胁等，分析文艺志愿服务在弘扬时代精神、服务基层群众、创新社会治理、引领文明风尚等方面的独特作用。

3. 进行试点实践。以新时代文明实践文艺志愿服务实施情况为基本条件和依据，进行调研座谈、会议、工作报告情况收集，联合有关省级文联推动新时代文明实践工作试点，检验和验证工作支撑。

4. 进行比较归纳。根据试点，总结提炼新时代文明实践文艺志愿服务项目模式。

（四）创建过程

2018 年 8 月以来，中国文联积极探索围绕新时代文明实践中心建设开展文艺志愿服务，从开展文艺培训、结对帮扶角度作了些有益尝试，但存在开展活动规模较小、理念不清、效果不明的情况。2019 年 8 月以来，中国文联重新审视新时代文明实践中心建设的重要意义，从国家思想意识形态战略高度，研究如何发挥文艺和志愿服务的双重功能优势，加强新时代文明实践中心建设。为此，中国文联先后多次赴中央文明办三局①进行沟通、座谈、

① 有关工作现已调整为中央文明办二局负责。

研讨，明确了工作的基本理念和框架。

在此基础上，中国文联结合工作实际，积极调研，选择试点地区。在赴山东省文联进行调研时，达成合作探索新时代文明实践文艺志愿服务模式的意向。经过多次沟通，中国文联、山东省文联明确了工作专班团队，将新时代文明实践文艺志愿服务模式探索工作摆在重要位置加强推动。在此期间，中国文联进一步谋划，提出“文艺进万家　健康你我他”作为新时代文明实践文艺志愿服务的主题口号，进而提出了“文艺进万家　健康你我他”新时代文明实践文艺志愿服务模式构想，并加紧推进实践检验。

2019 年 10 月 11 日，中央召开深化拓展新时代文明实践中心建设试点工作电视电话会议。2019 年 10 月 12 日，中国文联即与山东省文联组织开展了山东省文艺界新时代文明实践文艺志愿服务系列活动，举办新时代文明实践文艺志愿服务研讨班，对新时代文明实践试点县文联相关负责人进行培训，拉开了试点序幕。山东省文联对系列活动进行了专题总结，形成了“文艺进万家　健康你我他”新时代文明实践文艺志愿服务活动传播力报告，迅速形成规模声势。

通过实践和探讨，2019 年 10 月 16—18 日，中国文艺志愿者协会（以下简称“中国文志协”）召开第二次全国代表大会，面向全国进一步倡导开展新时代文明实践文艺志愿服务工作，提升新时代文明实践文艺志愿服务理论指导水平。会后，中国文联联合山东省文联进一步加强调研。2019 年 11 月 29 日，在山东莱芜召开调研会，专题对莱芜区“百姓春晚”文艺志愿服务项目进行专题研讨，并深入口镇下水河村、羊里镇仪封村等实地考察莱芜区新时代文明实践文艺志愿服务开展情况，发现“百姓春晚”对于推动百姓参与文艺活动具有重要意义。以“百姓春晚”为集中展示平台，将日常各类文艺活动比赛展示紧密与“百姓春晚”结合，有助于开创助力脱贫攻坚和推进乡村文化振兴的文艺新路子。2019 年 12 月 31 日，中国文联再赴山东省文联开展调研，结合元旦、春节两节期间开展“百姓春晚”的有利时机，决定召开一个较高规格的现场推进会，进一步推动山东省文联在全省范围内加强新时代文明实践文艺志愿服务部署，推动文艺志愿服务深化开展。同时，结合元旦、春节的有利时机，中国文联进一步加强整合，推动新时代文明实践文艺志愿服务在全国广泛实施。2020 年元旦、春节期间，中国文联按照新时代文明实践文艺志愿服务模式理念和思路，广泛部署开展“我们的中国梦”——文化进万家文艺志愿服务活动，并取得显著成效。中央广播电视总台《焦点访谈》节目对“我们的中国梦”——文化进万家在广西三江活动进行了专题报道。

在上述探索工作基础上，2020 年 1 月 15 日，经报中国文联党组同意，中国文联联合中央文明办三局、山东省委宣传部、省文明办、省文联等赴莱芜区召开新时代文明实践文艺志愿服务试点现场推进会，通过听取汇报和现场实地考察，较为系统地总结了新时代文明实践文艺志愿服务模式，并对进一步开展工作提出了明确要求。中央文明办三局领导给予充分肯定。总的来看，推进会显示，各项工作推进已取得重要成效，文艺志愿服务呈现出了新理念、新布局、新局面，初步形成了项目模式框架体系。

2020 年新冠肺炎疫情突发，新时代文明实践文艺志愿服务线下活动广受影响。中国文联正视困难，勇于创新，积极整合各大网络媒体平台，联合各全国文艺家协会、各省级文联、产行业文联创新开展“文艺进万家　健康你我他”网络文艺志愿服务，在全国范围推动开展网络公益课堂在线直播等文艺志愿服务活动，产生了广泛的影响，尤其是联合方舱医院举办网络直播慰问白衣战士演出活动，开创了文艺志愿服务活动的新形式。在此基础上，结合疫情实际，中国文联进一步开展创建以艺战役中国文艺志愿服务数字博物馆工作，推动线上文艺志愿服务进一步深化开展，建立了线上文艺志愿服务模式。在中国文联的倡导下，各地纷纷开展网络培训、展示等活动，带动线上文艺志愿服务广泛开展，如山东省开展的空中戏曲课堂、我爱我家随手拍等文艺志愿服务活动，线上文艺志愿服务已成为新时期文艺志愿服务的重要创新方式。新时代文明实践文艺志愿服务模式得到进一步丰富和完善。

为进一步加强模式检验，2020 年 10 月，中国文联召开新时代文明实践文艺志愿服务模式部署会，决定选取北京市、河北省、内蒙古自治区、山东省、河南省五省（区、市）扩大试点。明确每个省（区、市）至少推选 3 个地市，每个地市至少推选 3 个县，每个县至少推选 3 个乡镇，每个乡镇至少推选 3 个社区、村作为试点。试点时间为 2020 年 11 月至 2021 年 3 月。2021 年 4 月 7 日，中国文联召开新时代文明实践文艺志愿服务项目扩大试点推进研讨会，对扩大试点工作进行了总结。面对新冠肺炎疫情，中国文联不断丰富新时代文明实践文艺志愿服务实施方式，于 2021 年策划创建了文艺志愿服务特别行动特别节目模式，开创了疫情下线上与线下相融合开展的新时代文明实践文艺志愿服务模式。试点模式经验进一步得到完善和验证。

二、项目模式形象识别系统

项目从理念识别、行为识别、视觉识别三个方面创建。

（一）项目模式理念识别（Mind Identity）

本项目从三个理念层面指引项目开展。

第一层面：核心目标，“一个聚焦”。以聚焦习近平新时代中国特色社会主义思想落地落实作为核心目标，加强政治建设，统领项目开展。

第二层面：指向目标，“四个服务”。根据具体项目不同，项目实施指向四个服务方向。即：为切实满足基层群众文艺需求服务；为文艺界使命任务服务；为发展壮大基层文联组织服务；为倡导社会文明风尚、促进社会健康发展服务。

第三层面：工作理念，“八个坚持”。项目具体实施运用八个方面的工作理念和思路，具体体现项目模式特色。即：坚持人民为中心的工作导向；坚持发挥人民群众的主角作用；坚持先进文化、革命文化、中华优秀传统文化内容方向引导；坚持发挥文艺志愿者的主体作用；坚持“送文化、种文化、传精神”工作思路；坚持“国家、省、市、县、乡、村”六级联动；坚持“送下去、请上来、进心里”实施思路；坚持推进各项目自我规范、常态化自我运转。

1. 核心目标——“一个聚焦”。项目模式以聚焦习近平新时代中国特色社会主义思想落地落实为根本任务目标，发挥其政治统领的作用，贯穿融合于项目实施的全过程、各方面，明确要求实现打赢基层思想阵地战，实现基层群众听党话、感党恩、跟党走。

2. 指向目标——“四个服务”。结合文艺、志愿服务的实际，将核心目标具体化，推进项目实施在不同层面上达成项目预期效果。总的来看，从中央要求、社会发展、群众需求、文联发展等层面，确定项目的目标指向为“四个服务”，具体为：

（1）发挥文艺和志愿服务双重功能优势，坚持文艺实践人民群众主角思想，通过广泛的文艺志愿服务活动，广泛组建基层文艺社团组织，发挥党建引领作用，为促进广大群众积极参与文艺实践服务，为切实解决广大群众精神文化生活需求服务。

（2）弘扬志愿精神和文艺界核心价值观，为文联组织自觉承担举旗帜、聚民心、育新人、兴文化、展形象的使命任务服务。

（3）深化文联改革，发挥文艺志愿服务的独特优势，为发展壮大文联基层组织服务。

（4）加强思想意识形态工作，培育和践行社会主义核心价值观，为倡导社会文明风尚、促进社会健康发展服务。

3. 工作理念——“八个坚持”。

（1）坚持以人民为中心的工作导向和发展理念。社会主义文艺是人民的文艺，坚持以人民为中心的工作导向和发展理念，是项目实施的总导向。

（2）坚持发挥人民群众的主角作用。坚持发挥人民群众的主角作用，是进一步深化坚持以人民为中心的工作导向的具体体现。深化项目实施改革，新时代文明实践文艺志愿服务坚持发挥人民群众的主角作用，主要体现为项目策划坚持瞄准人民群众需求进行，项目实施坚持人民群众积极参与文艺实践为重点，项目评价坚持由人民群众进行评价为标准。凸显人民群众主角作用，使人民真正享受社会主义文化发展成果是项目实施的根本要求。

（3）坚持聚焦培育和践行社会主义核心价值观。明确项目实施坚持弘扬中华优秀传统文化、革命文化和社会主义先进文化，坚持讴歌党、讴歌祖国、讴歌人民、讴歌英雄，对项目实施内容方向加强引领。通过坚持践行这一工作理念，对整个项目工作内容进行规范，进而通过文艺的形式实现润物细无声的效果。

（4）坚持发挥文艺志愿者的主体作用。坚持文艺志愿者是新时代文明实践文艺志愿服务的主体力量，积极彰显文艺志愿者力量和尊严，激发文艺志愿服务的强大动力，推动新时代文明实践文艺志愿服务长期开展。充分发挥文艺志愿服务对行风建设、职业道德建设的作用，推动其在德艺双馨等表彰评比过程中发挥作用，吸引双新组织、新文艺群体文艺工作者积极参与活动。

（5）坚持“送文化、种文化、传精神”工作思路。根据文艺资源分布现状，坚持推动优势资源向弱势地区倾斜。坚持将优秀的文艺作品送到基层群众身边，实施文艺惠民；坚持开展广泛的文艺培训，促进基层群众积极参与文艺实践,不断提升文艺水平和文化素养,培养基层文艺人才;坚持“送文化、种文化、传精神”相结合，将弘扬主流价值思想和志愿精神贯穿各项活动始终，不断夯实巩固文艺志愿服务成果。

（6）坚持“国家、省、市、县、乡、村”六级联动。项目实施倡导全国文联一张网、一盘棋理念，并进一步推动加强联动机制建设，将文联组织建设推向基层。发挥不同层级文联组织优势，整合资源，推动项目政策资源、经费、人力资源向基层一线倾斜，打通上下沟通机制，使基层工作依据充分，支持有力，切实使基层受益。

（7）坚持“送下去、请上来、进心里”实施思路。项目实施注重内在激励机制建设。按照六级联动模式，在将优秀文艺资源送到基层的同时，更加注重调动基层积极性。各级文联组织不仅将优秀文艺人才和文艺作品送到基层，更积极搭建各类文艺活动舞台，邀请表现良好的基层文艺人才、社团组织到更高层面的文艺舞台展示、竞赛，展现基层文艺发展新面貌、新形象。通过上下联动，紧扣基层需求设计安排活动，抓住让群众展示其精神面貌的关键，使活动深入人心，更使活动效果深入人心，打造文艺志愿服务螺旋上升的生态圈。“百姓春晚”文艺志愿服务项目，广大百姓踊跃参加，就显示出该项目的强大感召力、影响力、生命力。

（8）坚持发挥基层自主性,推进项目实施自运行。坚持发挥基层自主性，推进项目自运行，由“输血”向“造血”转变，着力打造“永不落幕的基层文艺大舞台”，通过广泛组建文艺社团，发挥党建引领和党员骨干作用，引导基层文艺活动自行运转、健康发展，实现项目运行常态化。在基层自行运转过程中，积极发挥广大文艺志愿者的作用，对其进行指导、督导、培训，不断提升基层文艺活动自运转水平。

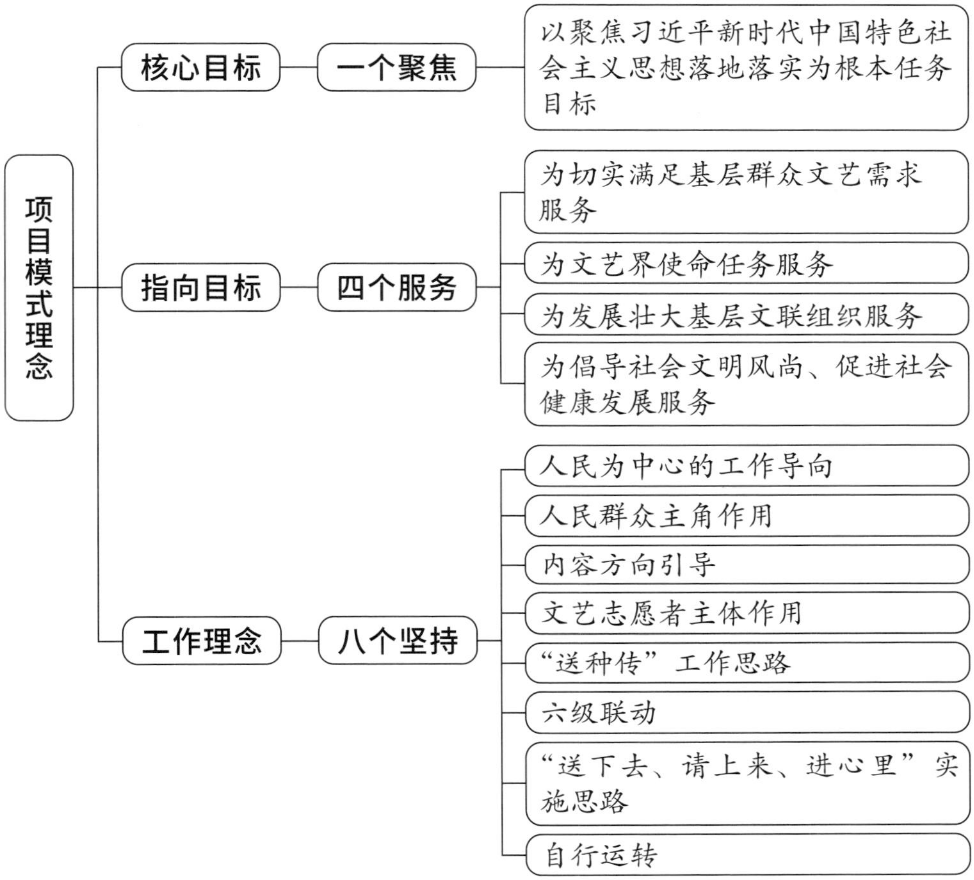

项目模式理念识别示意图

（二）项目模式行为识别（Behavior Identity）

本项目模式行为从模式类别、服务内容、实施方式、传播方式、激励方式、评价方式等六个方面进行行为建构，构成鲜明特色。

1. 创建项目实施渠道——“三类渠道”。一是线上渠道，即通过网络开展文艺志愿服务。二是线下渠道，即在实地广泛开展具体文艺志愿服务活动。三是线上线下相结合渠道，即活动在线下开展，同时策划设计以网络形式同时进行。这三种渠道，各有特点，互相补充，对于全面深入推进新时代文明实践中心建设具有重要意义。

2. 强调项目内容规模——“两个广泛”。结合文艺志愿服务活动的主要表现形式，项目强调活动覆盖面和影响力，突出强调两类服务的广泛性规模。一是面向广大基层文艺工作者、文艺骨干，广泛开展文艺培训服务，促进其提升文艺技能。二是针对广大基层群众，广泛开展综合性的文艺活动，主要包括慰问演出、文艺展示、文艺交流等活动。

3. 强化项目实施方式——“三种实施”。注重增强项目实施覆盖范围的广泛性，注重强调采用集中实施、联动实施、自行实施三种方式实施项目。

（1）集中实施。为实现特定目标，在某一段时间，在全国或某地区采取集中部署广泛实施方式，使项目能够广泛覆盖，并在短期形成广泛的声势，产生较大影响力。如中国文联每年在 5 月 23 日前后，集中部署实施“到人民中去”文艺志愿服务主题活动；在元旦春节期间，集中部署实施“我们的中国梦”——文艺进万家活动等。

（2）联动实施。在一定范围，采取上下级文联组织、相关单位联合实施某一具体项目的方式，加强项目推广和部署。如中国文联举办的“学党史　传精神　跟党走”——中国文艺志愿者在行动系列主题活动，横向联动有关省级文联，纵向联动各级文联；山东省剧协组织举办的“文艺进万家　健康你我他”农民戏剧展演月项目，即山东省文联、地市级文联、戏剧家协会、县级文联等联合实施的文艺志愿服务项目。

（3）自行实施。在项目理念指导下，不同单位、文艺志愿服务组织结合自身实际，自行创建实施各类文艺志愿服务项目。其在一定范围常态化运行，也根据实际不断调整优化。自行实施类项目灵活性、针对性很强，其广泛存在，是文艺志愿服务丰富性的体现。

在三大类实施方式下，各项目还有很多具体的实施方式，有力推进项目规范化。如山东省文联积极实施“四单模式”，即群众点单、文联派单、文艺志愿者接单、群众评单。莱芜区“百姓春晚”项目，在程序化、仪式化方面进一步探索，如统一标识、口号，统一将村工作汇报、文明表彰纳入活动，设定相应固定节目等，加强了活动举办和开展的仪式感，有力增强了项目的影响力。有的群众合唱活动，则从定曲目、定人选、定衣装等方面，不断强化仪式感。

4. 重视传播效果——“四类传播”。注重送文化、种文化、传精神相融合，广泛展现项目动员力量。从传播角度，除了对传播内容进行规范，在传播方式上主要采取上下传播、集中传播、矩阵传播、先进典型传播四种方式。

（1）上下传播。注重在项目体系内上下传递各类决策和宣传信息。通过建设内部平台，加强传播，促进信息共享、总结经验、优化工作。

（2）集中传播。注重围绕重大时间节点、重大事件，对广泛、集中开展活动进行传播，通过传播，在短期内形成广泛的影响力。如对“我们的中国梦”——文艺进万家进行集中宣传。

（3）矩阵传播。对地方性或特色活动，整合各类传统媒体、新媒体，组成传播媒体矩阵，以融合方式进行传播，通过传播，提升品牌活动的渗透力，扩大影响力。当前，自媒体越来越发达，矩阵传播也越来越被广泛运用。

（4）先进典型传播。对在各项文艺志愿服务活动中涌现出的先进典型事件、人物、组织，进行专门、深度传播，加强示范引领，树立文艺志愿服务活动旗帜。

5. 注重激励引导——“两褒扬一推广”。通过开展褒扬、宣传推广，实施具体激励。

（1）召开专门表彰或推广推选大会，对典型人物、事件、组织进行集中褒扬，或给予必要资金政策支持。按照项目模式规划，目前，中国文联、中国文志协联合中央文明办三局已设立宣传推选学雷锋文艺志愿服务“时代风尚”先进典型活动，着力加强集中褒扬建设。

（2）加强文艺志愿服务支持和评价，以积极的表态和支持进行分类褒扬。在支持方面，如提供各种便利条件支持文艺志愿者开展活动；支持文艺志愿者参与其他各类文艺活动等；优先吸纳文艺志愿者入会；为参加文艺志愿服务活动的志愿者提供保险支持；搭建展示平台、舞台，支持推荐人民群众参与不同层次的平台展示，及时给予褒扬肯定等。在加强评价方面，如根据工作开展情况，开展或年度，或分项，或具体内容的评价工作。如中国文联对文艺志愿者注册工作进行评价，推选星级志愿者；如“百姓春晚”活动评价优秀文艺志愿者、优秀组织者等。

（3）加强宣传推广。对开展新时代文明实践文艺志愿服务情况进行全面推广，倡导社会文明风尚。

6. 注重项目实施质量——“四类评价”。提升评价工作地位，使评价贯穿项目运行全过程，从项目主题、项目实施频次、项目参与度、项目整体四个维度进行项目评价。

（1）项目主题评价。对具体项目开展设定的主题进行评价，考察项目主题设定是否有利于项目目标实现，如是否简洁明快、能够通俗易懂进行广泛传播，是否广泛覆盖基层群众，是否有助于倡导增进人民身体和精神健康等。在疫情防控期间，中国文联推出“文艺进万家　健康你我他”网络文艺志愿服务，在突显文艺与健康理念融合方面，收效良好。

（2）项目实施频次评价。在一定周期内对项目重复实施某类服务活动次数进行评价，考察项目实施效果。如广场舞活动，每天、每周、每月、每年组织举办广场舞多少场、次，能够较好反映广场舞活动的质量。

（3）项目参与度评价。对广大文艺志愿者、群众、广大组织者参与项目活动情况进行评价，考察项目的生命力和吸引力。如广大群众积极参与项目，表明项目广受群众欢迎，广大文艺志愿者、组织者积极参与活动，表明对项目认可度较高，反之，则项目运行质量较低。

（4）项目整体评价。在项目运行到一定阶段后对项目运行进行整体评估，从项目目标、项目组织机制、人员、资金投入、运行实施方式、内容、参与各方情况、总体评估等各方面进行评价，考察项目运行的整体质量，并构成新的决策依据。

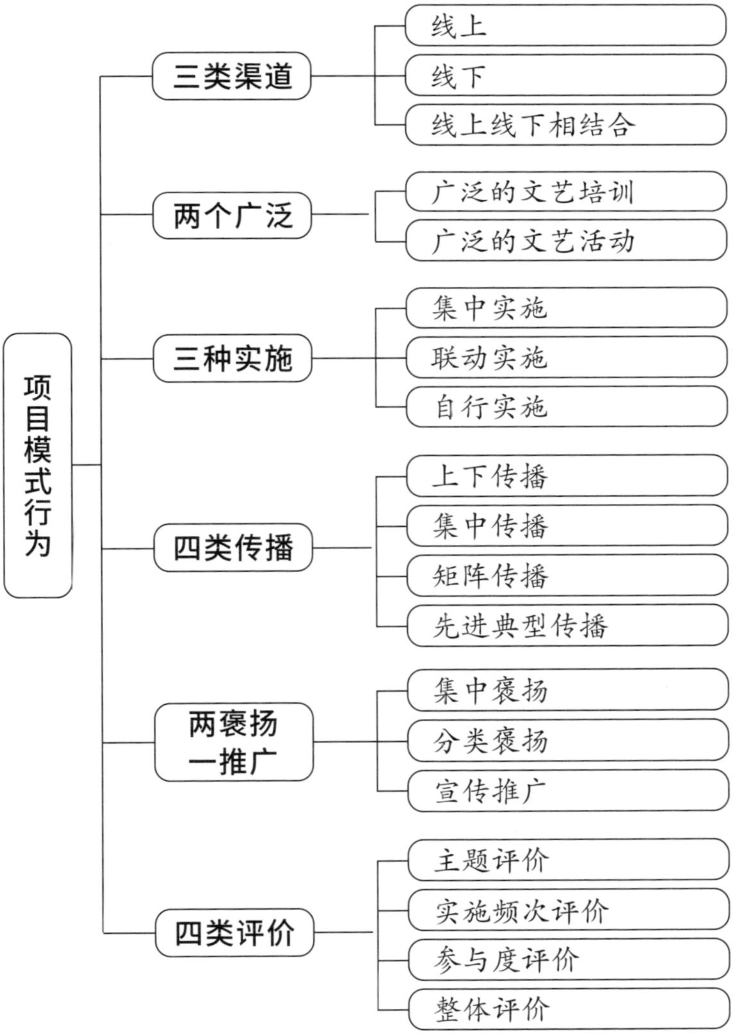

项目模式行为识别示意图

（三）项目模式视觉识别（Visual Identity）

项目积极打造项目模式视觉识别。项目模式设定中国文艺志愿者标志和“文艺进万家　健康你我他”主题口号为视觉主要要素，从推广使用方面进行建构。

1. 中国文艺志愿者标志。项目模式统一明确文艺志愿者标志为核心标识。该标志由知名美术家韩美林设计并捐赠。

2. 主题口号。项目模式统一明确“文艺进万家　健康你我他”为项目模式的主题口号，是重要的视觉识别方式。该主题口号集中表达了项目的各项理念。各具体项目实施将“文艺进万家　健康你我他”作为显著标志进行展示。如制作旗帜、横幅、活动会场标语、作品奖品、纪念品、证书等，都要在显著位置标明主题口号。

3. 主题歌曲。新时代文明实践文艺志愿服务应创作一首主题歌，在活动过程中进行传唱，使其具有标志性意义，凝聚活动力量，展现活动形象。

4. 宣传及环境。项目对宣传海报、广告设计，逐步探索规范。在会场、服务现场加强环境布置，规范上述各项使用，通过长期运行，使其深入人心。

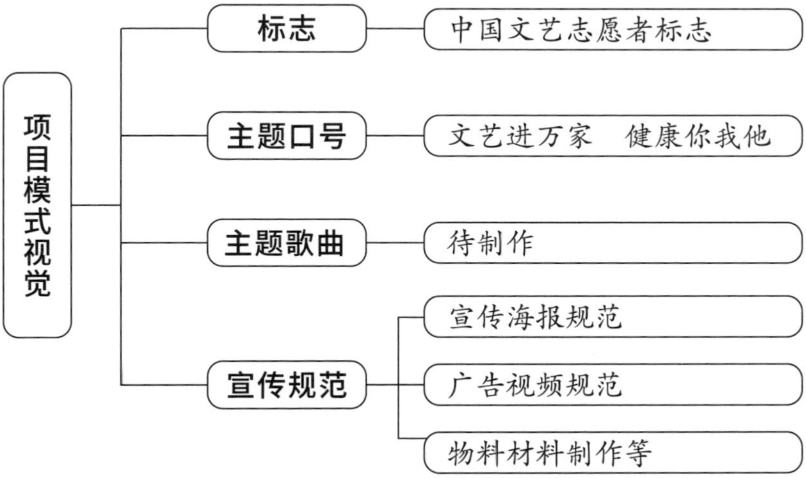

项目模式视觉识别示意图

三、项目模式推广与科技支撑

深化新时代文明实践中心建设，按照“做到阵地资源整合到位，体制机制健全到位，服务群众精准到位，形成可复制、可推广的经验”的总体要求，形成了“统一的主题，多样的内容”项目模式，为全国各地运行该项目创建了项目模板。项目模式如何有效推广与实施是重要问题。中国文联依托文联组织系统优势，发挥网络优势，创建中国文艺志愿服务智慧平台，推动新时代文明实践文艺志愿服务实现网络新技术与项目载体的有机融合。该平台以实现各级文联、文艺家协会文艺志愿服务组织、其他各类文艺志愿服务组织入网，实现广大文艺志愿者入网，实现各类新时代文明实践文艺志愿服务项目入网为主要目标，以上述三入网，推进实现一张网发布指挥决策，通达各个项目运行主体，让重要决策安排部署瞬间到达广大村落、社区，推动项目运行实施，在真正实现共建共享，创建新时代文明实践文艺志愿服务良好生态方面努力。在此基础上，推进借鉴国内外优秀节目经验，充分发挥以人民为主角的作用，通过网络平台实施创意活动、栏目，推出常态化创意节目，联动省、市、县播出，聚人气，接地气，实现带动广大人民群众入网；开展学雷锋志愿服务，引领社会时代风尚，在解决思想问题的同时，引入各方资源，针对人民实际物质生活需求，推进解决实际问题，全面加强人民生活和发展保障，促进共同富裕。

省级文联统筹性项目

“文艺进万家　健康你我他”
山东省新时代文明实践文艺志愿服务项目

一、项目简介

“文艺进万家　健康你我他”山东省新时代文明实践文艺志愿服务项目坚持以习近平新时代中国特色社会主义思想为指导，深入贯彻党的十九大和十九届历次全会精神，按照中国文联关于加强新时代文明实践中心建设的总体要求，在中国文联文艺志愿服务中心的指导下策划实施，该项目瞄准新时代文明实践中心建设，发挥文艺志愿服务的专业优势和资源优势，团结凝聚广大文艺志愿者，是一项省级统筹项目。

该项目统筹各级资源，包括各省级文艺家协会资源、各地市新时代文明实践服务资源、各县文艺志愿服务资源，确立了“走下去、请上来、深进去”的工作思路，以在农村社区建立“永不落幕的文艺大舞台”为目标，建立了“四单”服务机制,健全“五位一体”服务体系,实施“六级联动”工作机制，以品牌建设为重点，深化提升、借鉴复制、创新创建一批品牌活动，重点指导创建了“17 个品牌项目”（见附件），将试点工作与基层社会治理、深化文联改革、乡村文化振兴等工作融合推进，形成了一批可复制、可推广的“山东模式”“山东做法”，在推进实施过程中，形成了几大特色。

一是建立“四单机制”服务模式。在深入基层调研的基础上，听取群众呼声，了解群众需求，坚持满足需要与厚植土壤相融通，改“我送”为“需要我送”，打造“群众点单、文联派单、文艺志愿者接单、群众评单”的“四单”文艺志愿服务机制，实现文艺服务供给和需求信息的精准对接、传递和反馈，切实做到文艺发展成果由人民共享。

二是健全“五位一体”融合模式。以新时代文明实践中心建设为主线，以文艺志愿服务为载体，按照“采、送、种”相结合方式，项目建立了文艺志愿、文艺采风、文艺创作、文艺展演、人才培养“五位一体”的文艺志愿服务体系，挖掘和培养了一大批基层文艺群体和文艺人才，指导和推出了一批百姓喜闻乐见的现实题材优秀文艺作品，在乡村文化振兴中发挥着积极作用。

三是实施“六级联动”组织模式。2019 年 10 月，中国文联确定在山东开展新时代文明实践文艺志愿服务试点。试点工作三年来，山东省文联在中国文联文艺志愿服务中心的指导下，充分依靠文联组织的组织优势、人才优势，探索“一体化”“一盘棋”思维方式，建立国家、省、市、县、乡、村文艺工作者“六级联动”工作模式，实现了各级别、各门类艺术家与基层百姓以及文艺爱好者、文艺骨干的零距离“无缝对接”，上下贯穿、整体联动，全面打通了服务群众的“关节经络”。

四是打造“文艺品牌”提升模式。紧密对接基层群众需求，广泛开展慰问演出、采风创作、文艺支教、辅导培训、展览展示等形式多样、内容丰富的文艺志愿服务活动，以在乡村、社区建立永不落幕的文艺大舞台为愿景，将文艺志愿服务与新时代文明实践工作有机融合，创建推出了“‘百县千村’书法惠民”“百姓春晚”“农民戏剧展演月”“舞动千万家”“蒲公英合唱团培训”“寻找美术符号　助力乡村振兴”“民间工艺　美丽乡村”等17项受众面广、影响力大的文艺志愿服务品牌。

山东省新时代文明实践文艺志愿服务项目成效逐步显现，体现在以下几个方面：

第一，文艺志愿服务是宣传习近平新时代中国特色社会主义思想的有效方式。文艺是通过讲故事和写人物进行艺术化、审美化、情趣化、大众化式的传播，文艺志愿服务与理论宣讲、惠民服务、情感交流融为一体，接地气、有温度，以其独特的亲和力和感染力，使广大群众在参与体验、轻松愉悦中学习了党的路线方针政策，推动了习近平新时代中国特色社会主义思想入脑入心。莱芜区“莱”系列文艺志愿服务项目推出了艺义道“莱”文艺宣讲活动，在试点期间创作了方言快板书《五中全会谱新篇》，歌曲《风华拜年正茂时》《唱春天》，组歌《党旗颂》等，各门类艺术家用戏剧、音乐、舞蹈、书法、美术、文学等群众喜闻乐见的艺术形式，宣传党的主张，传播党的声音，看似无声，却润物有声。96岁的董立军老人在看完“百姓春晚”演出后激动地说：“跟着共产党，日子越来越好，我得好好活，这种节目怎么也看不够！”文艺志愿服务真正实现了让群众听党话、感党恩、跟党走。

第二，文艺志愿服务是坚持以人民为中心的工作导向的生动实践。新时代文明实践的重心在农村，对象是农民。为此，省文联提出了“走下去、请上来、深进去”的工作思路，以在广大农村社区建立“永不落幕的文艺大舞台”为目标愿景，也就是有群众聚集的地方就有文艺志愿服务，从而形成文艺大舞台。在组织活动中牢固树立群众既是服务对象，更是参与者、践行者的理念，把群众参与文艺活动的活跃度，作为衡量文艺志愿服务成功与否的重要标准。农民戏剧展演月活动实施三届，坚持“农民唱主角，演给农民看”，每年从全省4 000多家“庄户剧团”选出150多家参加全省展演，目前已累计演出千余场。“百县千村”书法惠民服务，累计开展活动5 900余场次，培训基层书法骨干2.5万人次，惠及书法爱好者、基层群众450万人。2020年，为应对疫情防控，累计开展线上线下文艺志愿服务活动6 000余场次，惠及群众9 000余万人，极大丰富了人民群众的精神文化生活。

第三，文艺志愿服务是推进乡村振兴助力脱贫攻坚的重要力量。文艺志愿服务拓展服务阵地，创新平台载体，激活搅热乡村文化氛围，增强了乡村发展的内生动力。寿光市23个艺术家协会的8 000余名文艺志愿者全员上阵，打造了以寨里村、韩家牟城村为典型的“文艺＋乡村振兴”示范样本，带动乡村文化活起来、民风树起来、产业兴起来，促进当地村民快速走上致富路。济南市历城区相公庄村在省书协帮扶下建立了墨汁生产线，年销售墨汁600吨，直接收入5 000万元，还增加了宣纸加工、毛笔制作、装帧印刷等文创项目，村民每年人均增收2万元。省美协在全省部署启动“寻找山东美术符号·助力乡村文化振兴”项目，深入挖掘地域人文乡情、自然风貌，借助美术力量表现乡村特色、美化村容村貌，全力推进“一市一品牌、市县有区别、村镇有特色、墙上有体现”建设，不断提升乡村振兴文化软实力。

第四，文艺志愿服务是筑牢基层思想意识形态阵地的有效方法。在农村基层，多种思想交汇，农村群众文化程度相对偏低，文艺活动极易被低俗、庸俗、恶俗思想所占据，个别农村地区甚至还出现过用宗教音乐作广场舞伴奏的现象。通过开展文艺志愿服务，整合优质文艺资源，不断丰富小品、乐器、书法、美术等文艺表现形式，拓展了基层文艺活动的覆盖面与受众圈，做到了老少皆宜、同步参与。建立横到边、纵到沿的网络组织，既丰富了群众文化生活，提升了群众文化生活水平，又保证了活动“思想正、内容好、接地气、有活力”，牢牢占领农村思想文化阵地。莘县莘亭街道后高庙村搭建起“新时代文明实践文艺志愿者大舞台”，本村及周边群众踊跃参演，既丰富了群众业余生活，又弘扬了乡村文明新风，一段时间以后村内的两个合法宗教聚会点自动解散。

第五，文艺志愿服务是推动社会治理体系、治理能力现代化的有力手段。文艺志愿服务作为最受群众欢迎、群众最喜闻乐见、覆盖面最广的活动形式，具有天生的强大生命力，这种润物细无声的特殊作用是其他教化形式难以替代的。莱芜区聂姓村民原本是一名“信访户”，在文艺志愿者的热心引导下，喜欢上了书法、二胡、唱歌等，不仅重燃生活信心，还成长为优秀的文艺宣讲员。莘县文艺志愿服务具有突出社会价值，瞄准社会热点和重点任务，充分发挥文艺志愿者人缘好、觉悟高、有特长、善沟通的天然优势，在全县98天完成河湖拆违、115天完成化工产业园敏感点村庄搬迁清零、70天完成高铁新城片区19个村庄开发改造、39天完成主城区棚改等硬核工作中发挥了不可替代的作用，成功化解多起因拆迁补偿引起的信访闹事矛盾纠纷，不仅拉近了干群关系，还提升了政府形象。

第六，文艺志愿服务是深化文联改革、加强基层文联组织建设的重要机遇。文艺志愿服务将过去长期处于边缘地位或者组织松散、自娱自乐的基层文联、协会组织推向舞台中央，使其自觉成为服务中心工作、助推经济发展的有生力量，从而得到当地党委政府的高度关注和支持，推动了基层文联的改革发展，基层文联组织得到显著加强。试点期间，临朐县、青州市、寒亭区、莒南县、莘县5个试点县（市、区）镇街文联实现全覆盖，成立镇街文联67个。目前，全省共36个区县成立乡镇街道文联，其中全部成立乡镇（街道）文联的有13个，分别是：济南历城区、莱芜区、章丘区、平阴县，青岛西海岸新区，淄博临淄区，潍坊临朐县、青州市、寒亭区，泰安宁阳县，聊城莘县、高唐县，滨州沾化区。基层文联组织网络贯通城乡，生机与活力得以激发和显现。

第七，文艺志愿服务是开展“深扎”活动、转变作风的有效途径。在文明实践活动中，广大艺术家走进黄河滩、深入沂蒙山，聚焦乡村振兴、脱贫攻坚等国家战略，把镜头和画笔对准群众，在志愿服务中汲取创作营养，创作了儿童音乐剧《黄河滩区的孩子们》、抗疫题材舞蹈诗《逆行》等一大批主题鲜明的原创文艺作品；举办了“山东省决战脱贫攻坚美术作品展”“脱贫攻坚看山东摄影展”等重大主题展览；在疫情斗争中，全省艺术家和文艺工作者创作了13万件战“疫”题材文艺作品。在试点中,文艺志愿者们“深入生活，扎根人民”，深入挖掘，反映群众生活变化，创作了河南坠子《婆媳打赌》、音乐快板《美丽乡村你我他》、相声《蔬果争功》等几百件“沾泥土”“带露珠”“冒热气”的文艺作品。戏剧志愿者贾学进，长期和农村群众接触，根据农村真实故事创作的小戏《卡事风波》，讲述农村三个儿子相互推脱不赡养老人，而政府给老人发养老金的故事，在当地连演200多场还供不应求，不少群众现场流下眼泪，拉住演员不让走，有几次演出现场群众齐声喊出了“共产党万岁”的口号！

本项目主要标志：使用中国文艺志愿者和山东省新时代文明实践中心标志。

中国文艺志愿者标志

山东省新时代文明实践中心标志

山东省新时代文明实践中心标志由山东省委宣传部组织设计并在山东全省范围规范使用。标识以“蒲公英”为主体元素设计。蒲公英的种子可以随风传播到很远的地方，然后生根发芽，孕育出新的生命。蒲公英的形象可以衍生出“希望、传播、分享”的概念，很好地诠释了新时代文明实践的思想内涵，该标志寓意山东省新时代文明实践像蒲公英一样，立足践行，做文明的种子，去传播希望和爱，凝聚昂扬向上的精神力量，形成社会文明风尚。标志围绕一个光点，寓意以中国共产党为中心；采用红、绿两种颜色，红色代表希望、活力、团结、正能量，绿色代表扎根基层、接地气，象征文明实践活动越来越深入，推动习近平新时代中国特色社会主义思想在齐鲁大地落地生根。

二、背景及需求分析

我们在项目开展前期对全省 50 个省级新时代文明实践试点县（市、区）的城乡人口数量、公共文化资源、文艺人才队伍、文艺需求现状进行较为全面的调研，并对调研数据进行了汇总和梳理，从中分析出新时代文明实践文艺志愿服务现阶段的薄弱环节、群众的期待，以期在下一步工作开展时，发挥文艺志愿的力量，有针对性地解决群众文化供给不足的中心问题。

（一）调研情况

1. 人口及基本设施：试点县（市、区）总人口 3 757 万余人，辖 664 个乡镇（街道）、27 216 个行政村（社区）；拥有县、乡、村三级文化广场 26 603 个、文明实践中心（站）21 419 个。

2. 队伍情况：具有各类文艺队伍（组织）24 851 支、共计 93 万余人。（其中庄户剧团 39 516 人，约占 4.2463%；合唱 54 996 人，约占 5.9097%；曲艺 6 752 人，约占 0.7255%；广场舞 710 193 人，约占 76.3152%；杂技 925 人，约占 0.0994%；美术 13 478 人，约占 1.4483%；书法 17 907 人，约占 1.9212%；摄影 11 044 人，约占 1.1868%；电影 1 999 人，约占 0.2148%；电视 1 409 人，约占 0.1514%；民间文艺 10 656 人，约占 1.1451%；其他文艺组织 61 730 人，约占 6.6333%。）

3. 受众愿望：最受基层百姓喜爱的艺术门类和最急缺的艺术门类文艺骨干培训有 13 项，排名前三位的分别是歌舞（主要是广场舞）、书法和戏剧，占比约为 22%、15% 和 14%。

（二）需求分析

通过调研分析看出，基层文化阵地建设突飞猛进，基础设施进一步完善，基层文艺队伍数量逐年增加，文艺活动参与人数不断增多，基层群众对文艺的需求十分迫切，总体供给不足，主要存在三方面需求：

1. 群众精神文化需求日趋高品质、多样化、个性化。改革开放 40 多年的发展，随着经济发展和技术进步，人民群众的生活水平显著提高。在物质生活丰盈的今天，百姓追求精神文化生活的需求日益增长，精神文化需求正朝着高品质、多样化、个性化的方向发展。人们不仅希望感受美、走进美，更渴望发现美、展现美和创造美。此外，部分地区美育发展落后，急需要美育引导。只有通过高质量的文化供给来满足人民日益增长的文化需求，才能增强人民的精神力量。

2. 基层文艺队伍分布不均衡，结构不合理。从事文艺事业的人数约占试点县（市、区）总人口的 2.48%，在 50 个省级试点县中，文艺队伍和文艺骨干存在地域和各艺术门类分布不均衡、结构不合理的问题，仍有部分试点地缺乏各类文艺队伍及相应的骨干，基层文艺骨干的缺失直接影响各类文艺活动的组织实施。

3. 基层文艺组织建设相对薄弱。调研显示，部分县级文联人员配备和基础设施建设相对比较薄弱，不少县级文联与县委宣传部共同办公，无独立办公经费，在基础设施建设、配强工作力量、文艺人才培养和创作展演、文艺惠民等方面缺乏自上而下的统筹引领和制度保障。山东省文联立足实际，以需求为导向，统筹调配相关艺术门类优势资源向所需地区倾斜，实施精准化文艺志愿服务，推动实现群众文艺由“统一配送”向“按需定制”的根本性转变，以新时代文明实践工作统筹，助推基层文联组织建设。

（三）项目意义

1. 更好地满足新时代人民群众对精神文化生活的新期待

创新开展山东省新时代文明实践文艺志愿服务，围绕以人民为中心的工作导向，秉持“走下去、请上来、深进去”的工作思路，把新时代人民日益增长的美好精神文化生活需要作为着眼点和发力点，用“四单机制”精准对接群众文化需求，启动“六级联动”整合调配各种资源和力量，统揽“五位一体”增强文艺志愿服务的综合性、适用性，提升文化供给的精准化、便捷化水平，发挥基层建立“横到边、纵到沿”的网络组织作用，确保活动“思想正、内容好、接地气、有活力”，不断提升群众的文化获得感和幸福感，更好地满足新时代人民群众精神文化生活的新期待。

2. 发挥人民群众的主角作用，打造永不落幕的基层文艺大舞台

源于人民、为了人民、属于人民，是社会主义文艺的基石和根本，也是社会主义文艺繁荣发展的动力源泉。山东省新时代文明实践文艺志愿服务，扎根基层，倾力打造永不落幕的文艺大舞台。在开展文艺志愿服务活动中，实现“深深地扎根群众、深入地发动群众、深情地服务群众”的主旨，把群众请上大舞台，使人民群众真正成为文艺活动的“主角”，完成由“送文化”到“种文化”质的飞跃。通过整合优质文艺资源，不断丰富文艺表现形式，

进一步拓展了基层文艺活动的覆盖面与受众圈，做到老少皆宜、共同参与，使新时代文明实践文艺志愿服务活动，演员与观众融为一体，共同演绎，为他人送温暖，为社会作贡献，努力实现提高艺术水平、提升思想境界、培育文明风尚的新时代的理想与追求。

3. 激发广大群众精神文明建设活力，倡导城乡基层社会治理新风尚

山东省新时代文明实践文艺志愿服务活动，从精神文明建设层面看，已经成为以春风化雨、润物无声的方式传播党的科学理论，宣传社会主义核心价值观，进一步弘扬文明新风、倡导清风正气，为广大城乡群众性精神文明创建提供内在精神动力的一支强大的生力军。这支队伍，立足社会主义文艺战线的主战场，通过文艺志愿、文艺采风、文艺创作、人才培养、文艺惠民“五位一体”形式多样、丰富多彩的新时代文明实践文艺志愿服务活动，充分发挥其强大的凝聚力、吸引力，引导广大人民群众将业余时间投入到健康的学习娱乐活动中，有效地避免了部分人群因为缺乏自我约束和教育引导，沉迷于电子游戏、麻将，酗酒等不良行为。对于迷信、传销、赌博、吸毒、打架、抢劫等违法犯罪活动，广大群众也能提高警惕，为早发现、早预防创造良好的群众治安基础。大力推进新时代文明实践文艺志愿服务活动，能够发挥其统一思想、凝聚人心、化解矛盾、增进情感、激发动力，牢牢占领农村思想文化阵地，助力现代化城乡基层治理的特殊功能。

4. 推动山东经济文化强省建设的客观需要

党的十九届五中全会提出了到 2035 年建成文化强国的远景目标，山东省委明确提出到 2035 年建成文化强省，“十四五”时期“文化强省建设实现重大突破”。在这一重要的历史节点上，山东省新时代文明实践文艺志愿服务活动，化茧为蝶，应运而起。

建设文化强省的宏伟目标，是实现中华民族伟大复兴中国梦的重要组成部分，也是山东文化战线的奋斗方向。围绕这一历史重任，在山东省文联的正确领导下，山东省新时代文明实践文艺志愿服务工作聚焦农村，遍及全省广大城乡基层，在助力新旧动能转换、助力乡村文化振兴等方面的作用日益彰显；广泛深入、生动鲜活地宣传中国特色社会主义思想、讲解党的方针政策、传播中华优秀传统文化、培育社会主义核心价值观，不断增强群众的思想觉悟、文明素养和文化自信的功能日臻成熟；统揽“五位一体”增强文艺志愿服务的综合性、适用性，提升文化供给的精准化、便捷化水平，不断提升群众的文化获得感和幸福感，更好地满足新时代人民群众精神文化生活的新期待的创新日趋完善。应当说，山东省新时代文明实践文艺志愿服务，是活跃在齐鲁大地文艺深入基层最前沿的一支排头兵，也是践行文艺为人民服务的一项重要实践活动，所以也必然成为我们迈向文化强省大目标的坚实一步。

三、项目总目标

1. 理念宗旨

项目活动以“文艺进万家　健康你我他”为文艺志愿服务理念，使群众在网络文艺实践中获得健康的身心状态、健康的生活方式、健康的文化素养、健康的社会秩序；秉承“创建精品服务，引领健康新风尚，造福全省人民”的宗旨，充分发挥文艺名家和文艺志愿骨干的示范带动作用，团结引导文艺志愿者尤其是基层文艺志愿者和基层群众参与到网络文艺志愿服务活动中来。

2. 项目总目标

项目目标表

序号	目标类别	目标描述
1	范围	建立品牌。打造山东省文联新时代文明实践文艺志愿服务项目、“农民戏剧展演月”文艺志愿服务项目、“寻找美术符号助力乡村振兴”文艺志愿服务项目、“百县千村”书法惠民文艺志愿服务项目、“百姓春晚”文艺志愿服务项目、“快乐星期天”文艺志愿服务项目、“网络直播演唱会”文艺志愿服务项目、“一个剧场唱全县”文艺志愿服务项目等 具体目标。线下开展 *** 场次活动，注册文艺志愿者 *** 人，线下培训 *** 场次，参与艺术家 *** 人次，培训文艺骨干 *** 人次，延伸惠及基层群众 *** 人次；线上开展品牌活动项目 *** 个，惠及受众 *** 人次。开展录播活动 *** 场次，招募文艺志愿者 *** 人。直播公益课堂 *** 场次，参与受众 *** 人
2	时间	2020 年 1 月 1 日—2021 年 12 月 31 日
3	成本	经费来源渠道（经费主要用于文艺志愿者补助、保险、奖品等，线上活动设备等实际投入，线下活动实际投入。）
4	质量	文艺志愿者数量和服务时长较上年增加 10%，服务场次较上年增加 10%，惠及百姓人数较上年增加 10% 新时代文明实践文艺志愿服务活动各个项目试点要以是否促进基层文艺组织发展，是否凝聚的基层群众越来越多，参与的艺术家是否满意和越来越多，基层党支部和党员是否起到先锋模范作用，是否发挥团结引领作用，是否对基层文艺组织给予指导引领为衡量工作是否达到要求的标准

3. 基本要求

（1）开展新时代文明实践文艺志愿服务，应当遵循自愿、无偿、平等、诚信、合法的原则，遵守国家宪法、法律、法规和有关政策，不得违背社会公德、损害社会公共利益和他人合法权益，不得危害国家安全，不得以志愿服务名义进行营利性活动。

（2）组织新时代文明实践文艺志愿服务活动，应坚持“项目引领、活动在先、因事找人、人随事走”，紧紧依靠群众，精准服务群众。

（3）志愿服务队伍安排志愿者参与志愿服务活动，应当与志愿者的年龄、知识、技能和身体状况相适应，不得要求志愿者提供超出其能力的志愿服务。志愿服务队伍、志愿服务对象应当尊重志愿者的人格尊严，未经志愿者本人同意，不得公开或者泄露其有关信息。

（4）志愿服务队伍、志愿者应当尊重志愿服务对象人格尊严，不得侵害志愿服务对象个人隐私，不得向志愿服务对象收取或者变相收取报酬。

四、项目里程碑计划

针对整个项目的目标要求，项目组结合项目自身特点和各方实际情况，分析确定项目的主要里程碑事件，制作了反映项目重大里程碑事件关系的里程碑计划表。

项目里程碑计划表

<table>
<tr><th rowspan="2">序号</th><th rowspan="2" colspan="2">任务名称</th><th>2019 年</th><th colspan="4">2020 年</th></tr>
<tr><th>10—12 月</th><th>1—3 月</th><th>4—6 月</th><th>7—9 月</th><th>10—12 月</th></tr>
<tr><td rowspan="2">1</td><td rowspan="2">前期准备</td><td>项目总体调研</td><td>◆ 12.1</td><td></td><td></td><td></td><td></td></tr>
<tr><td>项目总体筹划</td><td>◆ 12.30</td><td></td><td></td><td></td><td></td></tr>
<tr><td rowspan="5">2</td><td rowspan="5">启动部署</td><td>组建项目领导小组</td><td></td><td>◆ 1.3</td><td></td><td></td><td></td></tr>
<tr><td>召开项目启动会议</td><td></td><td>◆ 1.16</td><td></td><td></td><td></td></tr>
<tr><td>发布活动通知</td><td></td><td>◆ 1.20</td><td></td><td></td><td></td></tr>
<tr><td>动员文艺志愿者</td><td></td><td>◆ 1.23</td><td></td><td></td><td></td></tr>
<tr><td>人员培训</td><td></td><td>◆ 3.10</td><td></td><td></td><td></td></tr>
<tr><td rowspan="3">3</td><td rowspan="3">计划统计</td><td>制定试点活动计划</td><td></td><td></td><td>◆ 4.21</td><td></td><td></td></tr>
<tr><td>汇总试点活动需求</td><td></td><td></td><td>◆ 4.28</td><td></td><td></td></tr>
<tr><td>制定试点项目预算</td><td></td><td></td><td>◆ 4.30</td><td></td><td></td></tr>
</table>

续表

序号	任务名称		2019 年	2020 年			
			10—12 月	1—3 月	4—6 月	7—9 月	10—12 月
4	筹备指导	制定安保应急预案			◆ 4.24		
		落实场地设备			◆ 4.24		
		购买意外保险		◆ 3.17			
5	活动实施	推广宣传		◆ 1.1			
		开展 50 个试点项目		◆ 1.24			
		控制各试点项目进度		◆ 1.24			
6	表彰总结	提报推优					◆ 11.24
		活动表彰					◆ 12.24
		统计总结					◆ 12.25
7	项目结束	资金使用报告					◆ 12.31
		档案整理					◆ 12.31

五、组织管理

（一）组织框架

1. 省级队伍：由省委宣传部牵头组建省新时代文明实践志愿服务总队，总队长由中共山东省委宣传部部长担任，副总队长由省文明办主任、副主任和各专业队队长担任。省文联牵头组建省新时代文明实践文艺志愿服务专业队。

2. 各文艺家分队：省剧协、省音协、省曲协、省舞协、省杂协、省影协、省视协、省美协、省书协、省摄协、省民协 11 个艺术家协会。

3. 县级队伍：各县（县级市、区）要结合实际，建立本级文艺志愿服务总队和专业队，县级总队长由县（县级市、区）文联负责人担任。各级各类社会志愿服务组织，可向本级新时代文明实践文艺志愿服务总队提出申请，加入其中开展活动。

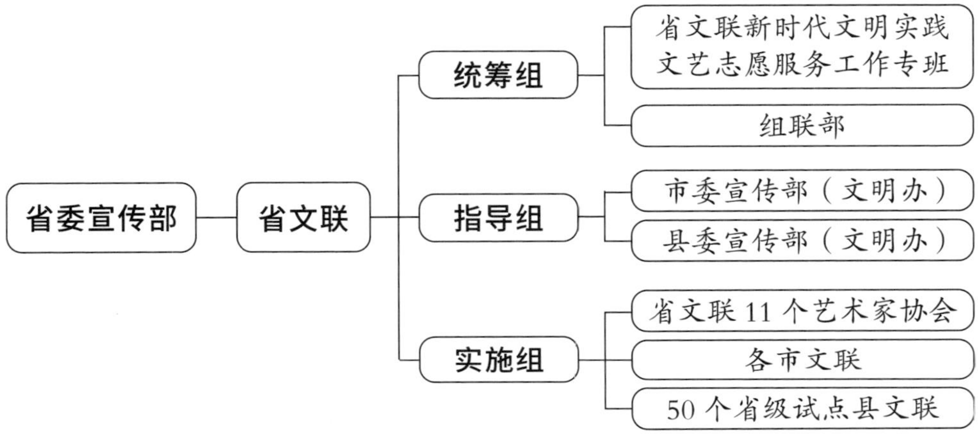

项目组织框架示意图

（二）**总队职责**

省文联牵头成立文艺志愿服务总队，统筹各省级艺术家分队开展新时代文明实践文艺志愿服务工作，进一步推动优质文化资源向基层倾斜，补齐乡村、基层文化建设的短板，更好地发挥文艺对乡村振兴的助力作用。

1. 围绕新时代文明实践中心建设任务，制定本级文明实践文艺志愿服务工作规划和项目计划，组织开展文明实践文艺志愿服务活动。

2. 研究制定政策保障措施，加强对各专业队伍建设的统筹指导，优化文艺志愿服务环境。

3. 加强文明实践文艺志愿服务的培训交流，及时总结推广工作经验，选树宣传文艺志愿服务先进典型。

4. 对专业队活动开展情况进行督导检查，定期通报各专业队志愿服务工作进展情况。

5. 加强文明实践文艺志愿服务工作的理论和实践研究，推动文明实践文艺志愿服务良性发展。

（三）专业队职责

1. 围绕新时代文明实践中心建设任务，紧密结合本部门、单位工作和艺术门类实际，制定专业队阶段性工作计划，设计实施文艺志愿服务项目，定期向文联报告工作开展情况。加强对系统内下级专业队伍的工作指导，合力打造在全省有影响力的文明实践文艺志愿服务品牌。

2. 建立健全本专业队开展志愿服务活动的各项规章制度。

3. 负责本专业队志愿者的招募注册、培训管理、服务记录、权益保障、考核激励等工作，维护志愿者合法权益。注重发挥共产党员、共青团员的带头作用。

4. 负责本专业队志愿服务活动资金，物资的协调、筹备、使用和管理，为志愿者提供必要的支持保障。

5. 统一使用山东省新时代文明实践中心标志、歌曲，通过志愿服务进一步扩大文明实践活动的影响力。

6. 通过知识传授、技能传习、业务培训、经验交流等不同形式，加强对各艺术门类文明实践文艺志愿服务专业队负责人、管理人员和志愿者骨干的培训，为基层文明实践文艺志愿服务活动提供支持和帮助。

六、项目实施

工作范围分解的主要目的和作用是明确项目的工作范围和工作内容，确保项目结构的系统完整和清晰透明，以便大家能够有计划地安排和实施项目的各项工作内容。

项目团队以项目目标体系为指导，按照工作分解结构的原理，采用头脑风暴法对项目进行分解，尽可能多地挖掘项目的工作单元，然后通过分析和总结，并与项目利益相关方协商讨论，最终确定项目的工作分解结构。

11 个协会与 50 个省级试点县（市、区）的统筹管理工作，具体分七大任务。

（一）前期准备

1. 项目总体调研

主要对全省人民群众的文化生活现状、文艺事业总况进行全面细致的实地考察和分析。

2. 项目总体筹划

省文联高度重视文明实践文艺志愿服务工作，多次召开专题会议，认真学习中央办公厅、省委办公厅和省委宣传部（文明办）关于新时代文明实践中心建设试点工作的部署安排，深化思想认识，提高政治站位，动员各部室、各艺术家协会切实增强志愿服务的责任感和使命感，扎实做好文艺志愿服务工作。

（二）启动部署

1. 组建项目领导小组并召开项目启动会议。省文联组建新时代文明实践文艺志愿服务领导小组，并召开项目启动会议，统一部署项目统筹、指导和实施工作。

2. 发布活动通知。省文联将省委宣传部、省文明办会议精神以文件形式向 11 个文艺家协会、各市文联和 50 个省级试点传达。

3. 动员文艺志愿者。志愿服务队伍按照人员隶属关系在本部门、单位或系统招募志愿者，也可通过项目化运作方式，面向全社会招募志愿者。

志愿服务队伍应在活动开展前提前发布项目信息，包括项目名称、时间、地点、服务对象和志愿者招募数量、岗位要求、支持保障等。

4. 人员培训。

（1）志愿者培训、注册

志愿服务队伍应采取集中辅导、座谈交流、案例分析等方式，负责对已招募的志愿者进行志愿服务理念、专业知识、服务技能和安全常识等内容的培训，使志愿者了解掌握新时代文明实践工作内容和要求，提升志愿者的思想素质、工作能力和服务水平。

志愿服务队伍应协助指导志愿者进行网上注册，并按照有关规定如实做好志愿者个人基本信息、志愿服务情况、培训情况、表彰奖励情况、评价情况等信息的录入和管理工作。

（2）工作人员培训

省文联及下属 11 个文艺家协会、各市文联和 50 个省级试点工作人员进行培训，培训内容主要是项目活动内容、步骤、要求、资金支配、服务保障及风险应对等工作，将责任落实到人，保证其有序进行。

（三）计划统计

1. 制定试点活动计划。省文联督促安排 11 个文艺家协会、各市文联和 50 个省级试点制定各自的活动计划，将计划汇总，为实施工作提供指导。

2. 汇总试点活动需求。11 个文艺家协会和 50 个省级试点将各自需求统一汇总。

3. 制定试点项目预算。11 个文艺家协会、各市文联和 50 个省级试点及其他有关单位将各自预算统一汇总。

（四）筹备指导

1. 制定安保应急预案。各负责单位做好活动安保应急预案的制定工作，要求考虑周全，反应及时。

2. 落实场地设备。各负责单位将活动涉及的举办场地和需要的工具设施安排到位。

3. 购买意外保险。各负责单位应保障志愿者的人身安全，为志愿者在志愿服务期间购买保险。目前由中国文联统筹、中国人寿联合统筹，各省文联、省人寿保险公司无偿赠送。

（五）活动实施

1. 推广宣传。在组织开展文艺志愿服务活动时，注重书面资料，电子版资料，影音资料的收集、分类、整理和保存。统筹整合资源，传统媒体、新媒体、自媒体、户外载体紧密结合，围绕不同艺术门类、不同品牌活动、不同活动方式的宣传需求，着重关注活动中的亮点事迹、典型团队和目标任务，以“全过程、高频率、广覆盖、有深度、声势大、效果好”为标准，立体化、全方位、广角度、多层次地集中宣传、重点报道，为文艺志愿服务营造良好舆论氛围。

2. 开展 50 个试点项目。根据具体情况，11 个文艺家协会、各市文联和 50 个省级试点有序开展各自计划的活动。

3. 控制各试点项目进度。省文联、各市文联负责实施监督和进度控制，具体控制办法见第十二条“项目实施与控制”。

（六）表彰总结

1. 提报推优。各单位做好活动开展的记录工作，根据省文联和各自考核指标，推选出表现优秀的团体和个人。

2. 活动表彰。省文联适时召开“新时代文明实践文艺志愿服务”表彰大会，对表现优秀的团体和个人给予表彰，向上级推荐优秀团体及个人。

3. 统计总结。省文联、各市有关单位对整个项目的实施情况进行总结，积累经验并发现不足。

（七）项目结束

1. 资金使用报告。省文联对省级艺术家文艺志愿队伍的预算工作进行最后的审核。

2. 档案整理。将活动中产生的文档、视频、图片统一汇总归类。将活动中比较成功的案例进行编纂汇总，建立项目案例书。

七、责任矩阵

新时代文明实践文艺志愿服务的基本责任分工为：

1. 分工明确，责任到人。省文联负责综合协调，做好顶层设计；省级文艺家协会负责本门类工作；市文联负责上传下达、联络督导；依靠县级文明办、文联开展工作；县（县级市、区）文联负责组织实施、落实到位；乡镇（街道）文联配合县（县级市、区）文联做好具体工作。

2. 市文联牵头成立工作组，主要负责人担任组长，所属县文联为小组成员，主要负责人担任副组长，相关工作人员担任组员。

3. 向下完善基层组织建设。推动条件成熟的县（县级市、区）文联在乡镇（街道）指导成立分会。

4. 工作组建立通信录，组建微信工作群，完善上下联络体系。每个县（县级市、区）文联和乡镇（街道）分会各确定 1 名负责人和 1 名联络员参与。

为了对项目执行进行有效的监督、协调和管理，项目团队采用责任分配矩阵的形式对承担项目工作任务的各方责任进行了进一步细化和界定。

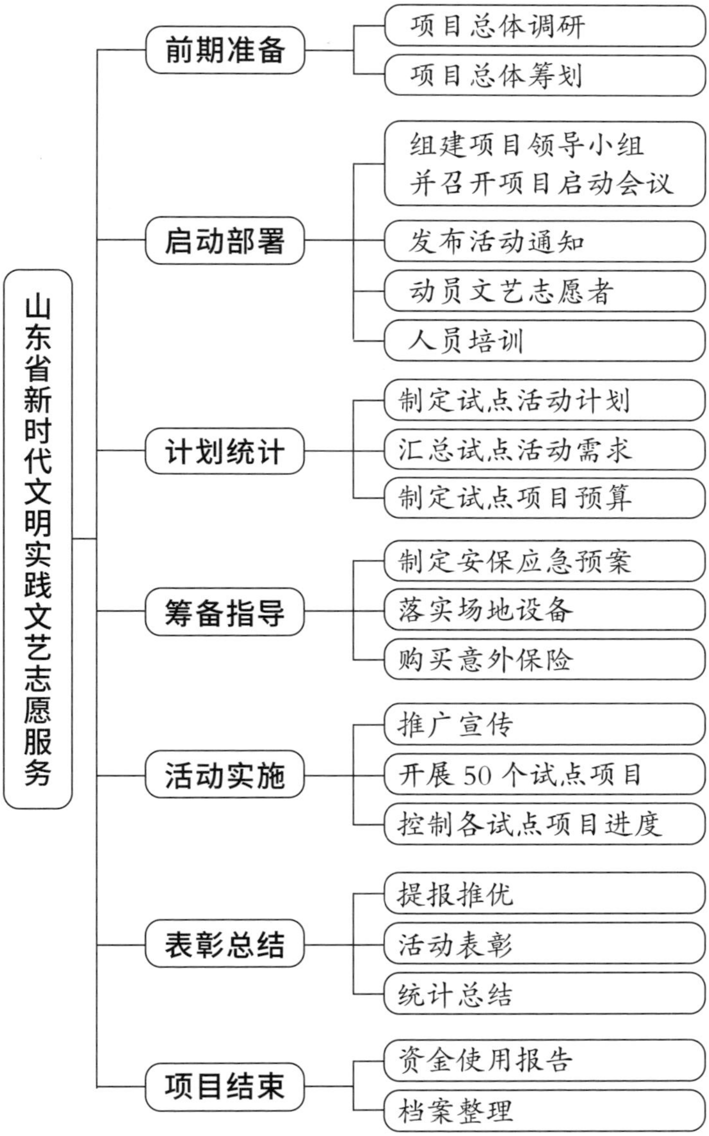
山东省新时代文明实践文艺志愿服务
前期准备
项目总体调研
项目总体筹划
启动部署
组建项目领导小组并召开项目启动会议
发布活动通知
动员文艺志愿者
人员培训
计划统计
制定试点活动计划
汇总试点活动需求
制定试点项目预算
筹备指导
制定安保应急预案
落实场地设备
购买意外保险
活动实施
推广宣传
开展50个试点项目
控制各试点项目进度
表彰总结
提报推优
活动表彰
统计总结
项目结束
资金使用报告
档案整理

项目分解结构示意图

项目责任矩阵表

序号	工作名称	省委宣传部（文明办）	山东省文联党组	省文联试点工作专班、组联部	市委宣传部（文明办）	市文联	县委宣传部（文明办）	11个省级文艺家协会	50个试点县（市、区）文联
1	前期准备								
1.1	项目总体调研	◆	▲	▲	○	○	○	○	○
1.2	项目总体筹划	◆	▲	▲	○	○	○	○	○
2	启动部署								
2.1	组建项目领导小组并召开项目启动会议	◆	▲	▲	○	○	○	○	○
2.2	发布活动通知	◆	▲	▲	○	○	○	○	○
2.3	动员文艺志愿者	◆	▲	◆	▲	○	○	○	▲
2.4	人员培训	◆	▲	▲	○	○	○	○	○
3	计划统计								
3.1	制定试点活动计划	◆	▲	▲	○	○	○	○	○
3.2	汇总试点活动需求	◆	▲	▲	○	○	○	○	○
3.3	制定试点项目预算	◆	▲	▲	○	○	○	○	○
4	筹备指导								
4.1	制定安保应急预案	◆	▲	◆	▲	○	○	○	▲
4.2	落实场地设备	◆	▲	◆	▲	○	○	○	▲
4.3	购买意外保险	◆	▲	◆	▲	○	○	○	▲

续表

序号	工作名称	省委宣传部（文明办）	山东省文联党组	省文联试点工作专班、组联部	市委宣传部（文明办）	市文联	县委宣传部（文明办）	11个省级文艺家协会	50个试点县（市、区）文联
5	活动实施								
5.1	试点活动推广宣传	◆	▲	▲	○	○	○	○	○
5.2	开展50个试点项目	◆	▲	◆	▲	○	○	○	▲
5.3	控制各试点项目进度	◆	▲	◆	▲	○	○	○	▲
6	表彰总结								
6.1	提报推优	○	▲	▲	○	○	○	○	○
6.2	活动表彰	○	▲	▲	○	○	○	○	○
6.3	统计总结	○	▲	▲	○	○	○	○	○
7	项目结束								
7.1	资金使用报告	◆	▲	▲	○	○	○	○	○
7.2	档案整理	◆	▲	▲	○	○	○	○	○

注：▲负责　○参与　◆监督

八、时间进度计划

准确编制项目进度计划，需要确定项目各项工作的先后关系，同时估计各项工作的工作量和延续时间。综合资源供应、保障条件、工作效率等情况，并结合历史信息，项目团队依据项目的工作分解结构和各种限制约束条件等，制定了以甘特图表示的项目进度计划。项目从2019年就开始运行，每年循环一周期，下面以2020年度为例。

序号	工作名称	2019 年	2020 年			
		10—12 月	1—3 月	4—6 月	7—9 月	10—12 月
1	项目总体调研					
2	项目总体筹划					
3	启动部署					
4	计划统计					
5	制定试点项目预算					
6	制定安保应急预案					
7	落实场地设备					
8	推广宣传					
9	开展 50 个试点项目					
10	控制各试点项目进度					
11	提报推优					
12	活动表彰					
13	统计总结					
14	资金使用报告					
15	档案整理					

项目甘特图

九、项目资源和资金使用计划

项目资源计划是指在项目执行过程中，决定项目工作所需要的资源类型（人力、材料等）及其数量的规划过程，它是费用估算和管理的基础。新时代文明实践文艺志愿服务活动提倡“文明节俭、志愿服务”，所需资源和经费采取政府鼓励、镇街奖励、企业赞助、群众筹集等方式保障。项目团队根据活动的特点，对资源和费用采取了“各单位分别统筹、项目组协调汇总”的管理模式。

项目资源和费用计划管理表

序号	活动名称	实施时间	预算（万元）
1	“文艺进万家　健康你我他”新时代文明实践文艺志愿服务山东试点工作	2020 年度	★★★
1.1	山东省文联新时代文明实践文艺志愿服务品牌活动	2020 年度	★★★
1.1.1	“农民戏剧展演月”项目	2020 年度	★★★
1.1.2	“蒲公英合唱团”培训项目	2020 年度	★★★
1.1.3	“舞动千万家”广场舞惠民项目	2020 年度	★★★
1.1.4	“寻找美术符号　助力乡村振兴”项目	2021 年度	★★★
1.1.5	“百县千村”书法惠民项目	2020 年度	★★★
1.1.6	“百姓春晚”（莱芜）项目	2020 年度	★★★
1.1.7	济南市群众合唱品牌项目	2020 年度	★★★
1.1.8	网络文艺志愿服务项目	2020 年度	★★★
1.2	承接中国文联重点活动项目	2020 年度	★★★
1.2.1	承办全国文联文艺志愿服务工作会	2020 年度	★★★
1.2.2	5·23“到人民中去”文艺志愿服务主题活动项目	2020 年度	★★★
2	文艺惠民活动	2020 年度	★★★
2.1	开展“送文化、下基层”活动	2020 年度	★★★
2.2	开展“三下乡”文艺惠民服务活动项目	2020 年度	★★★
2.3	开展“中国农民丰收节”活动	2020 年度	★★★

在项目计划阶段，实施活动的各有关单位结合历史信息，对各项工作所需的资源和费用进行详细的计划、评估，并确定落实和管理的负责人、监督人。项目执行阶段，相关责任人根据实际情况完成资源和费用计划管理表，资源费用有困难的单位可请求项目组协调。项目总结收尾阶段，项目组统计汇总各单位的资源费用数据，监控活动的整体资源消耗，并与活动效果进行对比分析，不断改进，提高未来活动的能效和水平。

十、考核激励

为了保证整个项目的有序进行，以及激发广大艺术单位、团体及个人的积极性，可以实行考核激励。

（一）考核原则

1. 将文艺志愿服务工作纳入省各文艺家协会、16 市文联考核以及协会工作考核，纳入意识形态工作责任制落实情况监督检查，考核结果作为省文联年终评优树先的重要依据。

2. 综合各文艺志愿服务专业分队开展活动的服务对象、服务人数、服务场次等实际表现，基层反馈，活动影响等，要求各文艺志愿者在中国志愿者协会官网实名注册，对活动成效进行全面考核评定，评定结果作为先进单位测评、推选宣传先进典型的重要内容。

3. 对在文艺志愿服务工作中作出突出贡献的志愿者、志愿服务队伍以及先进典型，按照法律法规和有关规定及时予以嘉许、奖励。

（二）考核办法

1. 团体考核。考察对象为 11 个省级文艺家协会、各市文联和 50 个省级试点。为了确保公平性，项目考核需明确具体指标，以定量和定性相结合的办法对参与单位或团体进行评价。根据各单位的活动组织场次、参与艺术家人数、惠及人民群众人数、培训骨干人数、动态会员增长率、宣传推广层次、资料建档、资金使用等情况综合评分考核。

2. 个人考核。为了确保公平性，项目考核需明确具体指标，以定量和定性相结合的办法对服务个体进行评价。文联对文艺志愿者采用星级认定办法，为激励嘉许文艺志愿者，根据民政部《志愿服务记录与证明出具办法（试行）》和《文艺志愿服务管理办法》规定，针对在中国文志协进行注册的文艺志愿者星级认定工作。

（三）激励措施

1. 单位或团体激励。打分评价由省、市文联负责进行。本年度文艺志愿服务结束时，分别对市、县、乡三级文联组织进行评比，为优秀单位颁发证书，在山东省文联网站、微信平台进行宣传和推介。各级优秀基层组织负责人可在上一级协会发展工作中优先考虑。考核结果特别突出的单位将由省、市文联向上级部门推荐参加新时代文明实践评优活动。

2. 个人激励。本年度文艺志愿服务结束时，分别对市、县、乡三级文联组织的个人进行评比，为优秀个人颁发证书，在山东省文联网站、微信平台进行宣传和推介。

此外，各级、各类文艺组织应将个人参加文艺志愿服务情况纳入发展会员、职称评定、“德艺双馨”评选考察内容。参照中国文联《各全国文艺家协会支持优秀文艺志愿者入会的办法》，在各省级文艺协会细则、个人会员申请入会条件中体现出，在同等条件下对积极参与山东省文联、山东省级文艺家协会组织开展的文艺志愿服务活动的申请人优先考虑入会。

考核结果特别突出的个人将由省、市文联向上级部门推荐参加新时代文明实践评优活动。

十一、风险管理

（一）风险分析

新时代文明实践文艺志愿服务是在基层大范围开展的群众文化艺术活动，有大量的现场和网络群众参与，其风险具有较强的独特性，主要表现在特定时期多个区域内风险的高度集中，且多种风险因素交错。为应对风险和突发事件，减少损失，制定风险分析方案。

其中，可能发生的风险类别有：活动内容意识形态风险，党政干部廉政风险，评优奖励公正性引发的风险，活动现场人员突发疾病风险，活动现场财物损毁、遗失风险，活动现场发生踩踏、火灾等公共安全事故风险，活动现场出现恶劣天气、自然灾害、重大疫情、突发紧急情况的风险等。

（二）风险应对

1. 在项目组中设置风险管理人员，使风险管理在组织上得到保证。

2. 在计划阶段，项目团队运用头脑风暴法、SWOT 技术以及根据核对表法，参考类似项目信息，全面识别项目每个阶段的潜在风险，列出风险清单。

3. 针对项目风险，共同讨论制定应对策略和管理计划，采取回避、减缓、转移、接受等方法和措施来减少和规避风险，责任到人。

4. 在项目的生命周期内及时监控风险状态，定期检查应对措施的实施情况和有效性，根据需要升级、补充或改变应对措施，并在项目例会中对全体成员进行报告。

5. 对于新出现和新发现的风险，及时补充到风险管理表中，并将这项工作贯穿在整个项目实施和收尾过程中。

项目风险管理表

风险识别					风险应对			风险监督			
序号	起始日期	风险描述	发生概率	危害程度	应对措施	责任人	计划结束日期	风险状态	跟踪人	处理结果	实际完成日期
1											
2											
3											

续表

风险识别					风险应对			风险监督			
序号	起始日期	风险描述	发生概率	危害程度	应对措施	责任人	计划结束日期	风险状态	跟踪人	处理结果	实际完成日期
4											
5											
6											
7											

十二、项目实施与控制

（一）项目实施

项目的实施是将项目计划落实到行动的过程，这一过程的有效达成离不开项目组织的统筹和协调。为了使整个项目团队中的沟通、授权、辅导、信息共享和问题解决等更加高效和准确，项目组建立了项目管理信息系统，具体包括：

1. 建立项目微信群，以保证信息和文件传递得及时、畅通。

2. 定期召开项目碰头会，由项目负责人根据项目情况发起，交流各部门单位工作进展状态，协调解决项目实施过程中发现的重大问题和各部门单位配合中存在的问题，以促进各项工作计划的实现。

3. 召开项目试点会、推进会及项目论证会，通过网络会议和现场会议结合的方式，对试点工作进行有效统筹推进，对协会和基层文联打造的品牌项目进行论证和提升。

（二）项目控制

项目控制是对项目的实施全过程进行有效的监控和管理，以最好的质量、最低的成本来获取最大的社会效益。项目组在实施过程中采取了以下控制措施：

1. 状态跟踪。在项目执行过程中，以项目计划和目标为基础，各责任部门和单位安排专人及时跟踪、记录执行的实际情况，特别是项目进度情况、资源费用的落实和使用情况、活动筹备是否符合有关质量要求和技术标准、项目的风险状态、项目相关利益方的需求是否变化并引发工作范围的改变等。

2. 偏差分析。将项目实际执行情况与目标和计划进行对比，动态分析出现的偏差和可能出现的偏差，权衡其已造成或可能造成的影响，制定调整方案和措施。

3. 偏差调整。对偏差和缺陷进行规范化调整处理，确保项目在受控范围内；对严重偏离计划指标且无法进行规范化处理的，及时对项目流程和计划进行更新。对于新的项目计划，持续运用 PDCA（计划、执行、检查、处理）循环法控制和改进项目实施，直至项目结束。

（三）项目提升

项目提升是在项目实施过程中作出的修改和优化。

2020 年 10 月 30 日，中国文联召开“文艺进万家　健康你我他”新时代文明实践文艺志愿服务项目扩大试点工作培训会，部署安排该项目在 5 省（区、市）继续扩大试点工作。山东省文联认真贯彻落实会议精神，加强顶层设计，做好布局谋篇，站在文联系统“一张网”“一盘棋”的新发展格局，全面谋划、精心组织，确保扩大试点工作落到实处、见到实效。经过扎实推进，扩大试点工作取得了积极成效，达到了预期的目标和效果。山东省新时代文明实践文艺志愿服务项目得到不断优化提升。

一是项目规模和影响力稳步提升。2019 年全年共组织各类文艺志愿服务活动 1 000 余场次，惠及群众 350 万人次。2020 年全省累计开展线上线下文艺志愿服务活动 6 000 余场次，惠及群众 9 000 余万人。2021 年开展新时代文明实践文艺志愿服务活动 2 700 余场次，惠及群众 1 100 余万人。

二是不断策划创建新项目。2021 年至今，创新打造山东省新时代文明实践网络文艺志愿服务、“寻找美术符号　助力乡村振兴”、济南市“美丽泉城随手拍”、临沂市罗庄区“快乐星期天”、青州市“家家翰墨　户户书香”、莘县“一个剧场唱全县”、莒南县“艺路有你　乐进万家”等 7 个新的文艺志愿服务项目，共计 17 个有影响力的文艺志愿服务品牌。省美协“寻找美术符号　助力乡村振兴”项目在全省 16 市开展 465 场次，创作作品 14 400 余幅，绘制墙体画近 16 万平方米，惠及全省 77 个县约 191 万人。

三是选树推出先进典型。2019 年，山东省书协“百县千村”书法惠民志愿服务项目入选全国学雷锋志愿服务“四个 100”先进典型之后，在 2020 年全国学雷锋志愿服务“四个 100”先进典型宣传推选活动中，山东推荐的两个典型入选最佳。在 2021 年度全国学雷锋志愿服务“四个 100”先进典型宣传推选活动中，山东省临沂市罗庄区傅庄街道幸福小镇社区获评最美志愿服务社区。在 2020 年中国文志协首届学雷锋文艺志愿服务“时代风尚”先进典型评选活动中，孟鸿声获评“最美文艺志愿者”，王宇鹏获评“最美文艺志愿服务组织者”，山东省文艺志愿服务团获评“最美文艺志愿服务组织”，济南市历城区全福街道南全福社区获评“最美文艺志愿服务社区（村）”。

附件：“文艺进万家　健康你我他”山东省重点示范性新时代文明实践文艺志愿服务项目

1.“文艺进万家　健康你我他”山东省新时代文明实践网络文艺志愿服务项目

2.“文艺进万家　健康你我他”山东省新时代文明实践蒲公英文艺志愿服务项目

3.“文艺进万家　健康你我他”“农民戏剧展演月”项目

4.“文艺进万家　健康你我他”山东省音协“蒲公英合唱团”培训项目

5.“文艺进万家　健康你我他”山东省舞协“舞动千万家”广场舞惠民项目

6.“文艺进万家　健康你我他”山东省美协“寻找美术符号　助力乡村振兴”项目

7.“文艺进万家　健康你我他”山东省书协“百县千村”书法惠民项目

8.“文艺进万家　健康你我他”山东省民协“民间工艺　美丽乡村”项目

9.“文艺进万家　健康你我他”莱芜区“百姓春晚”项目

10.“文艺进万家　健康你我他”济南市“国际合唱节”项目

11.“文艺进万家　健康你我他”济南市文联“美丽泉城随手拍”项目

12.“文艺进万家　健康你我他”罗庄区“快乐星期天”活动项目

13.“文艺进万家　健康你我他”青州市“家家翰墨　户户书香”项目

14.“文艺进万家　健康你我他”淄博市临淄区“齐天乐大舞台”项目

15.“文艺进万家　健康你我他”淄博市“网络直播演唱会”项目

16.“文艺进万家　健康你我他”山东莘县“一个剧场唱全县”项目

17.“文艺进万家　健康你我他”山东莒南县“艺路有你　乐进万家”项目

线上项目

“文艺进万家　健康你我他”
中国文联原创作品示范宣传推广新时代文明实践文艺志愿服务项目

一、项目简介

“文艺进万家 健康你我他”中国文联原创作品示范宣传推广新时代文明实践文艺志愿服务项目是中国文联文艺志愿服务中心（以下简称“中心”）为提升群众文化素养和艺术审美，以中心近 4 年创作的优秀原创歌曲和舞蹈推广作为主要内容，通过组织优秀文艺志愿者开展网络培训课程、录制舞蹈示范版本教学视频，并联动新时代文明实践文艺志愿服务项目 6 省（区、市）试点地区文联、“圆梦工程”22 个省（区、市）文联开展作品编排、视频录制、线上展演等活动而创新打造的，旨在通过项目推广与示范效应来带动人民群众积极参与，将组织优势与网络优势有机结合，实现出精品、推人才、强美育的目标。

二、项目特点

（一）表现形式新

中心采用网络直播形式面向群众普及舞蹈专业知识、分解示范舞蹈中的动作并通过直播互动留言等方式答疑解惑，这种新媒介形态的推广不仅创新了对外传播的形式，还推动了传播效果的提升。中心通过邀请文艺志愿者录制示范版本教学视频将直播中的核心内容进行集中再现，更为契合群众的接收习惯，便于大家消化作品内容。同时，中心通过组织各地开展作品编排、视频录制、网络征选、网络展演等活动，不仅创新了表现形式而且还极大地激发了群众的参与积极性。

（二）创作作品精

中心精选近几年创作的优秀音乐作品并邀请优秀文艺志愿者黄豆豆（中国文艺志愿者协会副主席、中国舞协副主席、全国学雷锋志愿服务“四个100”最美志愿者）、古丽米娜（中国文艺志愿者协会理事、全国疫情防控最美志愿者、《中国好舞蹈》年度总冠军）、饶子龙（中国文艺志愿者协会会员、中央五套《健身动起来》栏目主讲人、青年舞蹈家）创编群众舞蹈示范版本面向全国进行宣传和推广，他们在作品中融入了富有文化内涵的新元素，提升了作品整体的艺术性、观赏性、表演性。

（三）宣传覆盖广

中心发挥文联系统组织优势和人才优势，实施“国家、省、市、县、乡、村”六级联动，要求新时代文明实践文艺志愿服务项目6省（区、市）试点地区文联、“圆梦工程”22个省（区、市）文联组织广大群众积极参与此次活动，扩大活动的辐射面。同时结合组织优势、网络传播优势，坚持线上线下相结合，利用媒体平台开展网络课程培训。各地文联组织开展作品编排、视频录制系列活动，举办视频作品征选和线上原创作品展演活动，提升活动的宣传影响力。

（四）活动影响深

在“文艺进万家 健康你我他”理念的引领下，中国文联原创作品示范宣传推广新时代文明实践文艺志愿服务活动以丰富的表现形式实现了让艺术审美走进大众生活、让人民群众成为舞台主角的目标。一场场接地气、聚人气的舞蹈直播让老百姓足不出户就能接受艺术熏陶，感受艺术魅力；健康有序的舞蹈编排、录制与展演让老百姓在音乐舞蹈中尽情释放着热情与活力。在活动中我们不仅看到了地方文化的色彩，也看到了乡村振兴的强劲步伐，同时感受到了志愿者们的行动力。

三、项目可行性分析

（一）群众需求分析

随着社会的发展和生活的富足，人民群众对美好生活的需求，特别是精神文化生活的需求日益增长。不同地区、不同年龄和不同群体的人民群众对文化艺术作品的需求已经从“有没有、缺不缺”逐渐转入“美不美、好不好、精不精”的发展阶段，优秀的艺术作品越来越受到群众追捧。因此，用高质量的文艺作品提高群众审美、引领时代风尚显得尤为重要。

（二）示范引领作用

习近平总书记强调：“一个民族的复兴需要强大的物质力量，也需要强大的精神力量。没有先进文化的积极引领，没有人民精神世界的极大丰富，没有民族精神力量的不断增强，一个国家、一个民族不可能屹立于世界民族之林。”“伟大事业需要伟大精神。实现这个伟大事业，文艺的作用不可替代，文艺工作者大有可为。”由此，为进一步满足人民群众文化需求和增强人民精神力量，充分发挥文艺志愿者在精神文化建设中的独特作用，推动新时代文明实践活动向纵深发展，中心不断整合艺术资源，并与各省市文联通力合作开展原创作品推广活动是对文艺创作能动性、实践性、示范性的要求。

四、项目目标与里程碑计划

（一）项目目标

坚持围绕中心、服务大局，面向基层、服务群众，积极探索创新工作模式，倡导“文艺进万家 健康你我他”的志愿服务理念，通过项目推广与示范效应来带动人民群众积极参与，将组织优势与网络优势有机结合，努力实现出精品、推人才、强美育、助文明的目标，进一步推动习近平新时代中国特色社会主义思想落地落实，让广大人民群众感党恩、听党话、跟党走，进而实现人民有信仰、国家有力量、民族有希望，汇聚奋斗“十四五”、奋进新征程的强大力量。

（二）里程碑计划

项目计划表

序号	类别	具体描述
1	范围	面向全国各省（区、市），主要针对新时代文明实践文艺志愿服务项目6省（区、市）试点地区群众、“圆梦工程”各省（区、市）文艺培训学员

续表

序号	类别	具体描述
2	时间	2021 年 1 月：项目前期筹备、策划；选定原创作品 2021 年 2 月：制定实施方案、选定并邀请专家；项目启动部署、具体实施 2021 年 3 月：项目实施并进行阶段化测评 2021 年 4 月：网络视频推广 2021 年 5 月：各地视频录制、网络展演启动 2021 年 6—7 月：项目实施结束、项目总结
3	成本	提供志愿者补贴、课程制作等经费支持（×× 元）
4	质量	项目整体按计划顺利进行，并取得良好的社会效益。参与项目的省份调查满意度不低于 90%，参与项目的文艺志愿者人数不低于 30%，增加文艺志愿者人数不低于 5%

五、组织管理

（一）职责分工

1. 中心负责原创作品示范宣传推广活动的总体统筹、活动指导、经验总结、激励嘉许、宣传推广等工作，同时充分发挥组织优势和网络优势，指导推动各级开展此次活动。

2. 新时代文明实践文艺志愿服务项目 6 省（区、市）试点地区文联、“圆梦工程”22 个省（区、市）文联配合中心做好关于原创作品示范宣传推广活动的统筹工作，组织文艺志愿者、文艺骨干、文艺爱好者做好课程安排、作品编排、视频录制、宣传推广等工作，以保障活动健康有序开展。

（二）组织实施方式

1. 联动实施：发挥文联系统组织优势和人才优势，实施“国家、省、市、县、乡、村”六级联动，扩大活动的辐射面和志愿服务覆盖面。

2. 集中实施：发挥中心组织优势和网络宣传优势，集中开展网络展演，展现艺术魅力，挖掘优质资源，培养优秀人才，打造文艺精品。

3. 线上线下实施：发挥各级文联线下深入调研、服务群众优势，结合网络传播优势，坚持线上线下相结合，提升活动的宣传影响力。

六、项目实施内容

（一）选定原创作品、创编示范版本、举办文艺志愿者在线培训课程

组织部门：中国文联文艺志愿服务中心

活动时间：2021 年 2 月 15—26 日、3 月 24—26 日

具体时间安排：（以实际课程时间为准）

黄豆豆舞蹈在线课程：

2 月 18 日　正月初七 15：00（第一阶段）

2 月 19 日　正月初八 15：00（第一阶段）

2 月 20 日　正月初九 15：00（第二阶段）

2 月 21 日　正月初十 15：00（第二阶段）

古丽米娜舞蹈在线课程：

2 月 16 日　正月初五 17：00（第一阶段）

2 月 17 日　正月初六 17：00（第一阶段）

2 月 23 日　正月十二 19：30（第二阶段）

2 月 24 日　正月十三 19：30（第二阶段）

饶子龙舞蹈在线课程：

3 月 24 日　星期三 19：00（第一阶段）

3 月 25 日　星期四 19：00（第二阶段）

3 月 26 日　星期五 19：00（第二阶段）

主要任务：由中心选定三首近年来中国文联创作的优秀歌曲《丰收中国年》《幸福红》《各族儿女心向党》作为示范推广曲目，并邀请舞蹈家黄豆豆、古丽米娜，饶子龙创编舞蹈示范版本并通过腾讯微视网络直播形式面向全国网友、各省（区、市）文联组织的文艺志愿者、文艺骨干、文艺爱好者们讲授舞蹈公开课，普及舞蹈专业知识、分解示范舞蹈中的动作并通过直播互动留言等方式答疑解惑。

课程培训要求：中心协调支持的同步在线网络培训平台应具备直播授课、录播回放、即时互动、课堂监管、数据分析、多终端共享等方面的功能。网络培训授课专家负责设计课程内容，确定上课时间，共开设 4 课时，直播后布置作业，学生可上传作业、提出问题与建议，授课专家可根据学员反馈意见与需求调整课程内容。

（二）录制示范版本教学视频

组织部门：中国文联文艺志愿服务中心

活动时间：2021 年 3 月 1—12 日

主要任务：由中心邀请舞蹈家黄豆豆、古丽米娜，饶子龙并联合优秀舞蹈团队录制示范教材向全国推广。

（三）开展作品编排、视频录制系列活动

组织部门：中国文联文艺志愿服务中心、新时代文明实践文艺志愿服务项目试点地区文联、"圆梦工程"文艺培训志愿服务项目实施地文联

活动时间：2021 年 4 月 1—30 日

主要任务：由新时代文明实践文艺志愿服务项目试点地区文联、"圆梦工程"文艺培训志愿服务项目实施地文联负责组织文艺志愿者、文艺骨干、文艺爱好者成立表演团队，根据主办方提供的舞蹈示范版本进行作品编排并录制视频。

视频录制要求：各表演团队所编排、录制的作品内容必须为主办方指定示范宣传推广作品内容，视频录制要求横屏，画质清晰，需通过指定网络入口上传视频。

（四）开展视频作品征选活动

组织部门：中国文联文艺志愿服务中心

活动时间：2021 年 5 月 1—20 日

主要任务：各地文联组织的表演团队在微视网络平台上传、发布相关视频，标题中必须有“原创作品示范宣传推广活动”主题文字，并加话题 # 文艺志愿者同时 @ 小志在线。主办方将对广大表演团队的短视频点赞量数据进行大数据考核，对作品质量较好的、点赞量在前 30 名的团队进行网络展演推荐。

（五）举办线上原创作品展演活动

组织部门：中国文联文艺志愿服务中心、新时代文明实践文艺志愿服务项目试点地区文联、“圆梦工程”文艺培训志愿服务项目实施地文联

活动时间：2021 年 5 月 22—25 日

主要任务：中心将在腾讯微视平台以视频直播的形式举办线上原创作品展演活动。各省、市、区文联负责组织被推荐参加网络展演的团队进行现场展示，主办方将邀请业内专家进行评选。展演中产生的优秀作品将作为中国文联文艺志愿服务中心 2021 年建党 100 周年大型演唱会、2021 年中国文联“送欢乐下基层”新时代文明实践慰问演出、2022“百花迎春”中国文学艺术界春节大联欢的重点推荐节目，表演团队可获得与艺术家、明星同台演出的机会。

七、项目执行要求

（一）加强领导，精心组织

各单位在组织活动过程中，需提高政治站位，切实加强领导和组织协调，严格落实意识形态主体责任，加强安全防范意识，制定安全工作方案和安全责任制度，明确安全措施和岗位职责，并对广大参与宣传推广活动的群众进行安全宣传教育。

（二）突出内涵，积极引导

各单位要把“文艺进万家 健康你我他”理念融入到项目全过程，激发社会各方参与活动的积极性和参与热情，提高群众的参与度和获得感。

（三）自我规范，树立典型

提升项目管理水平，整合资源，统一标识、统一形象，打造志愿服务的精品项目，树立典型。

（四）注重宣传，及时反馈

1. 收集整理项目资料，做到工作流程有证明材料来体现，活动前有方案和服务规则，活动中有文字记录、现场图片，活动后有项目总结。

2. 各单位需根据本区域疫情防控要求，及时做好活动报送宣传等工作。

（五）做好记录、建立台账

各执行单位应对活动参与团队、参与者以及活动参与过程进行及时记录，做到互联互通，为表彰和激励提供依据。

（六）账目清晰、有效监管

主办方应对资金进行科学管理，单独核算，专款专用，保存项目会计档案，配合监督审计。

（七）总结经验，成果转化

积极探索文艺志愿服务新形式、新做法和有效途径，加强文艺骨干、文艺志愿者、文艺爱好者组织队伍建设，提升专业水平和服务技能，弘扬“奉献、友爱、互助、进步”的志愿精神。

八、经费预算

预算细目	预算支出（元）	测算依据及说明
音乐编创、录制		编创、制作（签订合同）
专家线上课程培训（劳务）		黄豆豆、古丽米娜、饶子龙3人
演员录制（摄像）		按人数和天数测算
集体舞蹈演员劳务		按具体人数测算
交通费		按距离、时间测算
工作人员餐水费		按具体人数测算
宣传材料费		按宣传海报、光盘、证书等具体数量测算
税费		按实际支出测算
总计		
预算支出的合理性		
按照国家财政经费有关标准执行，涉及政策项目将按流程办理		

九、风险分析与管理

项目以网络直播、线上视频推广和网络展演作为主要内容，参与人员广泛且宣传覆盖面大，具有意识形态、活动组织等方面的风险。项目主办方应根据实际操作情况制定应急预案进行风险管控。

（一）意识形态风险

项目实施过程中无论是网络直播、线上视频推广还是网络展演，参与者都会以文字、音频、视频等各种方式实现信息的互通，这其中若信息内容不当，被过度解读则会引起负面舆论，引发网络生态的社会戾气与消极情绪。为防止这类意识形态事件的发生，项目团队首先应对直播平台、推广内容、展演方式等进行内部优化，进一步传播社会正能量、弘扬主旋律；其次应与传播平台、组织团队建立沟通机制与反馈机制，如直播、推广过程中的问题沟通与反馈和直播、推广后的效果反馈，以增强主流意识形态的吸引力；再次应制定应急处理预案，若发生任何紧急情况能调整状态及时止损。

（二）活动组织风险

项目要求各单位组织文艺志愿者、文艺骨干、文艺爱好者做好作品编排、视频录制等工作，其过程中可能会出现公共安全、自然灾害、重大疫情等方面的风险。针对这些风险点，项目团队应进行工作分解，依照工作性质和特点进行归类管理，如：各地文联在组织过程中需提前做好安全稳定的预测和研判，制定安全工作方案和安全责任制度下发至执行团队，由各团队进一步明确安全措施和岗位职责，并对广大参与者进行安全宣传教育。同时，各团队应制定安全应急预案，及时妥善处置突发情况。各单位需根据本区域疫情防控要求，做好疫情防控工作方案及应急处置预案以保障活动的健康有序开展。

十、项目成效

2021 年 2 月 16—21 日、2 月 23—24 日共 8 天时间，黄豆豆、古丽米娜两位老师在腾讯微视平台开展的舞蹈直播课创下了 340 多万人气值，观看人数达 517.3 万，成为春节期间的热点直播。3 月 24—26 日，饶子龙老师在腾讯微视平台上继续开展原创作品示范宣传推广网络公共课程，再次在全国各地广大舞蹈爱好者中掀起了学习热潮。直播三天创下 180 多万人气值，观看人数达 115 万。4 月组织舞蹈爱好者、院团舞蹈演员拍摄原创推广作品视频，成品在微博、爱奇艺、微视等 20 余家网络平台推广，获得社会一致好评。5 月，各地文联组织文艺志愿者团队录制了《丰收中国年》《幸福红》《各族儿女心向党》等舞蹈视频，共有 52 支团队（108 个视频）参加了网络展演，集中展示了中国文联原创作品宣传推广活动的成果，充分展现了全国各地文艺志愿者积极开展学习和创作的生动画面。6 月，在展演中脱颖而出的优秀团队（山东省淄博舞协临淄区文联志愿者服务队、山东省淄博市文化馆群星舞蹈团）进京参加了 2021“欢聚吧第一百个春天”中国文联原创歌曲特别节目，与艺术家同台演出，获得一致好评。

“文艺进万家　健康你我他”
淄博市剧协“网络直播演唱会”
新时代文明实践文艺志愿服务项目

一、项目简介

“网络直播演唱会”新时代文明实践文艺志愿服务项目是为贯彻落实党的十九大和十九届历次全会精神，推进中宣部、中央文明办、中国文联、山东省文联和淄博市文联关于深入开展全国新时代文明实践文艺志愿服务试点工作的安排部署，淄博市剧协团结凝聚戏剧文艺志愿者在疫情防控期间通过微信群开创的为淄博票友和广大人民群众举办戏剧慰问演出的志愿服务项目。与传统线下的文艺志愿服务相比，“网络直播演唱会”打造了“艺术 + 网络”的文艺志愿服务新模式，突破了时间与空间的局限，实现了文艺志愿服务与网络平台相结合，具有灵活性、广泛性、互动性。同时网络直播的内容还可以实现回放，创新了文艺与人民群众面对面的服务形式，突破时空等因素影响，最大程度上满足广大群众的精神文化需求，是疫情防控期间开展文艺志愿服务的新探索。在触达基层群众的广泛性方面不断实现新突破，扩展了文艺志愿服务新阵地，切实打通了文艺志愿服务“最后一公里”，是可复制、可推广的文艺志愿服务新模式。

项目实施以来，已经连续开展32场网络演唱会，网络总传播点击量达30万次。特别是在疫情防控期间，文艺工作者和人民群众相聚在网上，用文艺的声音、用文艺志愿服务精神，丰富人民群众居家抗疫时的精神文化生活，进一步提振抗疫信心，凝聚全市乃至全省、全国上下勠力同心的强大合力。项目体现了以下特色：

一是文艺志愿者积极参加。项目设立之初，就得到淄博市戏剧家、戏剧工作者的积极响应和主动参与；淄博市剧协发挥淄博人才优势，充分与演艺中心等单位沟通，得到广泛响应，项目深受志愿者关注，为“网络直播演唱会”项目的顺利进行提供了有力保障。首次活动倡议发出后，文艺志愿者积极报名，经导演组审核筛选后，最终确定34名文艺志愿者参与此项目的演出，其中专业院团文艺志愿者占比60%以上。演唱会时间长达3个多小时，微信群上线观众达到500人。演出结束后，淄博市文联、市剧协整理整台晚会内容，演出在公众号上二次传播，观看晚会人数近万。

二是服务形式创新。参与此项目的文艺志愿者和享受服务的人民群众只需要通过手机或者电脑等便捷设备即可参与其中，达到实时观看、实时互动，并反复回看的目的。与传统线下的文艺志愿服务相比，网络直播演唱会突破了时间与空间的局限，是一种创新的文艺与人民群众面对面的服务形式，使广大文艺志愿者不受时间、空间等因素的影响，更直接、更便捷地与群众面对面交流。

三是演出常态开展。首次活动的成功举办，为区县文艺志愿者提供范本。项目组组织撰写“网络直播演唱会”活动流程，以点带面在各区县持续开展文艺志愿服务，形成遍地开花的文艺志愿服务局面，并先后协助全省四地市联合开展此项文艺志愿服务。活动一度受到中国微电影网关注，并借鉴开展“春和景明”演唱会。活动邀请了全国演唱12个剧种的26位艺术家，在特殊时期，开展了一场阵容强大的文艺志愿服务。至此，“网络直播演唱会”已经在微信群、抖音直播平台形成常态化演出模式，定期开展网络戏迷与专业院团的文艺志愿服务交流演出活动，目前已经连续开展32场网络演唱会，网络总传播点击量达30万次。特别是在疫情防控期间，为致敬英雄、安定民心，发挥了重要的文艺力量。

四是群众关注度高。2021年，“网络直播演唱会”文艺志愿服务项目进行了品牌升级，推出“云上剧院”服务，并通过此项目推出本地区国家级非遗五音戏、聊斋俚曲、鹧鸪戏，省级非遗八仙戏等。“云上剧院”打破空间距离，让文艺志愿者更广泛地参与到志愿服务当中，使更多观众享受到高质量的文艺志愿服务，同时在线上能更为广泛地传播、推广和普及传统艺术，进一步拓展了剧种的影响力。“云上剧院”文艺志愿服务持续17天，累计305万人次关注，创下了“戏剧+网络”的关注记录，充分体现出文艺志愿服务与新媒体的有机结合是人民所需、时代所需。

二、需求分析

本项目为满足群众在新时代的文艺需求，也为特殊时期（如“疫情防控”形势下）文艺志愿者奉献社会、服务人民群众提供一个新渠道。活动的诞生基于以下分析：

（一）国家网络科技的发展

5G网络技术的发展为活动提供技术支撑。就目前发展形势而言，5G网络技术带来的不仅仅是通信方面的提升，还有助于各行各业通过高科技手段来提升质效，艺术也要搭上这趟高速列车，从而更广泛地服务社会和大众。

（二）观众审美发生变化

随着各类短视频强势兴起，直播行业呈现井喷式发展态势。观众审美不断变化，戏剧原有的演出样式的受众面不断被压缩，因此也要积极探索“戏剧 + 网络”的形式，不断拓展受众面，特别是各个层次的人民群众，这样才能实现文艺真正服务人民，真正实现人民所需、时代所需。

（三）特殊时期战“疫”力量

一方面，随着物质生活水平不断提高，人民对美好生活的新期待、新需求也不断提高，在手机短视频、直播等形式普及的情况下，观众有除了在剧场随时观看演出的需求，文艺志愿服务模式和途径也需要不断改进、升级；另一方面，在某些特殊时期，这种线上演出方式能提升现场的效果，具有巨大的凝聚力。例如，2022 年全市疫情防控期间，群众突然居家隔离，生活节奏打乱，心态紧张，一场“网络直播演唱会”以艺战“疫”，起到了纾解群众情绪的作用，当晚点赞达 6.8 万次。

（四）传播新时代社会正能量

在举国上下全面建设社会主义现代化的新征程上，需要更加广泛深入、生动鲜活地宣传中国特色社会主义思想，传播中华优秀传统文化，弘扬社会主义核心价值观，不断提升群众的思想觉悟、文明素养和文化自信，把广大人民的士气鼓舞起来、精神振奋起来，朝着民族复兴的宏伟目标团结一心向前进。

三、项目总目标与里程碑计划

由前述可见，淄博市新时代文明实践“网络直播演唱会”活动将线上线下有机结合，而且做到了与广大人民群众互动，增强了活动吸引力。

项目目标表

序号	目标类别	目标描述
1	范围	计划招募活动参与志愿者 100 人，建立微信戏迷群 10 个，培育抖音戏剧“直播大 V”5 人到 10 人,策划制作专题报道 10 次;直播公益课堂 100 场次；参与受众 10 万人
2	时间	2020 年 2 月 1 日—12 月 31 日打造；2021 年提升
3	成本	总计 *** 元。其中政府鼓励 *** 元，街镇奖励 *** 元，企业赞助 *** 元，群众筹集 *** 元
4	质量	参与受众满意度不低于 90%，提升基层群众的艺术鉴赏力和参与积极性。平台记录各项数据完成目标要求

针对项目的目标要求，项目组结合项目自身特点和各方实际情况，分析确定项目的主要里程碑事件，制作了反映项目重大里程碑事件关系的里程碑计划表。

项目里程碑计划表

序号	任务名称（结束）	2020 年				2021 年
		1—3 月	4—6 月	7—9 月	10—12 月	1—3 月
1	前期准备	2.19				
2	启动部署	2.28				
3	筹备指导		6.15			
4	活动实施		6.15			
5	总结表彰		6.20			
6	项目总结		6.30			
7	项目提升					3.12

四、组织管理和团队建设

活动由中共淄博市委宣传部领导，淄博市文联统筹，淄博市剧协组织策划保障，市剧协及各成员单位、会员具体实施，戏迷、票友和广大群众积极参与。设统筹组、指导组、协调组、实施组。各组分别明确相关负责人负责具体工作，组成具体工作团队。项目团队在项目负责人的领导下开展工作。项目团队成立后，要结合实际加强项目培训，明确工作要求，确保项目实施。

（一）项目组织方面

1. 淄博市文联加强决策，策划项目实施内容，推动市剧协及时发布、制定活动主题、方案，加强示范引领、培训，对实施过程进行监控、优化调整，加强宣传和总结表彰。

2. 按照时间节点分阶段设置宣传主题，内容积极向上，贴近生活，确保政治方向、舆论导向和价值取向正确。

（二）项目环节方面

1. 发布宣传主题。积极策划宣传主题，打造提升新时代文明实践文艺志愿服务“网络新阵地”，助力加速崛起新淄博。

2. 评选优秀选手。由淄博市文联、市剧协及有关部门联合评审参赛选手作品。

3. 媒体发布刊播。在淄博文联、淄博文旅、文艺人之家（市剧协专属公众号）微信公众号发布展示，以文艺倡导市民共创健康、文明、低碳、生态新生活。

4. 向上宣传推介。项目开展后，及时总结经验做法，积极向上级文明办和文联以及省级以上各类媒体推送。此外，本项目为民歌、器乐及舞蹈等形式的文艺志愿服务提供借鉴。

5. 建立网络媒体定期交流机制。加强活动情况交流，进一步挖掘各自优势，推动项目顺利实施。

五、工作范围分解

项目的工作范围较广，工作内容较多，其核心的工作有：

（一）宣传发动。淄博市文联统筹，推动各参与单位、志愿者等广泛宣传。

（二）收集作品。淄博市剧协汇总各有关单位、个人报送资料，组织专家评审、推荐优秀作品。

（三）培训指导。淄博市剧协适时面向文艺志愿者、戏剧爱好者、广大群众进行培训。

（四）活动实施。各参与者按照基本流程和工作内容，广泛通过各类网络平台实施活动。

（五）总结表彰。淄博市文联牵头，对活动优秀参与者、组织者进行表彰。

为了进一步明确项目的工作范围，项目团队以项目目标体系为指导，按照工作分解结构的原理，采用头脑风暴法对项目进行了分解，尽可能多地挖掘项目的工作单元，然后通过分析和总结，并与项目利益相关者协商讨论，最终确定项目的工作分解结构。

项目分解结构表

序号	项目步骤	1	2	3	4	5	6
1	前期准备	调研与分析	制定活动总方案				

续表

序号	项目步骤	1	2	3	4	5	6
2	启动部署	发布活动通知	召开启动会议	动员戏剧文艺志愿者			
3	筹备指导	联络沟通	跟踪宣传				
4	活动实施	全国名家作品欣赏	“云上剧院”作品欣赏	节目征集与在线指导	演出策划	正式演唱会	举办网络戏剧大赛
5	总结表彰	汇总活动资料	评选先进团体、个人	表彰宣传			
6	项目结束	预算审计	档案整理				

六、责任矩阵

为了项目执行和团队成员之间的有效沟通，采用责任分配矩阵的形式对承担项目工作任务的各方的责任进行了进一步细化和界定。

七、时间进度安排

项目实施是一项系统工程，涉及的内容和环节众多，准确编制项目进度计划尤为重要，需要确定项目各项工作的先后关系，同时预估各项工作的工作量、延续时间和可行性，根据不同时间节点开展项目。

项目责任矩阵表

序号	工作名称	市文联	市剧协	市剧协会员单位	各区县宣传部	各区县文联	各区县剧协	戏剧票友
1	前期准备							
1.1	调研与分析	◆	▲	▲		▲	▲	○
1.2	制定活动总方案	◆	▲	▲		▲	▲	○
2	启动部署							
2.1	发布活动通知	◆	▲	▲	◆	○	▲	○
2.2	召开启动会议	◆	▲	▲	◆	○	▲	○
2.3	动员戏剧文艺志愿者	◆			◆	◆	▲	○
3	筹备指导							
3.1	联络沟通	◆	▲	▲				
3.2	跟踪宣传	◆	▲	▲				
4	活动实施							
4.1	全国名家作品欣赏	◆	▲	▲	◆	◆	▲	
4.2	“云上剧院”作品欣赏	◆	▲	▲	◆	◆	▲	
4.3	节目征集	◆	▲	▲	◆	◆	▲	
4.4	节目审核与在线指导	◆	▲	▲	◆	◆	▲	○
4.5	演出策划	◆	▲	▲				○
4.6	正式演唱会	◆	▲	▲				○
4.7	举办网络戏剧大赛	◆	▲	▲				○
5	总结表彰							
5.1	汇总活动资料	◆	▲	▲		◆	▲	○
5.2	评选先进团体、个人	◆	▲	▲		◆	▲	○
5.3	表彰宣传	◆	▲	▲	○	◆	▲	○
6	项目结束							
6.1	预算审计	◆	▲	▲			▲	
6.2	档案整理	◆	▲	▲			▲	

注：▲负责　○参与　◆监督

序号	工作名称	2020 年				2021 年
		1—3 月	4—6 月	7—9 月	10—12 月	1—3 月
1	前期准备	2.19				
2	启动部署	2.28				
3	统筹指导		6.15			
4	活动实施		6.15			
5	总结表彰		6.20			
6	项目总结		6.30			
7	项目提升					3.12

项目甘特图

八、项目资源和费用计划

已经举办的“网络直播演唱会”深受网友戏迷欢迎，但因为各方面条件限制，项目还有多方面需要提升。活动开展所需资源主要由淄博市文联、淄博市剧协及会员单位等提供。根据项目需求，制定资源和费用管理计划表。

项目资源和费用计划管理表

序号	资源类型	资源名称	金额 / 数量	来源支持	落实情况	使用情况	负责人
1	场地	网络平台	15 000 元	直播平台	部分落实，未全面落实	保持常态化更新	媒体号个人负责运营
2	人力	志愿者	300 人	淄博市剧协各成员单位、淄博市文艺志愿者等	落实	正常进行	协会各成员单位及会员

续表

序号	资源类型	资源名称	金额 / 数量	来源支持	落实情况	使用情况	负责人
3	设备物料	直播设备：电脑、直播镜头、麦克风、音响、灯光及周边辅助设备	30 000 元	设备商购置	会员单位落实	正常使用	会员单位专职人员
4	相关费用	宣传制作，工作人员餐费、路费保障等	10 000 元	市文联、市剧协	落实	会员单位保障	市剧协及其会员单位
5	奖品	待定	5 000 元	市文联、市剧协	落实	会员单位保障	市剧协及其会员单位

九、风险分析

运用风险意识加强项目管理，分析项目可能存在的风险，制定风险管理表，制定预防策略。

（一）淄博市文联、市剧协加强项目实施监督，与有关媒体联动，加强网络舆情监测。

（二）在项目计划阶段，运用头脑风暴法，全面分析存在潜在风险，制定风险清单。

（三）针对项目风险，共同研讨，制定应对策略和管理计划，采取回避、减缓、转移、接收等方法和措施来减少和规避风险，责任到人。

（四）在项目的生命周期内及时监控风险状态，定期检查应对措施的实施情况和有效性，根据需要升级、补充或改变应对措施，并在项目例会中面向全体成员进行报告。

（五）对于新出现和新发现的风险，及时补充到风险管理表中，并将这项工作贯穿在整个项目实施和收尾过程中。

项目风险管理表

风险识别					风险应对			风险监督			
序号	起始日期	风险描述	发生概率	危害程度	应对措施	责任人	计划结束日期	风险状态	跟踪人	处理结果	实际完成日期
1											
2											
3											
4											
5											
6											
7											

十、项目实施与控制

（一）项目实施

项目实施是推进项目达成目标的重要做法。对项目实施加强统筹，建立项目管理信息系统非常重要。

1. 建立会商机制。由淄博市文联发起，根据不同工作内容、工作实际推进情况建立有关方面参加的会商机制，在决策层面及时研判，及时改进。

2. 建立网络媒体定期交流机制。加强活动情况交流，进一步挖掘各自优势，推动项目顺利实施。

（二）机制建设

1. 激励机制。对参加文艺志愿服务活动的会员单位及个人进行宣传推广，并颁发证书。特别优秀的个人推荐文联系统年度“优秀工作者”，并对个人优秀作品进行集中展示、展出。对表现突出的集体授予优秀组织奖。

积极培养文艺志愿服务骨干人才。活动中涌现的优秀个人，优先推荐其成为省、市级以上协会会员；对表现突出的协会会员授予“先进工作者”荣誉称号，并优先给予学习、培训、交流的机会。

2. 保障机制。在活动中配备专人进行文案创建、流程把关、演出维护、催场监督、推广宣传等事宜的推进和落实。同时成立后勤服务组，确保活动安全进行。建立常设联系机制，设立固定联系办公室和公布联系电话，随时保持整个活动联系畅通。

（三）项目控制

项目控制是对项目的实施全过程进行有效的监控和管理，在实施过程中采取以下控制措施：

1. 状态跟踪。以项目计划和目标为基础，安排专人及时跟踪、记录执行的实际情况，特别是项目进度情况、资源费用的落实和使用情况、项目的风险状态等。

2. 偏差分析。将项目实际执行情况与目标和计划进行对比，动态分析出现的偏差和可能出现的偏差，权衡其已造成或可能造成的影响，制定调整方案。

3. 偏差调整。对偏差和缺陷进行规范化调整处理，确保项目在受控范围内；对严重偏离计划指标且无法进行规范化处理的，及时对项目流程和计划进行更新。对于新的项目计划，持续运用 PDCA（计划、执行、检查、处理）循环法控制和改进项目实施，直至项目结束。

十一、项目总结

“网络直播演唱会”让文艺志愿者在疫情时期结合网络新媒体开辟文艺志愿服务新阵地，让文艺志愿者为构建和谐社会、加强文明建设发挥出真才实干。项目总结如下：

（一）经验分享

网络演唱文艺志愿服务模式虽不同于舞台实际演出，但演出服务程序同剧场如出一辙，需要前期的节目组织、审核、彩排以及各方面的协调，以下为所需注意事项：

1. 演出载体（微信群或其他）。一般来说，每个剧种都有固定的戏迷微信群，组建者可能是本剧种的专业演职人员，也可能是本剧种的粉丝。如果想在群内举行演唱会，必须和群主（责任人）协商，至少提前 1 周发布演唱会相关信息。

2. 演员情况。根据主办方的意愿，演唱会以专业演员或与票友联合举办均可。为保证演出质量，文艺志愿者审核后方可入群参加。

3. 宣传海报。为有效宣传演唱会，需收集所有文艺志愿者照片，并制作宣传海报。人员包括但不限于演员、主持人、群管理员、舞台监督、演出保障工作人员及主办单位相关人员。

4. 节目组成。节目数量 25 个左右，每个节目控制在 5 分钟以内。将节目汇总后调整顺序并制作节目单,用于宣传推广。注意节目内容应丰富多样，相同唱段不宜出现两次。

5. 建立演出后台群，并在后台群进行彩排。网络演出彩排是至关重要的环节，彩排能有效解决演出中出现的问题。必须提前一天或两天进行，如第一次彩排出现过多失误，有必要进行第二次彩排。相关人员与主持人全程配合好。

6. 演员介绍。为使演出更加严谨、正规，每位文艺志愿者需准备个人剧照、简历（内容精简、不宜过多）发送给主办方，主办方统一为演员制作个人宣传照片一张，附上个人姓名及简历。

7. 演出保障人员。为保证演出顺利进行，需在后台群设置工作人员，用于催场、随时解决演出中的问题等，配备演职人员数名，保持联系畅通，以免误场。

8. 演出宣传。为保证演出群的秩序，提前预热，通过群通知每天定时发布公告，通知演出时间、演出规定等。

9. 演唱前准备。演出开始前 5 小时静场，不再邀请任何人进群。正式演出前 20 分钟，工作人员可以将本次演出的海报、节目单发送到群里，进行节目预告。

10. 演出前务必在群内发布群规。如，禁止任何人发送图片、文字、语音。对演出过程中随意发布信息者第一次警告，不听劝告继续发布信息者清理出群。

（二）项目不足

项目在实施过程中并非完美，问题集中反映在以下总结中：

1. 传统艺术自身问题。就目前来看，与其他艺术门类相比，戏剧艺术在主流引导方面还远远不够。如何在新时代传承、发扬甚至引领戏剧艺术，文艺志愿者尤其是专业院团的文艺志愿者还需要不断创新方式方法，发挥戏剧的优势，在文艺志愿服务过程中，使广大人民群众通过享受文艺志愿服务，产生民族自豪感、增强文化自信心。

2. 人员与资金的缺失。人员不足与资金短缺制约了剧协做大做强的步伐。活动的前期组织、宣传、排演，以及线下舞台设备的租赁、运输等，包括同新媒体行业的对接、推流等都需要一定量人力物力的支持。后期可将经济效益与社会效益有效结合，比如，可以通过与企业“联姻”、文艺商演筹措资金。

（三）项目展望

通过“网络直播演唱会”及“云上剧院”等文艺志愿服务模式，结合当下大众喜欢“短、平、快”的新媒体视角，市剧协准备通过深挖戏剧经典小片段，用简短的几十秒的小视频或者几分钟的小节目，为广大群众提供传播文艺志愿服务。

提倡文艺志愿者利用抖音、快手、视频号、B站等大众喜欢的新媒体平台，推出系列戏剧小片段、小视频，不断强化大众心目中的“戏剧”概念，激发大众对戏剧艺术的喜爱和追捧，实现文艺志愿服务活动“零距离”，同时努力创作出更多更好的、群众喜闻乐见的文艺精品，为广大人民群众的文化活动带来新的气象，将满足人民群众精神文化需求推向新阶段。

线下项目

“文艺进万家　健康你我他”
“村歌嘹亮”——内蒙古自治区文联新时代文明实践文艺志愿服务项目

一、项目简介

“村歌嘹亮”——新时代文明实践文艺志愿服务项目（以下简称“项目”）是内蒙古自治区文联积极响应中国文联“文艺进万家　健康你我他”新时代文明实践中心建设要求的重要成果，充分发挥文艺和志愿服务的双重优势，深入结合内蒙古各族人民群众能歌善舞的特点，因地制宜，以项目建设为引导，以文艺志愿服务为主要途径，以帮扶基层文艺工作者创作具有鲜明地域特色的村歌为切入点，通过文艺志愿者与基层文艺爱好者一同写村歌、唱村歌，为基层培养文艺队伍，使广大村民在村歌演唱中抒发对家乡的无限热爱，不断提升基层群众思想觉悟、道德水准、文明素养，为弘扬新风正气，推进移风易俗，培育文明乡风、良好家风、淳朴民风作出积极贡献。“村歌嘹亮”——新时代文明实践文艺志愿服务项目始于 2020 年 12 月，该项目模式可操作、可复制、可推广，能够被广泛应用。“村歌嘹亮”项目运行全过程将中国文艺志愿者统一标志作为活动标志。

二、项目特色

（一）项目覆盖广泛

文艺志愿者的脚步遍及 3 市 9 区 81 个村，向近百万基层群众宣传了新创村歌，直接或间接向近万基层群众传授艺术经验，项目在实施中得到了各级宣传部门、各级新时代文明建设中心（所、站）、各级融媒体中心的大力支持，任务层层分解，目标明确、管理科学、落实到位。

（二）项目实现了常态化

“村歌嘹亮”项目在 3 个试点市已成功实施。下一步，内蒙古文联将在全区全面推广实施该项目，同时，安排固定财政资金用于新时代文明实践文艺志愿服务项目的实施。

（三）项目政治性强

在内蒙古文联全面深入地开展党史学习教育“我为群众办实事”的活动过程中，积极组织开展“文艺进万家　健康你我他”新时代文明实践文艺志愿服务惠民活动，志愿者深入到农村、牧区、校园、社区，为广大的基层群众开展文化惠民活动。在这个活动过程中，我们就把村歌纳入我们文艺志愿服务活动慰问演出中来，在为广大基层群众提供文艺服务的同时，推广“村歌嘹亮”项目。

（四）项目动员力强

为使“村歌嘹亮”项目在实施过程中能不断提高群众参与度和社会影响力，培养基层文艺队伍，不断提升群众的满意度，达到改变百姓观念和行为的目的，在中国文联的指导下，内蒙古文联、试点区域各级宣传部、试点区域各级文联和各级新时代文明实践中心（所、站）上下联动，合力实施该项目。

三、项目确立

（一）项目品牌确立

确立品牌观念，将文艺志愿者服务活动做成一种文化现象。“村歌嘹亮”项目作为内蒙古文艺志愿者服务总体项目——“我们美好的生活”中一个效果显著的子项目，为其他项目的开展起到了良好的示范性作用。

项目表

总体项目名称	子项目名称
我们美好的生活	村歌嘹亮
	书写我们的美好生活
	为你起舞
	画画我们村的“明星”
	名家为你写家训
	夸夸身边的好典型
	微笑的力量
	赋雅乡村
	唱响新时代
	我与名家唱大戏

（二）试点运行模式确立

为打造可复制可推广的新时代文明实践文艺志愿服务模式，内蒙古文联按照中国文联的总体部署要求，结合内蒙古新时代文明实践文艺志愿服务工作开展的基础和特点，确定 3 个市作为试点，其中每个市推选 3 个县、每个县推选 3 个乡镇、每个乡镇推选 3 个社区（村）作为试点，着力打造“村歌嘹亮”新时代文明实践文艺志愿服务品牌项目。

（三）矩阵宣传模式确立

为营造良好的舆论氛围，通过媒体宣传矩阵合力打造“村歌嘹亮”项目品牌，从而扩大该项目的社会知名度、公信力。

项目媒体宣传矩阵表

序号	媒体名称
1	人民网
2	内蒙古广播电视台奔腾传媒
3	《内蒙古日报》
4	内蒙古文联官网
5	内蒙古文艺微信公众号
6	内蒙古文艺抖音号
7	内蒙古文艺快手号
8	内蒙古文联官方微博
9	盟市文联融媒体
10	旗、县、区融媒体

四、项目调研和试点选择

经过深入调研，最终确定在呼、包、鄂 3 个试点区域开展“村歌嘹亮”——新时代文明实践文艺志愿服务活动。在全区 12 个盟市选择重点落地项目，是整体布局、量力而行、上下呼应三者结合的结果。众所周知，内蒙古是一个多民族聚居的地区，自古传唱的民歌、植根文化土壤新创作的佳作，已经家喻户晓，唱响国内外，特别是自媒体文化形式兴起后，内蒙古的歌舞总是成为网络上的热点内容，围绕歌曲创作这个核心形式发掘和创作村歌作品，具有一定的地域和人才优势。

内蒙古自治区有关部门的数据显示，呼、包、鄂3个试点区域的村镇经济长期保持增长态势，长期而深入地对文化事业发展的支持已经成为政府管理共识，这为品牌下沉过程中，进一步争取地方性财政支持提供了较大可能。

五、项目总目标与里程碑计划

（一）项目总目标

策划推出“村歌嘹亮”活动，旨在凝聚音乐创作者和爱好者，发动起各级文联、文艺家协会和文艺工作者的力量，调动起广大文艺爱好者的积极性，创作文艺作品、参演文艺活动、丰富业余生活。搭建文艺家服务基层群众平台，在志愿服务的过程中挖掘出更多鲜活的素材，创作出接地气、有温度的作品，让人民群众不出村就能享受高雅艺术、走进艺术天地，充分满足其对幸福美好生活的向往。

项目目标表

序号	目标类别	目标描述
1	运行范围	“村歌嘹亮”项目面向呼、包、鄂试点区域的81个村开展作品推荐、创作扶持活动，以期确定具有帮扶潜力的初创作品，由文艺志愿者给予具体指导，拔高作品质量
2	运行时间	2020年12月开始，2021年4月完毕
3	运行成本	给予每首优秀村歌作品★★★★元创作补贴
4	项目成效	效果良好。“村歌嘹亮”试点项目持续近4个月，推出优秀作品10首，助力基层建立文艺组织，培养了人才

（二）项目里程碑计划

针对项目的目标要求，项目组结合项目自身特点和各方实际情况，分析确定项目的主要里程碑事件，制作了反映项目重大里程碑事件关系的里程碑计划表。

项目里程碑计划表

序号	任务名称	2020 年	2021 年					
		12 月	2 月	3 月	4 月	5 月	6 月	7 月
1	开始线上＋线下宣传征集原创村歌工作	▲ 12.1						
2	从 3 个试点市征集到 23 首原创村歌作品		▲ 2.23					
3	内蒙古文艺志愿者专家评审组从征集到的 23 首村歌中评选出 10 首优秀村歌		▲ 2.27					
4	进行 10 首优秀村歌录制			▲ 3.1				
5	优秀村歌发布			▲ 3.25				
6	展开媒体矩阵宣传工作，推介好歌，扩大项目品牌知名度			▲ 3.25				
7	“村歌嘹亮”项目优秀歌曲下基层广场演出多场				▲ 4.5			
8	对评选出的部分优秀村歌进行深度打造，录制 MTV，并同时在媒体矩阵推荐				▲ 4.25	▲ 5.13	▲ 6.18	▲ 7.23

六、项目实施统筹与管理

（一）六级联动统筹管理推动创作

内蒙古文联高度重视新时代文明实践文艺志愿服务工作，2020 年 11 月 27 日，内蒙古文联在认真摸底调研和精心设计的基础上，在呼和浩特市召开了全区新时代文明实践文艺志愿服务试点项目工作培训会议，内蒙古各文艺家协会秘书长及试点市县级文联领导、文艺志愿服务工作负责人共计 40 余人参会。会议对试点项目的计划和活动开展作出全面部署，就落实试点工作的具体内容和时间提出具体要求，积极引导试点市县按照六级联动的要求开展活动，并对新时代文明实践中心建设试点工作进行部署安排，深化思想认识，提高政治站位，相关部室、文艺家协会高度重视，制订具体志愿服务项目方案，以高度的责任感和使命感，扎实做好文艺志愿服务工作。

（二）创建项目实施渠道——“三类渠道”

内蒙古文联创建项目实施渠道征集和发掘村歌作品。一是线下渠道，即在实地广泛开展具体文艺志愿服务活动，教育培训组织基层创作者积极投入村歌创作。二是线上渠道，即通过网络官方平台和多家战略合作平台对“村歌嘹亮”项目进行宣传预热，提高关注度，增强社会影响力。三是线上线下相结合渠道，即活动在线下开展，同时策划设计以网络形式同时进行。这三种渠道，各有特点，互相补充，尽可能调动一切可以被用于文艺志愿者服务工作的人力资源、智力资源。

（三）项目组织架构与职责

1. 由内蒙古文联牵头组成内蒙古新时代文明实践文艺志愿服务队伍。

2. 特邀作词、作曲艺术家组成“村歌嘹亮”文艺志愿者专家团。

3. 试点区域的盟（市）、旗（县、区）、乡镇（街道）、村各级文联的志愿服务组织具体配合内蒙古文联组织实施。

（四）品牌内核的实现与外延嵌入

“村歌嘹亮”活动品牌下沉的过程就是文艺与乡村文化振兴具体实际相结合的过程，可以实现双赢的目标。一方面，在项目深入试点村实施的过程中，成功地将活动嵌入地方乡村振兴文化品牌建设工作中，得到当地文化产业的支持，成功地培养了文艺人才，壮大了文艺队伍；另一方面，自十九大以来，党中央制定的以“产业兴旺、生态宜居、乡风文明、治理有效、生活富裕”为总要求的乡村振兴战略中，乡风文明是灵魂，包含大力弘扬社会主义核心价值观，传承遵规守约、尊老爱幼、邻里互助、诚实守信等乡村优良习俗，“村歌嘹亮”活动品牌的实施可以在乡村传统文化与现代文明相结合的过程中实现地方乡风文明建设与时俱进。

七、项目进度计划

第一阶段：部署阶段。2020 年 10 月下旬试点地区各级文明办和文联组织制定《关于开展新时代文明实践文艺志愿服务试点项目工作实施方案》，完成具体安排部署工作。梳理备案“村歌嘹亮”文艺志愿服务项目，条件成熟的地区组织实施项目。

第二阶段：试点盟市全面实施阶段。2020 年 12 月至 2021 年 2 月下旬，结合实际，全面组织实施。

第三阶段：试点总结阶段。2021 年 3 月上旬，赴呼和浩特、包头、鄂尔多斯 3 个试点盟市对新时代文明实践文艺志愿服务项目进行调研。2021 年 3 月下旬完成试点总结。

第四阶段：全面推广阶段。2022 年，在全区 12 个盟市推广实施“村歌嘹亮”

新时代文明实践文艺志愿服务项目。

八、项目资源和费用计划

（一）经费来源

内蒙古新时代文明实践文艺志愿服务项目提倡“多方联动、文明节俭”原则，“村歌嘹亮”项目所需资源和经费主要来自中国文联、内蒙古文联文艺志愿专项经费支持，各盟（市）、旗（县、区）文联申请专项配套经费，充分调动各级试点文艺爱好者的积极性，发挥文艺志愿者“奉献、友爱、互助、进步”的志愿服务精神。

（二）费用情况

“村歌嘹亮”项目执行中，代表着呼、包、鄂地区 10 个村的 10 首村歌被最终确定，并已经录制完毕，为鼓励基层创作，每首歌曲给予 5 000 元创作补贴。同时，在项目运行过程中也得到了当地政府一定的财政支持。

九、项目成果

（一）成果统计

“村歌嘹亮”项目，时刻把握基层群众的需求，及时组织开展村歌创作活动。一方面鼓励各试点村的本土“专家”作词作曲，由成立的村歌评审组负责指导把关；另一方面组织志愿者深入试点乡村帮助开展村歌创作。各试点村的村歌创作热情十分高涨，累计征集到新创作完成的村歌 23 首，经专家组评选推出 10 首村歌，现已在村民中广为传唱。经过深度打造，有两首村歌已后期拍摄了音乐录影带。

项目优秀歌曲

序号	作品名称	来自区域
1	《新时代富了咱庄户人》	呼和浩特市赛罕区
2	《石人湾等你来》	呼和浩特市赛罕区
3	《人人都说杨家堡好》	呼和浩特市土默特左旗
4	《兵州亥》	呼和浩特市土默特左旗
5	《美岱召》	包头市土默特右旗
6	《咱们缸房地》	包头市石拐区
7	《喜桂图圆舞曲》	包头市石拐区
8	《大后山有个万胜村》	包头市固阳县
9	《故乡》	鄂尔多斯市鄂托克前旗
10	《心中的吉拉故乡》	鄂尔多斯市鄂托克前旗

（二）成果分布

在3个试点市开展“村歌嘹亮”项目成绩斐然。呼和浩特市征集到7首村歌，其中4首村歌入选优秀作品；包头市征集到8首村歌，其中4首村歌入选优秀作品；鄂尔多斯市征集到8首村歌，其中两首村歌入选优秀作品。

（三）成果推广

结合开展“为人民而舞”活动，依托优秀村歌作品，内蒙古舞协组织志愿者为村里编创了各具特色的广场舞，让村民们在嘹亮的村歌中唱出对家乡的热爱，跳出对美好生活的新期待。

结合“深入基层、扎根人民”主题活动，先后深入到呼和浩特赛罕区黄合少镇格此老村、土默特左旗杨家堡村，包头市固阳县、石拐区、土默特右旗，鄂尔多斯市鄂托克前旗、乌审旗，举办“村歌嘹亮”优秀村歌下基层广场演出活动，通过艺术家与村民合唱的形式，让村民成为舞台上的主角。

运用“媒体矩阵”全面宣传“村歌嘹亮”项目，打造有声势、有影响、有知名度、高关注度的文艺志愿者服务品牌项目。

（四）社会效益

“村歌嘹亮”项目是党的文艺方针政策和新时代精神文明建设与乡村文明建设、文化建设深入结合的结晶，是一次基层群众普遍参与的文艺创作和思想宣传活动。用真善美、正能量的作品去占领乡村文化建设的主阵地，是文艺工作者义不容辞的责任，人民需要艺术，艺术更需要人民。在中国文联的领导支持下，在内蒙古各级文联精心组织下，“村歌嘹亮”项目极大地鼓舞了内蒙古基层文艺工作者的干劲儿，凝聚了基层文艺力量。

十、风险分析

“村歌嘹亮”项目是一个文艺志愿者帮扶基层文艺工作者的创作项目，每个试点村（社区）结合当地文艺资源、文艺人才，选择合适的创作团队落地实施，相较于常规性晚会、赛事集中度较低，因此，风险度相对较低。为把风险降到最低，内蒙古文联制定如下应对举措：

一是内蒙古文艺志愿者协会加强项目实施监督，设立宣传工作组，与有关媒体联动，加强网络舆情监测。

二是在项目计划阶段，全面分析存在潜在风险，制定风险清单。

三是对于新出现和新发现的风险，及时补充到风险管理表中，并将这项工作贯穿在整个项目实施和收尾过程中。

十一、项目实施与控制

（一）项目实施

为保证“村歌嘹亮”项目顺利实施，整个项目团队中的沟通、授权、辅导、信息共享和问题解决等更加高效和准确，内蒙古文联与试点盟市文联建立了项目对接团队信息沟通渠道，随时处理实施过程中出现的问题和困难。

（二）项目控制

项目控制是对项目的实施全过程进行有效的监控和管理，使其顺利达到项目规定的目标，并在保证项目完成的前提下，以最好的质量、最低的成本来获取最大的社会效益。

1. 状态跟踪。在项目执行过程中，以项目计划和里程碑计划表为基础，各级联动单位均安排专人及时跟踪、记录创作者的实际情况，特别是项目进度情况、文艺志愿者服务情况、资源费用的落实和使用情况。

2. 偏差分析。将项目实际执行情况与目标和计划进行对比，动态分析出现的偏差和可能出现的偏差，权衡其已造成或可能造成的影响，制定调整方案和措施。

通过上述控制体系，经过近几个月的扎实推进，试点工作取得了积极成效，达到了预期的目标和效果，“村歌嘹亮”项目顺利圆满完成。

（三）机制建设

1. 激励机制。对实施“村歌嘹亮”项目的乡村，除专家指导和创作经费补助外，根据实际需求，自治区、盟市、旗县区文联组织优先安排文艺志愿者给予创作指导和教育帮扶；对组织开展“村歌嘹亮”项目的各级文联，在中宣部、中央文明办等部门和单位共同组织开展的“全国学雷锋志愿服务‘四个 100’先进典型宣传推选活动”和中国文联学雷锋文艺志愿服务“时代风尚”

先进典型活动评选中优选推荐；对积极参与“村歌嘹亮”项目的文艺志愿者，记录其服务时长、群众评价等指标，在内蒙古文联举办的各类文艺培训、座谈、展览展示及“德艺双馨”评选等活动中优先推荐。

2. 保障机制。在开展“村歌嘹亮”项目过程中，为了让文艺志愿者深入基层、深入偏远地区无后顾之忧，为其购买意外保险，提供安全保障。

“文艺进万家　健康你我他”
河南省文联文艺支教
新时代文明实践文艺志愿服务项目

一、项目简介

（一）项目内容

“文艺进万家　健康你我他”——河南省文联文艺支教新时代文明实践文艺志愿服务项目（以下简称项目）是河南省文联、河南省文艺志愿者协会（以下简称“省文志协”）按照新时代文明实践文艺志愿服务的要求，在原有文艺支教活动的基础上，进一步扩大支教范围，精心打造的新时代文艺志愿服务品牌项目。选派音乐、美术、书法等门类的文艺工作者和高校艺术院校师生，到新时代文明实践试点县（市、区）的中小学校，开展驻校式文艺支教志愿服务，并形成接力机制，其间组织省内文艺名家到服务地进行短期巡讲和重点辅导等活动。

在中国文联文艺志愿服务中心的大力支持下，项目于2014年4月在河南省登封市告成镇正式启动，2019年8月河南省文明办、省教育厅、省文联联合组织实施“快乐成长”乡村学校少年宫文艺志愿服务行动，先后在郑州市、登封市、兰考县、卢氏县、商丘市梁园区、光山县、新县、郸城县、鲁山县、宁陵县、舞阳县、南阳市宛城区、邓州市等地共开展15期文艺支教志愿服务项目。目前，招募、选派的516名文艺支教志愿者全部正式注册，并可在线查询文艺支教开展时间、地点以及支教图片。文艺支教志愿者分赴河南省贫困地区、新时代文明实践中心87个文艺支教点的204所中小学开展文艺支教工作，为11万余名中小学生提供艺术教育服务。项目的顺利开展，极大地激发了学生们对艺术的追求和向往。该项目被河南省文明委评为2017年河南省“四个优秀”先进典型宣传推选活动“优秀志愿服务项目”。

（二）项目特点

1. 多形式开展文艺支教。一是驻校式文艺支教。每年分上、下半年两批招募，每期支教时间为一个学期，文艺支教志愿者在支教点学校担任书法、美术、音乐、舞蹈等科目的授课教师，每人每周担任15至20节课不等。二是就近就便开展文艺讲座。分别于2016年12月和2018年11月，在郑州七中、郑州百年职校设立“名家讲堂”和“文艺支教”项目点，每年持续开展戏剧、音乐、美术、书法等艺术门类的讲座、辅导活动，目前已有60余位艺术家参加讲座，受益学生6 000人次。三是乡村艺术教师培训。为进一步提升文艺支教效果，扩大文艺支教受益范围，以经常性的、短时间的培训方式为主，先后启动乡村艺术教师培训、乡村学校少年宫艺术辅导员培训等多个项目，目前累计培训乡村艺术教师4 800余人。四是关注留守儿童。利用假期时间，组织文艺志愿者对留守儿童进行一对一的辅导，让他们感受到社会的温暖与关爱。

2. 多渠道招募文艺志愿者。一是积极协调省级文艺家协会联合招募文艺支教志愿者，通过河南省文联及相关文艺家协会官网、微信公众号等网络平台发布招募公告。二是利用网络新媒体手段进行招募，通过开设文艺支教

QQ 群、新浪官方微博、微信群等形式使志愿者进行互动交流。三是与河南省各高校建立文艺支教、顶岗实习合作机制，保障了招募文艺支教志愿者的连续性。四是利用名家工作室进行招募。由著名书法家、中国书协理事、河南省文联副主席、河南省书协主席吴行倡议并牵头捐建的“吴行书法教室”已在 6 市 15 县的 110 余所学校挂牌，共有 780 人次参与支教，惠及中小学生 10 万人次，累计投入资金 1 000 多万元。2022 年至 2023 年将继续推动“吴行书法教室”项目，同时启动“助残儿童美育教室”“结对子帮扶”项目。

3. 重视老区文艺支教工作。河南省新县和光山县都是红色革命老区，光山县文殊乡方洼村也是中央办公厅扶贫点。自 2016 年开始，河南省文艺支教项目在两县实施，每个学期持续为新县、光山县派遣文艺支教志愿者，目前已为光山县派遣 61 名文艺支教志愿者，为新县派遣 53 名文艺支教志愿者。

（三）项目成果

一是优化了基础教育生态，夯实了基础教育质量。文艺支教改善了基层学校艺术教育不被重视的现状，激发了广大学生对艺术的向往，让学生得到了更加全面的教育，提升了当地的艺术教育水平。二是缓解了基层艺术教育师资薄弱的状况，壮大了基层教育的教师队伍。基层学校大多没有专业的艺术教师，文艺支教健全了学校的教育门类，改变了基层教育师资不平衡的现象，让基层教师队伍得到了壮大。三是让文艺支教志愿者得到了很好的锻炼，为基础教育培养了一批专业的艺术人才。文艺支教志愿者通过深入生活、扎根人民，丰富了自己的人生阅历，磨砺了自身的思想品格，积累了教学经验，促进了他们的成长。四是带动更多的社会力量参与基础教育，为开展文艺志愿服务工作营造良好氛围。文艺支教活动带动全省文艺志愿服务的整体发展，出版了《河南省文联文艺志愿服务工作暨文艺支教五年回顾》专刊，引起了社会的广泛关注，赢得了赞誉。

二、项目背景分析

艺术教育是综合教育的重要组成部分，也是开启学生人生智慧、陶冶学生思想品质、培养学生健全人格的重要手段。通过查阅相关文件资料和实地查访，了解到目前我省中小学艺术教育面临着很多问题，主要表现在以下几个方面：

（一）受传统应试教育理念影响，对艺术教育重视程度不够

中小学传统教育都是以应试教育为主，都是以升学为根本目的，艺术教育一直不被重视，很多学校认为艺术教育与升学无关，完全是可有可无的，有的甚至认为艺术教育是浪费学习时间。在这种理念的支配下，目前广大中小学多数没有开设艺术课程，依然是应试教育占据主流地位。

（二）艺术教育师资贫乏，学科设置存在着不平衡现象

由于艺术教育被严重边缘化，因此很多学校不开设艺术教育课程，更没有专业的艺术教师。即使有的学校开设了艺术课程，也只是走走形式而已，没有过硬的师资力量作为支撑，老师由其他课程老师兼任，缺乏系统化、规范化、持久化的艺术教育，致使艺术教育很难有效开展。

（三）艺术教育资金投入占教育投入比例较小，艺术教育设施落后

很多中小学分配在艺术教育上的资金比例较小，艺术教育缺少专业的设备，缺少固定的场所，甚至一个学校全校找不到一支毛笔，找不到一瓶墨汁，没有专业的教师团队和资金支持下的艺术教育工作，处在一个十分尴尬的地位。可以说，师资和资金的匮乏是艺术教育面临的第一难题。

（四）广大家长和学生对艺术教育愿望强烈，艺术教育现状亟须改善

由于广大中小学长期实行应试教育，因此家长和学生对艺术教育充满着强烈的渴望，家长希望孩子在学习知识的同时，能受到良好的艺术教育，以保证其全面发展和健康成长。广大基层中小学也在努力改变这种现状，因此对艺术教育的需求非常大。

三、项目总目标与里程碑计划

文艺支教志愿者服务项目旨在扎实推动新时代文明实践中心建设试点工作，提高乡村中小学校艺术教育水平，促进广大中小学素质教育和学生的全面发展，培育一批留得住的乡村艺术教育人才，为建设社会主义现代化强国培养更多优秀人才。

项目目标表

序号	目标类别	目标描述
1	范围	2014 年年初前期调研、筹备；2014 年派遣文艺支教志愿者不少于 18 名，受益中小学生 1 万余人；2015 年派遣文艺支教志愿者不少于 22 名，受益中小学生 1.1 万余人；2016 年派遣文艺支教志愿者不少于 26 名，受益中小学生 1.3 万余人；2017 年派遣文艺支教志愿者不少于 30 名，受益中小学生 1.5 万余人；2018 年派遣文艺支教志愿者不少于 36 名，受益中小学生 1.8 万余人；2019 年派遣文艺支教志愿者不少于 50 名，受益中小学生 2 万余人；2020 年派遣文艺支教志愿者不少于 80 名，受益中小学生 5 万余人；2021 年派遣文艺支教志愿者不少于 240 名，受益中小学生 10 万余人；2022 年派遣文艺支教志愿者不少于 240 名，受益中小学生 10 万余人；往后每年在以往基础上，依次增加
2	时间	2014 年 4 月开始，持续开展
3	成本	政府支持
4	质量	参与群众随机抽样调查满意度不低于 90%，文艺支教志愿服务人员数量和服务时长较上年增加 20%，受益中小学生较上年增加 10%

项目里程碑计划表

序号	任务名称（结束）		2014—2022年（持续开展）			
			1—3月	4—6月	7—9月	10—12月
1	前期准备	调研	◆ 1.20—2.10			
		项目总体计划	◆ 2.20			
2	启动部署	发布活动通知	◆ 2.26		◆ 7.10	
		招募支教志愿者	◆ 2.26—3.20		◆ 7.10—8.20	
		召开项目启动会		◆ 4.20	◆ 9.20	
		培训支教志愿者		◆ 4.20	◆ 9.20	
3	筹备指导	购买意外保险		◆ 4.25	◆ 9.25	
		落实场地设备	◆ 3.20		◆ 8.20	
		制定安保应急预案	◆ 3.1		◆ 8.1	
		邀请文艺志愿者艺术家、组织学员		◆ 4.20	◆ 9.20	
4	活动实施	开展文艺支教		◆ 4.20—7.20	◆ 9.20—12.20	
		宣传推广	◆ 3.1—12.31			
		慰问座谈		◆ 6.20—7.1		◆ 12.10—12.20
5	表彰总结	资料汇总				◆ 12.10—12.20
		提报推优	◆次年 2.10—4.10			
		表彰先进	◆次年 3.20—5.20			

四、组织管理和团队建设

河南省文联文艺支教志愿服务项目是河南省新时代文明实践文艺志愿服务项目重点打造的品牌项目。由省文联、省文志协总体策划统筹，成立以省文联党组书记、主席为组长，省文联党组成员、副主席，省文联副主席、省书协主席，省文联二级巡视员、省文志协秘书长为副组长，省文志协工作人员为组员的领导小组，下设领导小组办公室，协同推进项目开展。为使项目顺利开展，在项目的具体实施中，需要省文志协和各高校协调招募文艺支教志愿者，市文联配合在实施地招募志愿者，县文明办、县文联实时跟进、指导协调当地开展文艺支教工作，县文联、县教育局及各支教学校组织落实，负责文艺支教志愿者的日常学习、生活的指导、管理和监督，做好保障工作。

为进一步提升项目实施的科学化、规范化、效能化、常态化水平，河南省文联文艺支教志愿服务项目目前已逐步建立起以项目为核心的管理模式，由河南省文志协负责项目管理工作，指定各实施地文联作为项目负责单位，分别对接省文志协、县教育局、各支教学校，各支教学校校长作为实时管理者，负责文艺支教志愿者日常生活管理，并从各县文艺支教志愿者中选择1人作为小组长，及时收集、汇总志愿者的需求和心得。

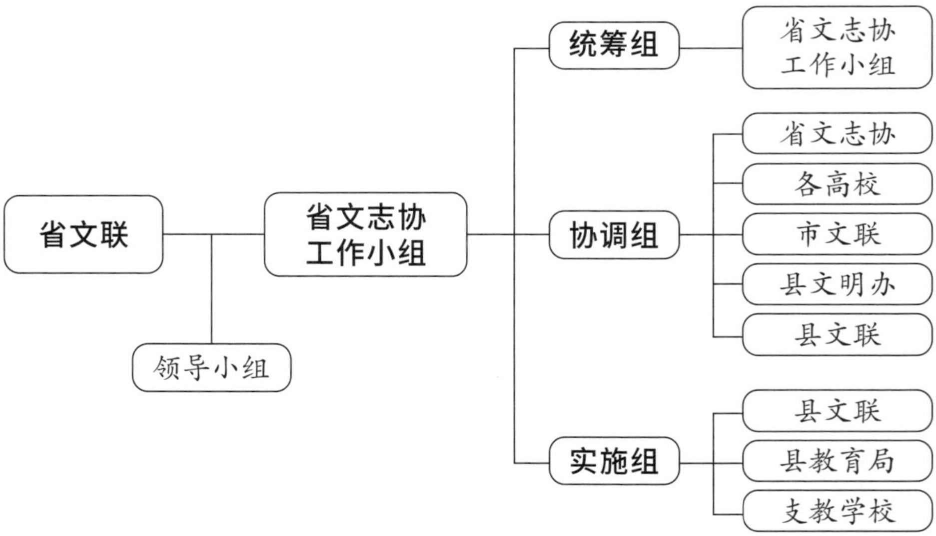

项目组织结构示意图

五、工作范围分解

为了进一步明确项目的工作范围，项目团队以项目目标体系为指导，按照工作分解结构的原理，采用头脑风暴法对项目进行了分解，尽可能多地挖掘项目的工作单元，然后通过分析和总结，并与项目利益相关者协商讨论，最终确定项目的工作分解结构。

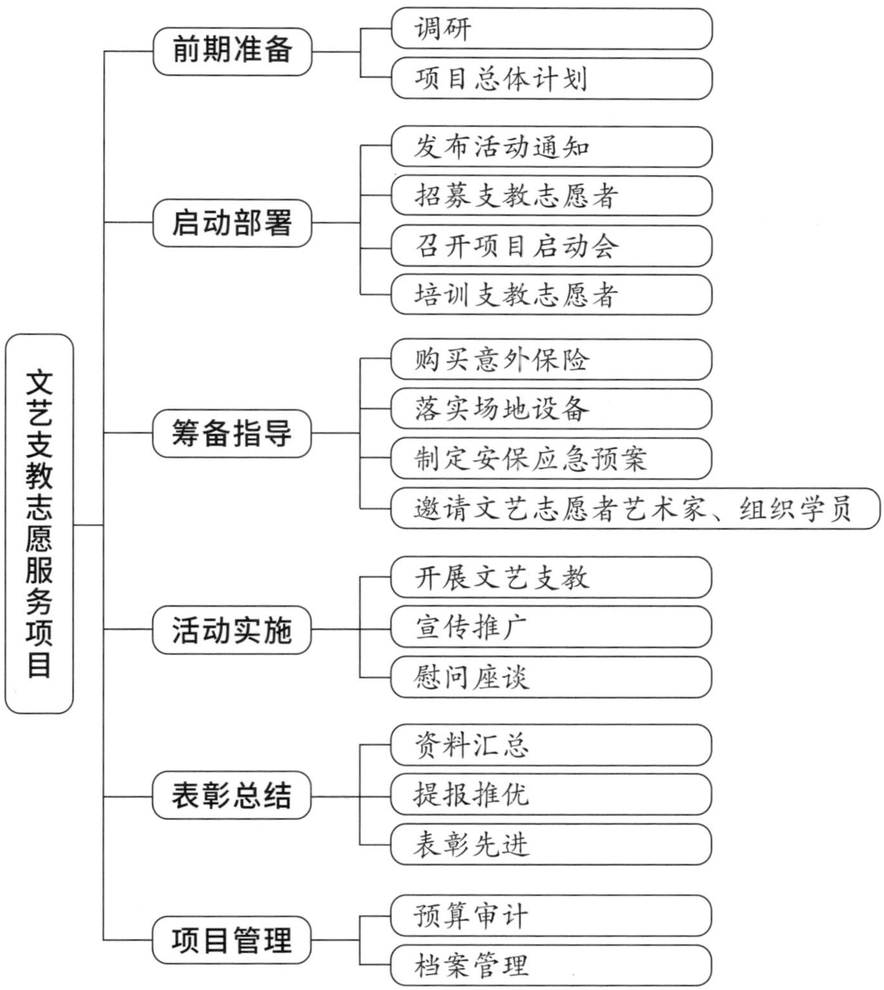

项目分解结构示意图

六、责任矩阵

河南省文联文艺支教新时代文明实践志愿服务项目团队采用责任分配矩阵的形式对承担项目工作任务的各方的责任进行了进一步细化和界定。

项目责任矩阵表

序号	工作名称	省文联	省文志协	各高校	市文联	县文明办	县文联	县教育局	支教学校
1	前期准备								
1.1	调研	▲	▲		○	○	○	○	○
1.2	项目总体计划	◆	▲		○	○	○	○	○
2	启动部署								
2.1	发布活动通知	○	▲		◆	◆	◆	○	○
2.2	招募支教志愿者	○	▲	○	○				
2.3	召开项目启动会	○	▲	○	◆	◆	◆	○	○
2.4	培训支教志愿者	▲	▲	○	◆	◆	◆	○	▲
3	筹备指导								
3.1	购买意外保险	▲	▲	◆	◆	◆	◆	◆	◆
3.2	落实场地设备	○	▲	◆	◆	◆	▲	▲	▲
3.3	制定安保应急预案	▲	▲		◆	◆	▲	▲	▲
3.4	邀请文艺志愿者艺术家、组织学员	▲	▲		◆	◆	▲	▲	▲
4	活动实施								
4.1	开展文艺支教	○	▲	○	○	○	○	▲	▲
4.2	宣传推广	▲	▲	○	○	○	▲	▲	▲
4.3	慰问座谈	▲	▲	○	○	○	○	○	▲
5	表彰总结								
5.1	资料汇总	○	▲	▲	○	○	○	○	○
5.2	提报推优	○	▲	▲	◆	◆	◆	◆	▲

续表

序号	工作名称	省文联	省文志协	各高校	市文联	县文明办	县文联	县教育局	支教学校
5.3	表彰先进	▲	▲	◆	◆	◆	◆	◆	◆
6	项目管理								
6.1	预算审计	▲	▲		◆	◆	◆	◆	◆
6.2	档案管理	▲	▲		◆	◆	◆	◆	◆

注：▲负责　○参与　◆监督

分工明确，责任到人。省文联、省文志协负责总体策划；宣传报道由省文志协牵头负责，由高校、市、县，各支教学校配合。

省文志协、各高校负责招募文艺支教志愿者。

市文联、县文明办、县文联、县教育局负责协调各部门单位积极参与。

工作组建立通讯录，组建微信工作群，完善上下联络体系。每个高校、每个县、每个学校确定 1 名负责人和 1 名联络员。

省文志协负责邀请文艺志愿者艺术家到基层参加短期巡讲。

七、时间进度计划

为统筹推进项目实施，准确编制项目进度，特定制项目的实施进度计划表。项目集中在各学校上、下学期，阶段进行，每期支教时长为 3 个月至 1 个学期，这就要求各执行单位之间协调、配合。这个过程中，重点要求省文志协的统筹推进和各县文联、各支教学校的组织落实。实施过程中，有些工作之间存在明确的先后关系，有些工作则可以平行进行，先后关系并不明确，需要灵活掌握，便于高效执行。

经过各方讨论、分析研究，综合资源供应、保障条件、工作效率等情况，并结合历史信息，项目团队依据项目的工作分解结构和各种限制约束条件等，制订了以甘特图表示的项目进度计划。

序号	工作名称	2014—2022 年（持续开展）			
		1—3 月	4—6 月	7—9 月	10—12 月
1	调研				
2	项目总体计划				
3	发布活动通知				
4	招募支教志愿者				
5	召开项目启动会				
6	培训支教志愿者				
7	购买意外保险				
8	落实场地设备				
9	制定安保、应急预案				
10	邀请文艺志愿者艺术家、组织学员				
11	开展文艺支教				
12	宣传推广				
13	慰问座谈				
14	资料汇总				
15	提报推优				
16	表彰先进				
17	档案管理				

项目甘特图

八、项目资源和费用计划

项目资源计划是指在项目执行过程中，决定项目工作所需要的资源类型（人力、材料等）及其数量的规划过程，它是费用估算和管理的基础。河南省文联文艺支教项目提倡“文明节俭、志愿服务”，所需资源和经费采取政府支持、企业赞助等方式保障。项目团队根据活动的特点，对资源和费用采取了“各单位分别统筹、项目组协调汇总”的管理模式。相关责任人根据实际情况完成项目资源和费用计划管理表。

项目资源和费用计划管理表

资源类型	资源名称	数量	单价（万元）	金额（万元）	来源	联系方式	落实情况及日期	使用发放情况	负责人	监督人
人力	生活补贴									
	交通补贴									
	保险费									
	差旅费									
培训	用餐费									
	租车费									
场地	志愿者住宿									
	培训场地									
物料	条幅									
	培训手册									
	文化用品购置									
宣传	影视资料录制									
	新闻报道									
慰问品、奖品	制作费									
杂项										
合计										
备注										

九、考核激励

为了保证整个项目的有序进行，更好地激发广大文艺志愿者参加支教活动的积极性，定期对志愿者进行考核。

（一）考核内容

各县文联、支教学校负责文艺志愿者的绩效管理，结合当地实际情况和文艺支教志愿者的工作特性，以文艺志愿者的学习情况、服务业绩、社团活动等情况为主要考核内容。

（二）考核时间

各县文联、支教学校在每期结束前 1 周对文艺支教志愿者进行考核。考核结果由省文联、省文志协统筹，分为优秀、合格、不合格 3 种。其中，优秀的人数原则上不超过参加考核总人数的 20%。

（三）激励措施

一是对参加文艺支教志愿服务的文艺志愿者颁发“支教证书”，加入河南省文志协；省文联评选表彰年度优秀文艺志愿服务先进典型时，纳入优先考虑对象，并积极向省文明办、中国文志协推荐。

二是对考核优秀的文艺支教志愿者，推荐加入省级文艺家协会。

三是在省文联、省文志协组织大型文艺慰问演出及文艺培训活动时，根据考核结果，优先作为文艺志愿者参加活动。

十、风险分析

河南省文联文艺支教新时代文明实践文艺志愿服务项目是在基层中小学开展的艺术支教活动，有大量的学生和教师参与，其风险具有较强的独特性，主要表现在特定时期多个区域内风险的高度集中，且多种风险因素交错。为了预防活动开展过程中可能遭遇的风险和干扰因素，减少损失，项目团队采取了以下措施：

一是在项目组中设置风险管理专员，使风险管理在组织上得到保证。

二是在计划阶段，项目团队运用头脑风暴法、SWOT技术以及根据核对表法参考类似项目信息，全面识别项目每个阶段的潜在风险，列出风险清单。

三是针对项目风险，共同讨论制定应对策略和管理计划，采取回避、减缓、转移、接受等方法和措施来减少和规避风险，责任到人。

四是在项目的生命周期内及时监控风险状态，定期检查应对措施的实施情况和有效性，根据需要升级、补充或改变应对措施，并在项目例会中对全体成员进行报告。

五是对于新出现和新发现的风险，及时补充到风险管理表中，并将这项工作贯穿在整个项目实施和收尾过程中。

六是在新冠肺炎疫情防控特殊时期，项目所涉人员需提高疫情防控意识，不前往疫情中高风险地区，在各环节中全程佩戴口罩，及时做好自身及环境消杀；严控现场人员数量与安全距离，严格遵守当地疫情防控要求，及时向所在地区责任部门汇报特殊情况等。

七是可能发生的风险类别有：活动内容意识形态风险，党政干部廉政风险，评优奖励公正性引发的风险，活动现场人员突发疾病风险，活动现场财务损毁、遗失风险，活动现场发生踩踏、火灾等公共安全事故风险，活动现场出现恶劣天气、自然灾害、重大疫情、突发紧急情况的风险等。

项目风险管理表

风险识别					风险应对			风险监督			
序号	起始日期	风险描述	发生概率	危害程度	应对措施	责任人	计划结束日期	风险状态	跟踪人	处理结果	实际完成日期
1											
2											
3											
4											
5											
6											
7											

十一、项目实施与控制

（一）项目实施

河南省文联文艺支教地点确认后，由支教志愿者、服务学校、服务地文联三方签署支教志愿者服务协议书，明晰权利义务。项目志愿者全部通过“中国文艺志愿者智慧管理系统”正式注册，可在线查询文艺支教开展时间、地点以及支教图片。投入专项资金为志愿者购买保险，提供交通和生活补贴。服务结束后，省文明办、省教育厅、省文联为志愿者颁发志愿服务证书。组织媒体对项目实施追踪报道，总结项目经验，宣传项目成果。

（二）项目后续服务

项目实施后，除了与学校保持常规沟通，对各学校的教学跟踪服务外，还要组织艺术名家不定期地到各支教点进行短期艺术培训。同时开展艺术名家“一对一”帮扶活动，一个艺术名家对一个学校进行持续帮扶。

（三）项目控制

项目控制是对项目的实施全过程进行有效的监控和管理，并在保证项目完成的前提下，以最好的质量、最低的成本来获取最大的社会效益。项目组在实施过程中采取了以下控制措施：

1. 状态跟踪。在项目执行过程中，各责任部门和单位安排专人及时跟踪、记录执行的实际情况，特别是项目进度情况、资源费用的落实和使用情况、活动筹备是否符合有关质量要求和技术标准、项目的风险状态等。

2. 偏差分析。将项目实际执行情况与目标和计划进行对比，动态分析出现的偏差和可能出现的偏差，权衡其已造成或可能造成的影响，制定调整方案和措施。

3. 偏差调整。对偏差和缺陷进行规范化调整处理，确保项目在受控范围内；对严重偏离计划指标且无法进行规范化处理的，及时对项目流程和计划进行更新。对于新的项目计划，持续运用 PDCA（计划、执行、检查、处理）循环法控制和改进项目实施，直至项目结束。

“文艺进万家　健康你我他”
“农民戏剧展演月”山东省剧协
新时代文明实践文艺志愿服务项目

一、项目简介

“农民戏剧展演月”山东省剧协新时代文明实践文艺志愿服务项目（以下简称项目），是山东省剧协响应中国文联、山东省文联，加强新时代文明实践中心建设，创新文艺志愿服务发展的一个重要举措。2018 年以来，山东省剧协贯彻山东省文联“走下去、请上来、深进去”的工作思路，抓好调研策划，对接农民需求，依靠农民剧团，团结广大戏剧志愿者，共建共享，还戏于民，打造了“农民戏剧展演月”这一品牌，为在新时代文明实践文艺志愿服务中实现志愿服务、文艺采风、文艺创作、人才培养、文艺惠民的“五位一体”有机结合开创了新模式。

该项目在全省 16 市，137 个县（市、区），开展农民剧团（剧目）演出比赛，从中选拔出 100 余个优秀农民剧团（剧目）志愿下乡展演，让广大百姓在家门口就能欣赏到丰盛的戏剧文化大餐；征集农民剧团新创小戏，省剧协组织专家评审，选取相对优秀的小戏进行重点提升打造，然后组织集中展演、全省巡演；并针对农民剧团缺乏专业指导的问题，组织戏曲名家、各级戏剧专业志愿者深入农村社区，对农民剧团进行手把手帮扶指导，提升农民剧团的演出水平。

（一）项目成果

项目开展以来，共组织庄户剧团500余支，汇集京剧、吕剧、五音戏、山东梆子、柳琴戏、柳腔、茂腔、蓝关戏等10余种山东地方戏曲剧种，演出1 800余场，创作推出现代农村题材小戏60余部，评选30余部优秀小戏进行重点提升打造，组织集中展演、全省巡演，惠及群众近500万人次，指导演职人员300余人。

农民戏剧展演月活动，充分发动新文艺群体参与，培养新文艺人才，送文化和种文化相结合，打通了戏剧精准服务农民的“最后一公里”。

（二）项目特色

1. 精准对接农民需求，全面开展文艺志愿服务。在充分调研农民需求的基础上，发动各市基层力量，开展多级联动，认真策划文艺惠民活动，精准开展文艺志愿服务，展演剧目以经典传统戏曲为主，再加上部分经典现代革命剧目及新编红色剧目，既满足了广大农民，尤其是众多老年人对戏曲文化的需求，又起到了教育引导作用。

2. 多级联动全程服务，为农民剧团提供广阔平台。山东是戏剧大省，剧种繁多，群众基础深厚。4 000余个民间剧团常年活跃在广大农村、社区，但多以自娱自乐为主。通过广泛开展剧团（剧目）选拔、志愿下乡展演、新创小戏展演巡演等系列活动，为广大农民剧团提供了广阔的展示平台，大大增强了他们的荣誉感和自豪感。

3. 立足出精品出人才，助力乡村文化振兴。征集农民剧团新创小戏，选取相对优秀的小戏进行技术辅导，集中展演、全省巡演。组织戏曲名家、戏剧工作志愿者深入农村社区，对农民剧团进行手把手帮扶指导，提升农民剧团的演出水平和质量。这些来自基层的创作和演出人员将在农村的鲜活实践中，创作出更多满足农民需求的精品剧目，发展更多的农村戏剧爱好者，惠及更多的农民百姓，达到“点亮一个，照亮一片，惠及一方”的效果，助力乡村文化振兴。

二、项目背景分析

山东是戏剧大省，剧种繁多，群众基础深厚，现有庄户剧团 1 951 个，演职人员 39 516 名。通过查阅相关文件资料和实地查访调研，可以感受到广大群众对传统戏曲的热爱和群众戏曲文化蓬勃发展的良好态势，但同时也存在相应的短板和不足，主要表现为：一是虽然民间剧团数量不少，但多以自娱自乐为主，缺少一个比较高的展示平台，发展前景堪忧；二是专业水平低，急需专业人员辅导；三是发展动力不足，希望得到领导重视、社会承认，并获得支持。

通过需求分析，开展“农民戏剧展演月”活动，除针对上述需求外，更具有重要的社会意义，主要表现为：

一是培养良好生活习惯，引导社会治理。在广大的农村社区，由于业余生活比较单一，文化活动相对缺乏，总有一部分群体因为缺乏自我约束和教育引导，时常沉迷于电子游戏、麻将、赌博等活动，从而危害身心健康，影响家庭和谐和生产生活。开展“农民戏剧展演月”活动，有助于丰富群众文化生活，营造乡村文化氛围，在一定程度上培养了健康习惯，净化了社会风气。

二是培养农村戏剧人才，助力乡村文化振兴。乡村文化振兴是乡村振兴的重要组成部分，“农民戏剧展演月”活动，不仅能够丰富广大农民的精神文化生活，也培养了广大的懂农民、爱农村的业余戏剧工作者，成为助力乡村文化振兴、打造高质量乡村振兴齐鲁样板的重要抓手。

三是传承中华优秀传统文化，弘扬中华民族精神。中国戏剧是中华优秀传统文化的瑰宝，从中能够汲取中华民族精神。其传承和弘扬不仅需要广大的专业戏剧工作人才，更需要有深厚的群众基础。“农民戏剧展演月”活动，不仅能够更好地培养更多的戏剧爱好者和潜在戏剧爱好者，还能够让广大群众在潜移默化中弘扬中华民族精神，汲取力量。

三、项目目标

“农民戏剧展演月”活动的总目标是：以“走下去、请上来、深进去”的工作思路，抓好调研策划，对接百姓需求，依靠农民剧团，团结广大戏剧志愿者，发动新文艺群体参与，发掘新文艺人才，共建共享，还戏于民，建立永不落幕的基层文艺大舞台，传承和弘扬中华优秀传统文化，助力乡村文化振兴。

项目目标表

序号	目标类别	目标描述
1	范围	成功举办2021年山东省第四届农民戏剧展演月活动，演出场次不低于550场，参演农民剧团不少于150个，惠及百姓不少于90万人，带动周边农民剧团演出不少于600场
2	时间	2021年3月1日—12月31日

续表

序号	目标类别	目标描述
3	成本	★★★ 元。其中政府鼓励 ★★ 元，街镇奖励 ★★ 元，企业赞助 ★★ 元，群众筹集 ★★ 元
4	质量	参加演出文艺志愿者数量和服务时长较上年增加 5%，新创小戏较上年增加 5%，演出场次较上年增加 5%，惠及百姓数与上年持平

四、组织管理

“农民戏剧展演月”活动由山东省剧协总体策划统筹，各市剧协具体实施推进，各县、乡（镇）剧协，各县乡村文化站负责配合落实。为进一步提升活动实施的科学化、规范化、效能化水平，建立以项目为核心的管理模式，对活动采用项目管理方式，由省文联和省剧协负责项目管理工作，指定项目负责人，直接对各市剧协负责，并从相关部门单位抽调人员组成项目团队。

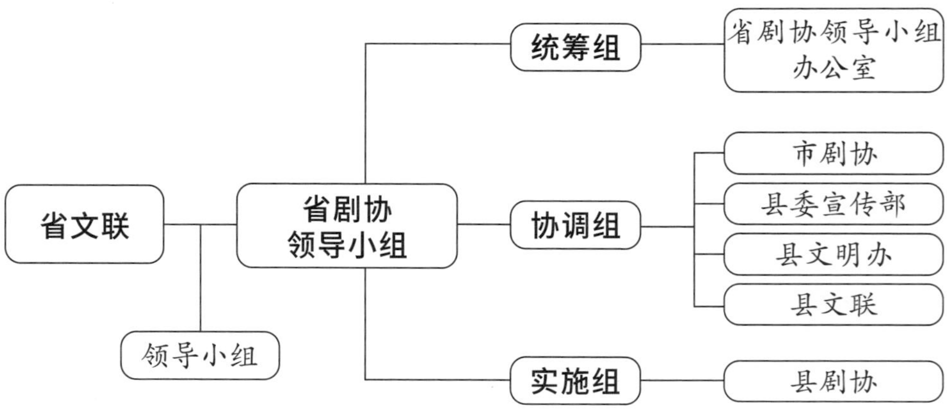

项目组织结构示意图

项目团队在项目负责人的领导下，完成项目工作，同时结合项目实际情况，以省剧协驻会负责人为组长，省剧协主席团成员为副组长，下设领导小组办公室，协同推进项目开展。

省剧协统筹协调各市剧协，下发、落实活动通知，监督活动内容、进程，提供活动统一标志、背景板等活动所需材料，组织专家对新创剧目进行审核、技术辅导，组织省级展演活动。各市、县剧协落实省剧协布置工作任务，组织好民营剧团参与调研统计，参演剧团落实，省级以下各剧团比赛、展演活动。在组织活动中，突出强调活动参与主体为庄户剧团，充分调动庄户剧团的积极性和志愿服务力量。

五、项目实施

为进一步明确工作范围，“农民戏剧展演月”项目团队以项目目标体系为指导，按照工作分解结构的原理，采用头脑风暴法对项目进行分解，尽可能多地挖掘项目的工作单元，然后通过分析和总结，最终确定项目的工作分解结构。

（一）项目进度

“农民戏剧展演月”项目范围较广，工作内容较多，为使各项工作有序顺利进行，将核心工作及进度以表格的形式列出。

（二）呈现模式

“农民戏剧展演月”活动的呈现主要有以下六个方面。

1. 调研摸出“一二三”。努力摸清全省民间剧团数量、生存概况和存在问题以及演出剧目质量、需求等。通过大量摸排走访交流，最后得出三条主要信息：一是急需专业人员辅导；二是渴望到更高的平台展演展示；三是希

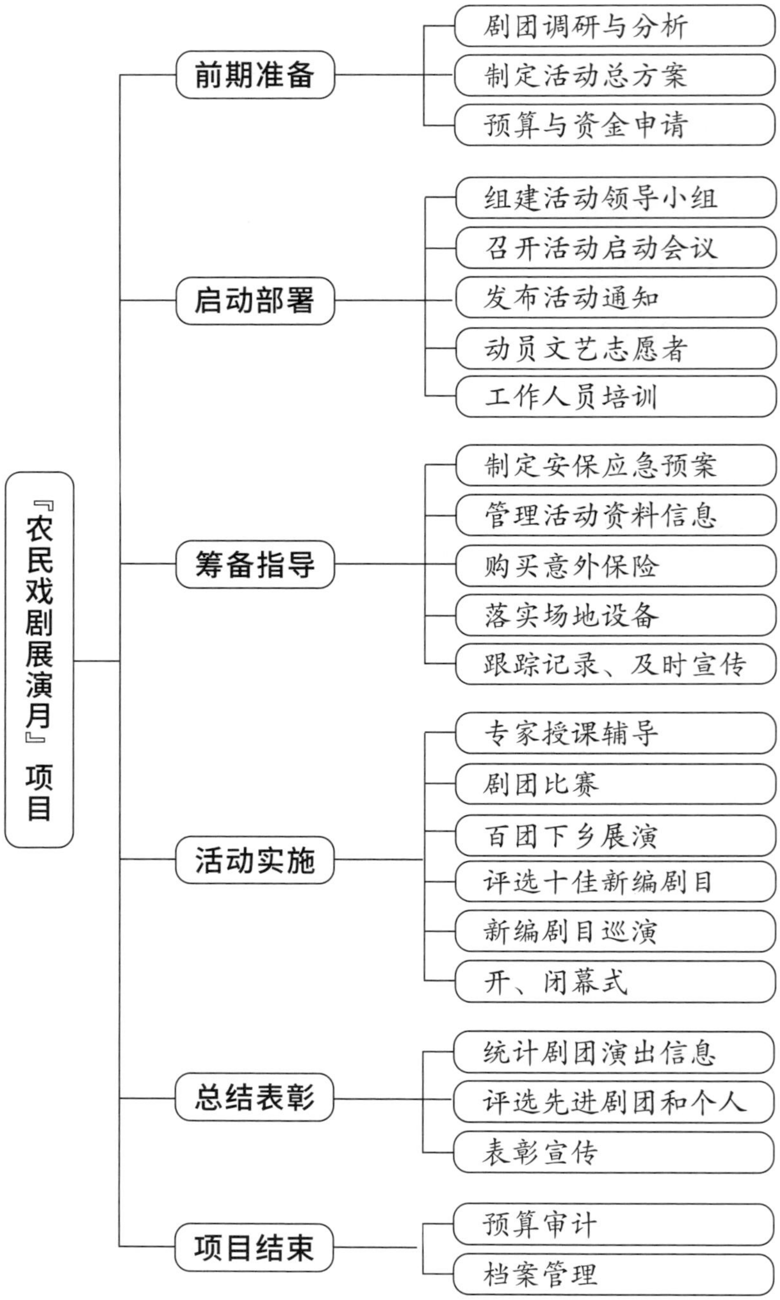

『农民戏剧展演月』项目
前期准备
剧团调研与分析
制定活动总方案
预算与资金申请
启动部署
组建活动领导小组
召开活动启动会议
发布活动通知
动员文艺志愿者
工作人员培训
筹备指导
制定安保应急预案
管理活动资料信息
购买意外保险
落实场地设备
跟踪记录、及时宣传
活动实施
专家授课辅导
剧团比赛
百团下乡展演
评选十佳新编剧目
新编剧目巡演
开、闭幕式
总结表彰
统计剧团演出信息
评选先进剧团和个人
表彰宣传
项目结束
预算审计
档案管理

项目分解结构示意图

项目活动进度表

步骤	起止时间	措 施	投入人员
前期准备	3—5 月	1. 剧团调研与分析。努力摸清全省民间剧团数量、生存概况和存在问题以及演出剧目质量、需求等 2. 制定活动总方案。包括活动内容、时间地点、联系方式 3. 预算与资金申请。明细资金使用地方	省剧协工作人员
启动部署	4—5 月	1. 组建活动领导小组 2. 召开活动启动会议。进行责任分工 3. 发布活动通知。将拟定好的活动方案下发各市 4. 动员文艺志愿者，联系并通知艺术家 5. 工作人员培训	省剧协、各市剧协负责人、工作人员
筹备指导	5—7 月	1. 制定安保应急预案 2. 管理活动资料信息 3. 购买意外保险 4. 落实场地设备 5. 跟踪记录、及时宣传	省剧协、各市剧协负责人、工作人员
活动实施	7 月—11 月 15 日	1. 专家授课辅导。艺术家亲临现场，对前期调研过的剧团的骨干成员进行培训 2. 剧团比赛。在农村社区进行比赛 3. 百团下乡展演。选拔出的 100 个剧团下乡展演 4. 评选十佳新编剧目 5. 新编剧目巡演 6. 开、闭幕式	省剧协、各市剧协负责人、工作人员
总结表彰	11 月 15—30 日	1. 统计剧团演出信息 2. 评选先进剧团和个人 3. 表彰宣传	省剧协、市剧协负责人
项目结束	12 月 1—31 日	1. 预算审计 2. 档案整理	省剧协、各级项目负责人

望得到领导重视、社会承认，并获得支持。

2. 服务 50，带动 150。在充分调研了解全省民间农民剧团基础上，开展六级联动，由省剧协和市、县剧协组织各级新时代文明实践文艺志愿服务专家赴各市县、乡、村民间庄户剧团辅导传艺。经过宣传发动，辅导一个剧团，至少有 3—5 个民间剧团主要人员参加听课，故形成了 1×3 模式，辅导 50 个团，产生了带动 150 个团的效应。

3. 比赛 150，扩展 450。以市、县为单位，用比赛的形式组织村与村、乡镇与乡镇、县与县、市与市之间农民剧团比赛演出，各级剧协组织专家评委下基层观看节目，广大农村社区成了初赛第一演出场地。计划比赛的有 150 个庄户剧团，最后积极申请参加比赛的庄户剧团全省达到 450 余个，参加演出人员达到 1 万余人，观众达到 20 余万人次。覆盖范围广，增强了活动的宣传效应，带动更多农民庄户剧团积极参与文艺志愿服务活动，参与人数急剧增加。

4. 走下去，百团下乡，还戏于民。最终评选出的 100 余个剧团（剧目）统一参加省文联组织的新时代文明实践文艺志愿下乡演出活动。统一农民戏剧展演月活动标识、统一背景板，由省文联和省剧协统一组织安排，深入乡村社区展演，计划每团一场的演出一般都演出两场以上，让广大基层群众尽享文化大餐的同时，也为民间剧团提供了一个更高的展示平台，极大地增强了剧团演员的自信心、自豪感。

5. 请上来，深进去。一是把全省选拔出的 100 余家民间剧团请上来，参加省农民戏剧展演月集中下乡展演；二是对农民剧团自己创作的新编剧目给予重点打造提升、专家辅导，节目升华后在省级平台集中展演、各市巡演。这样不仅使文联、剧协与各民间剧团联系更加紧密，同时也遵循了省文联一贯倡导的“走下去、请上来、深进去”的惠民工作思路。

6. 统一步骤，轮廓清晰。开、闭幕式全省统一进行，壮大活动影响。以第二届农民戏剧展演月开幕式为例，所有地市全部集中在 5 月 23 日“中国文艺志愿者服务日”当天开幕，做到了全省统一行动。闭幕式全省 16 市均有一名省剧协主席团成员参加，各地电视台、电台、报纸、网络等新闻媒体同时宣传报道，扩大了活动影响力，“农民戏剧展演月”品牌效应进一步增强。

六、责任矩阵

“农民戏剧展演月”活动的主要参与者有各宣传思想文化单位、各有关镇（街道）党（工）委、各有关村（社区）党组织、参与活动或联合举办的各企事业单位、省市县三级剧协组织、部分民间业余戏剧团体、戏剧爱好者、戏剧志愿者等。其基本责任分工为：

省剧协负责综合协调，做好顶层设计；市剧协负责上传下达、联络督导；依靠县文明办、县级文联开展工作；县（市、区）剧协负责组织实施、落实到位；乡镇（街道）剧协配合县（市、区）剧协做好具体工作。

市级剧协牵头成立工作组。主要负责人担任组长，所属县（市、区）剧协为小组成员，主要负责人担任副组长，相关工作人员担任组员。

向下完善基层组织建设。建立通讯录，组建微信工作群，完善上下联络体系。

为了对项目执行进行有效的监督、协调和管理，项目团队采用责任分配矩阵的形式对承担项目工作任务的各方责任进行了进一步细化和界定。

项目责任矩阵表

序号	工作名称	省剧协	市剧协	县委宣传部	县文明办	县文联	县剧协
1	前期准备						
1.1	剧团调研与分析	▲	○		◆	○	○
1.2	制定活动总方案	▲					
1.3	预算与资金申请	▲					
2	启动部署						
2.1	组建活动领导小组	▲	○	○	◆	○	○
2.2	召开活动启动会议	▲	○	○	◆	○	○
2.3	发布活动通知	▲	○	○	◆	○	○
2.4	动员文艺志愿者	▲	○	○	◆	○	○
2.5	工作人员培训	▲	○	○	◆	○	○
3	筹备指导						
3.1	制定安保应急预案	▲	○	○	◆	○	○
3.2	管理活动资料信息	▲	○	○	◆	○	○
3.3	购买意外保险	▲	○	○	◆	○	○
3.4	落实场地设备	▲	○	○	◆	○	○
3.5	跟踪记录、及时宣传	▲	○	○	◆	○	○
4	活动实施						
4.1	专家授课辅导	▲	○	○	◆	○	○
4.2	剧团比赛	▲	○	○	◆	○	○
4.3	百团下乡展演	▲	○	○	◆	○	○
4.4	评选十佳新编剧目	▲	○	○	◆	○	○
4.5	新编剧目巡演	▲	○	○	◆	○	○
4.6	开、闭幕式	▲	○	○	◆	○	○
5	总结表彰						
5.1	统计剧团演出信息	▲	○	○	◆	○	○
5.2	评选先进剧团和个人	▲	○	○	◆	○	○
5.3	表彰宣传	▲	○	○	◆	○	○
6	项目结束						
6.1	预算审计	▲					
6.2	档案整理	▲					

注：▲负责　○参与　◆监督

七、时间进度计划

“农民戏剧展演月”活动是一项系统工程，涉及部门单位多，内容较为繁杂。准确编制项目进度计划尤为重要。经过各方讨论、分析研究，综合资源供应、保障条件、工作效率等情况，并结合历史信息，项目团队依据项目的工作分解结构和各种约束条件等，制订了以甘特图表示的项目进度计划，使活动重要环节均匀分布在全年的工作计划中，大部分环节之间存在明确的先后关系，部分工作有交叉、平行进行现象。

序号	工作名称（结束）	2021 年			
		1—3 月	4—6 月	7—9 月	10—12 月
1	调研与分析				
2	制定总方案				
3	制定预算				
4	召开启动会议				
5	发布活动通知				
6	动员文艺志愿者				
7	工作人员培训				
8	制定安保应急预案				
9	落实场地设备				
10	专家辅导授课				
11	剧团比赛				
12	百团下乡展演				
13	十佳新编剧目巡演				
14	总结表彰				
15	预算审计				
16	档案管理				

项目甘特图

八、项目资源和费用计划

项目资源计划是指在项目执行过程中，决定项目工作所需要的资源类型（人力、材料等）及其数量的规划过程，它是费用估算和管理的基础。“农民戏剧展演月”活动以“文艺惠民、乡村文化振兴”为主旨，所需资源和经费主要由财政支持。项目团队根据活动的特点，对资源和费用采取了“政府财政支持、项目组组织实施”的管理模式。在项目计划阶段，实施活动的各有关单位结合历史信息，对各项工作所需的资源和费用进行详细的计划、评估，并确定落实和管理的负责人、监督人。项目执行阶段，相关责任人根据实际情况完成资源和费用计划管理表。项目总结收尾阶段，项目组统计汇总各单位的资源费用数据，监控活动的整体资源消耗，并与活动效果进行对比分析，不断提高未来活动的能效和水平。

项目资源和费用计划管理表

资源类型	资源名称	数量	标准单价（万元）	金额（万元）	来源	联系方式	落实情况及日期	使用发放情况	负责人	监督人
人力	交通费									
	食宿费									
	出席文艺家活动补助费									
物料	灯光音响等设备租赁、舞台搭建等									
	奖杯、证书									
杂项	不可预见									
合计										
备注										

九、考核激励

（一）考核办法

为了确保公平性，项目考核需明确具体指标，以定量和定性相结合的办法对参与单位或团体进行评价。

考核细则表

一级指标（分值）	二级指标（分值）	合计	总分
展演月选拔赛（占 40 分）	1. 组织场次（14 分） 每举行 1 场 +0.5 分，最高 14 分		
	2. 观看人数（12 分） 每人次 +0.001 分，最高 12 分		
	3. 展演效果（10 分） 根据其响应及时性、准备充分性、计划周密性、组织统筹性，给出 0—10 分。例如，2.80 分。最高 10 分		
	4. 资料建档（4 分） 根据资料齐全度、建档及时性，给出 0—4 分。例如，2.80 分		
剧目巡演（占 40 分）	1. 巡演场次（20 分） 每场 +1 分，最高 20 分		
	2. 观众数量（15 分） 每人次 +0.001 分，最高 15 分		
	3. 资料建档（5 分） 根据资料齐全度、建档及时性，给出 0—5 分。例如，1.80 分		
戏剧培训（占 20 分）	1. 培训场次（6 分） 每举行 1 场 +2 分，最高 6 分		
	2. 培训人数（6 分） 每人次 +0.1 分，最高 6 分		
	3. 培训效果（5 分） 根据其响应及时性、准备充分性、计划周密性、组织统筹性，给出 0—5 分。例如，2.80 分		
	4. 资料建档（3 分） 根据资料齐全度、建档及时性，给出 0—3 分。例如，2.80 分		

续表

一级指标（分值）	二级指标（分值）	合计	总分
服务活动总分（100分）	服务活动总分＝展演月选拔赛＋剧目巡演＋戏剧培训 其中： （1）展演月选拔赛总分＝组织场次＋观看人数＋展演效果＋资料建档 （2）剧目巡演总分＝巡演场次＋观众数量＋资料建档 （3）戏剧培训总分＝培训场次＋培训人数＋培训效果＋资料建档		

（二）激励措施

1. 单位或团体激励，打分评价由省、市剧协负责进行。

本年度项目结束时，省剧协分别对市、县、乡三级剧协组织进行评价，评出先进单位并颁发奖牌。各级优秀基层组织负责人可在上一级协会发展工作中优先考虑。

2. 个人考核由其所在市、县、乡三级剧协组织完成评选，并推荐上报，省剧协复核后予以表彰并颁发证书。具体细则如下：

（1）在所有参加戏剧志愿服务活动的志愿者中，根据综合表现，分别评选出部分省级、市级、县级优秀戏剧志愿者。

（2）各级优秀戏剧志愿者可在同级戏剧家协会开展的评先树优等工作中重点推荐，记入个人发展业绩档案。

此外，对在文艺志愿服务工作中表现恶劣或者影响协会声誉的个人给予通报批评，情节严重者，取消其会员资格。

十、风险分析

“农民戏剧展演月”是紧密对接农民需求，依靠农民剧团开展的文艺志愿服务活动，有大量的现场和网络观众参与，因此在计划阶段，就需要根据实际情况全面分析预测潜在风险，列出风险清单，制定相应预防措施。在项目实施过程中及时监控风险状态，定期检查应对措施的实施情况和有效性，根据需要升级、补充或改变应对措施。对于新出现和新发现的风险，及时补充到风险管理表中。

项目风险管理表

风险识别					风险应对			风险监督			
序号	起始日期	风险描述	发生概率	危害程度	应对措施	责任人	计划结束日期	风险状态	跟踪人	处理结果	实际完成日期
1											
2											
3											
4											
5											
6											
7											

可能发生的风险类别有：意识形态风险，廉政风险，评优奖励公正性引发的风险，活动现场人员突发疾病风险，活动现场财物损毁、遗失风险，活动现场发生踩踏、火灾等公共安全事故风险，活动现场出现恶劣天气、自然灾害、重大疫情等突发紧急情况的风险。最主要的风险是意识形态风险、廉政风险、新冠肺炎疫情防控风险等。

1. 意识形态风险。主要包括展演剧目主题及内容、参演人员的意识形态管控。严格对参演剧目、参演剧团及人员的审核，坚决防止意识形态事件发生，防止出现庸俗、低俗、媚俗的作品。

2. 廉政风险。主要包括剧团（剧目）评选事项、资金使用的监管。做好人员教育，严格按照相关规定，根据具体情况，采取价格比对、招投标等流程来规范资金支出。

3. 新冠肺炎疫情防控风险。在疫情常态化背景下，严格按照当地疫情防控要求开展活动。在各环节中要全程佩戴口罩，及时做好自身及环境消杀工作；严控现场人员数量与安全距离。

十一、项目实施与控制

（一）项目实施

为使整个项目按计划顺利推进和实施，项目团队的沟通、信息共享及问题解决等更加高效和准确，建立了项目管理信息系统，具体包括：

建立展演月微信工作群，保证信息畅通，文件及资料及时传递。

根据活动开展情况，定期或不定期召开项目碰头会，交流活动开展实施情况，协调解决过程中发现的问题，以促进各项计划的实现。

（二）项目控制

项目控制是对项目的实施全过程进行有效的监控和管理，使其顺利达到项目规定的目标，并在保证项目完成的前提下，以最好的质量、最低的成本来获取最大的社会效益。“农民戏剧展演月”项目组在实施过程中采取了以下控制措施：

1. 状态跟踪。在项目执行过程中，以项目计划和目标为基础，各责任部门安排专人及时跟踪、记录执行的实际情况，特别是项目进度情况、风险状态、资源费用的落实和使用情况等。

2. 偏差分析。在项目实际执行过程中，及时与制定的目标和计划进行比对，分析已经出现的偏差和可能出现的偏差，分析其已经造成的影响和可能造成的影响，制定调整方案和措施。

3. 偏差调整。为确保“农民戏剧展演月”项目在受控范围内，对项目实施过程中出现的偏差和可能出现的偏差进行及时处理和调整；对严重偏离计划指标且调整后无法实现的，及时对活动相关流程和计划指标进行更新调整；对于新的计划，持续运用 PDCA（计划、执行、检查、处理）循环法控制和改进实施，直至活动结束。

“文艺进万家　健康你我他”
“寻找美术符号　助力乡村振兴”山东省美协新时代文明实践文艺志愿服务项目

一、项目简介

“文艺进万家　健康你我他”“寻找美术符号　助力乡村振兴”山东省美协新时代文明实践文艺志愿服务项目（以下简称项目）是山东省文联、山东省美协贯彻落实党的十九大精神，全面推进乡村振兴战略的具体举措，是在认真贯彻“文艺进万家　健康你我他”的工作理念的基础上探索服务方式、创新服务内容的美术志愿服务项目，致力于建设“永不落幕的基层文艺大舞台”，打通美术工作服务群众的“最后一米”。

目前已在山东省16市开展各类活动465场次，参与美术志愿者4 433人次（其中新文艺群体人数1 821人，占比41.1%），培训美术志愿者骨干2 206人次，创作作品数量约14 400幅，绘制墙体绘画157 059平方米，受众人数约191万人，惠及全省77个县市区的350余个乡镇（街道）、209个村（社区）。项目实施期间，逐渐形成鲜明特点：

一是美术志愿服务的本地化、常态化。各市美协按照“一市一品牌，市县有区别，村镇有特色，墙上有体现”实施项目，美术志愿者、“美术符号”、美术服务、受众群体均在同一个地域内，因此在人文历史、风土人情、情感体验等方面都存在归属感、亲切感，这就为项目的顺利实施提供了天时、地利、人和的优渥条件，美术志愿者的服务、创作都可以带着浓浓的情感，而且志愿者与受众处于同一地域，志愿服务活动可以随时开展，项目随时根据受众需求提供服务，同时志愿服务也会更加接地气、更加精准。

二是服务项目的品牌化、符号化。项目在山东 16 市同步开展，各环节均使用统一的项目名称和标识，形成了同一时间段、多地域、同主题、多角度的集中宣传报道，新闻传播效应使项目品牌迅速在全省范围内打响。在符号的寻找和打造中，一批家喻户晓的符号通过国画、油画、墙体彩绘、农民画、瓷板画等形式出现在网络、展厅、街头巷尾，持续扩大了项目影响力，强化了项目品牌形象。其中，重点“美术符号”有：泰安市的泰山、肥城桃，济宁市孔子、孟子，济南市的平阴玫瑰、章丘大葱，潍坊市的杨家埠年画、潍坊风筝、寿光蔬菜，烟台市的龙口粉丝、栖霞苹果，滨州市的沾化冬枣，淄博市的陶瓷、琉璃，菏泽市的牡丹，枣庄市的峄城石榴，青岛市的崂山、胶州大白菜，临沂市的临沭柳编、平邑金银花，日照市的绿茶，威海市的成山头、海草房，聊城市的景阳冈、东阿阿胶，德州市的乐陵小枣……

三是推动优秀传统文化创造性转化、创新性发展。项目对我省优秀传统文化、特色鲜明的非物质文化遗产、民间技艺等进行创造性转化和创新性发展，以美术的形式，使其在守正创新中焕发新的生机与活力。潍坊市杨家埠与天津杨柳青、苏州桃花坞并称中国木刻版画三大产地，2006 年杨家埠木版年画经国务院批准列入第一批国家级非物质文化遗产名录。围绕这一典型“美术符号”，潍坊市寒亭区美协在相关部门的肯定和支持下，组建了一支二十多人的美术志愿服务队，负责杨家埠、狮子行两村的墙绘。为提高队员的审美素养和创作水平，山东师范大学韩玮教授进行了专题辅导授课。经过数月奋战，完成了总面积4 000多平方米的杨家埠村、狮子行村以传统木版年画为主题的墙绘作品，受到村民、游客的广泛好评与喜爱。淄博市美协集中组织美术志愿者深入挖掘齐国故都、聊斋故里、琉璃之乡、世界足球起源地、中国陶瓷文化发祥地等文化资源寻找地域美术符号，特别是结合陶瓷烧制工艺完成的瓷板画作品，艺术性强、主题鲜明、特色突出，经久耐用且便于异地组装，用艺术的形式讲好淄博故事，助力乡村振兴。

四是“打造没有围墙、永不落幕的乡村展厅”。把优秀美术作品和“美术符号”留在乡村社区，突破作品的时空限制，让百姓在家门口欣赏美术作品，感受文化艺术的熏陶。临沂市美协精选临沂美术志愿者在全国大型展览中的入选获奖作品，将作品内容与本地区紧密相关的制成写真喷绘后安装在乡村社区的大街小巷，这些喷绘作品与现场绘制的墙绘作品相互呼应，真正把优秀美术作品送到了百姓身边，在乡村社区呈现一场没有围墙、永不落幕的展览。

五是从“文化惠民”到“文化富民”。项目在设计之初,便提前规划了从“文化惠民”到“文化富民”的路径，乘着国家实施乡村振兴战略的东风，通过美术志愿服务来挖掘一批典型“美术符号”，打造一批美丽乡村，将“美术符号”转化为助力乡村振兴和经济社会发展的具体举措，从精神文化助力向产业助力转化。泰安市岱岳区美协结合村貌实际、风土人情及地域文化，选择沿村主线墙体和群众公共活动空间进行墙绘创作，把泰山文化、“挑山工精神”融入了新农村建设和日常生活中。道朗镇北张村在美术志愿者的帮助下把整个村子打造成了色彩缤纷、环境优美的特色村落，无数游客慕名而来，为此村里还开设了多家精品民宿、咖啡厅等，大大增加了村民收入，提高了村民的生活水平，促进了乡村的经济发展和文化建设。

二、项目背景分析

文化是乡村振兴战略的灵魂所在，文化活动是村民最喜爱和乐于接受的宣传方式。

（一）项目背景

山东地大物博,历史文化底蕴深厚。美术传统绵延千年,根植于乡野沃土。孔子、孟子，泰山、黄河，沂蒙精神、“挑山工精神”等人文、自然、文化符号或元素具有鲜明地域特色，中国画、油画、水彩、粉画、年画、剪纸、风筝艺术、农民画等创作队伍庞大。

乡村文化振兴是“乡村振兴战略”的题中应有之义。乡村文化振兴是全面建设社会主义现代化强国的重大历史任务，是新时代做好乡村精神文明建设工作的总抓手。项目紧密围绕时代背景，以临沂市“沂蒙精神”，潍坊市寒亭区（杨家埠）的木版年画、寿光市蔬菜，淄博（世界足球起源地）齐国蹴鞠、聊斋故里（蒲松龄），东营黄河文化、石油文化，泰安“挑山工精神”、泰山等各市特色打造一批代表性“美术符号”，用美术作品、美术符号、美术志愿服务引领农村新风尚，使乡村文明焕发新气象，使“文化惠民”转化为“文化富民”。

（二）需求分析

群众精神文化生活亟待填补、充实。当前，我省经济发展取得巨大成就，人民对精神文化的追求和对美好生活的向往逐渐增强。省美协在多次调研中发现，广大乡村群众对精神文化有了更深层的需求。首先，乡村环境需要改善提高，群众不仅希望村内整洁美观，还要有文化艺术元素的点缀。其次，要留得住乡愁，具体来说就是体现当地风土人情或者地理文化特色，要有家的符号感知。最后，要加强乡风文明建设，要与时俱进。

美术志愿者队伍庞大，潜力有待激发。目前，山东省拥有中国美协会员1 700余人，省美协会员7 100余人。美术创作、美术志愿者、美术志愿服务活动的效能有巨大开发潜力。“寻找美术符号　助力乡村振兴”山东省美协新时代文明实践文艺志愿服务项目，将有效拓展美术志愿者就地开展志愿服务的路径，有利于形成志愿服务常态化、本地化局面，不断满足人民群众的新需求、新期待。

（三）项目意义

项目是山东省美协发挥协会优势带动基层美术志愿者梳理、挖掘本地特色美术符号，打造地方文化名片，提高美术队伍创作水平的创新服务，实现以美术助力乡村成为百姓安居乐业的精神家园，打造留得住青山绿水，记得住乡愁，也吸引得了游人的新时代美丽乡村。

三、项目目标

（一）总目标

在全省16市开展“文艺进万家　健康你我他”“寻找美术符号　助力乡村振兴”山东省美协新时代文明实践文艺志愿服务系列活动，培养带动一批常驻群众身边的基层美术志愿者，让更高水平的文艺服务“飞入寻常百姓家”，打通宣传群众、教育群众、服务群众的“最后一公里”。发掘和打造一批各具特色的美术符号，为乡村振兴铸魂赋能，实现美术与乡村振兴的有机融合和共生互进，并逐步实现从“文化惠民”转化为“文化富民”，更好地满足人民群众对美好生活的新期待。

（二）具体目标

深入生活创作、专题培训、线上线下成果展览等各类活动不少于100场次，参与活动的美术工作者、美术志愿者不少于 1 600 人次，创作作品及墙体彩绘等展示服务不少于 100 万人次，辐射全省不少于 50 个县市区。

（三）中期目标

一是项目第一年度打造的特色“美术符号”，由省美协精选审核后，在第二年度项目实施过程中可向所在地市授牌（拟定写生创作基地、好品山东特色基地等）。二是通过项目实施，发现和打造地域“美术符号”鲜明的市乡村，逐步向旅游、生产或者促进经济发展转化或与之结合，项目实施集中成片区域将由省美协牵头相关单位打造乡村旅游打卡村。

项目目标表

序号	目标类别	目标描述
1	范围	16 市开展“文艺进万家 健康你我他”“寻找美术符号 助力乡村振兴”山东省美协新时代文明实践文艺志愿服务系列活动，省美协组织首届全省成果展、巡展、专题培训。深入生活创作、专题培训、线上线下成果展览等不少于 100 场次，参与活动的美术工作者、美术志愿者不少于 1 600 人次，创作作品及墙体彩绘等展示服务不少于 100 万人次，辐射全省不少于 50 个县市区
2	时间	2021 年 1 月 1 日—12 月 31 日
3	质量	按照“一市一品牌，市县有区别，村镇有特色，墙上有体现”完成系列活动，发掘和打造重点美术符号。受众百姓随机抽样调查满意度不低于 90%，参与美术工作者、美术志愿者和服务时长较上年增加 60%

四、组织管理

项目由山东省美协总体策划统筹，各市美协负责本市活动推进，所辖县美协、乡村文化站负责配合落实。

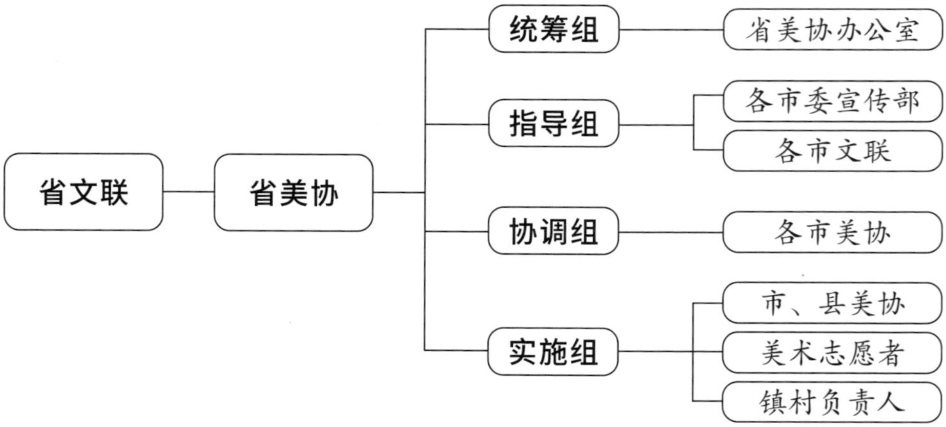

项目组织结构示意图

项目团队在山东省美协驻会常务副主席的领导下，由秘书长牵头，办公室完成项目整体性推进工作。各市美协主席、秘书长协调本市活动。各市、县美协，美术志愿者和村镇负责人实施。

项目组织机构和人员确定后，在启动仪式上，对各市美协主席、秘书长同步培训，下发项目实施方案、设计方案，明确工作要求，掌握流程方法。在实施过程中，要密切联合美术工作者、创作者和镇村负责人，根据本地人民群众喜闻乐见的文艺题材、乡土民情，精准对接，“百姓点单”，以艺术的形式满足人民群众对美好生活的新期待。

五、项目实施

项目由山东省美协进行顶层设计并制定统一方案，16 市美协分头组建业务水平高、服务质量好的美术志愿者队伍，坚持“以人民为中心”的创作导向，引导美术工作者、美术志愿者深入研究，深入生活，扎根人民，特别是要由本地美术志愿者寻找和发现本地的历史人文、乡风民俗、故事传说、城乡风貌、名优特产等，提炼美术元素、锤炼美术符号，提升乡村振兴的内在品质和文化气质，增强广大人民群众的文化自信，激发美术家的创造力和美术志愿服务彰显出的凝聚力、感召力。

项目以“一市一品牌，市县有区别，村镇有特色，墙上有体现”为品牌特色，按照“建队伍、搞培训、出成果、真实用”四个工作步骤扎实开展。实际工作中，可重点组织深入生活创作、骨干培训、作品创作、成果展览的“集创培展”一站式服务。其中，集，是深入生活，收集美术素材；创，是创作具体美术作品；培，是培训美术骨干；展，是举办省市成果展览。具体如下：

1. 深入生活创作。各市县的深入生活创作、作品创作（特别是墙体绘画）要结合本地域人文历史、自然风貌，选择出具有当地特色的“美术符号”。

2. 作品创作。各市县美术志愿者深入生活后提炼出当地的美术元素，要带着情感、思考来创作具有本地特色的美术作品，以激发乡村文化发展的内生动力，助力乡村旅游经济发展。

3. 骨干培训。省美协志愿者深入市、县、乡、村，对具有一定创作能力的美术志愿者进行写生、创作指导，以提升队伍的服务意识、服务能力和专业素养，形成一支常态化服务本地美术发展、提供美术志愿服务的高水平志愿者队伍。

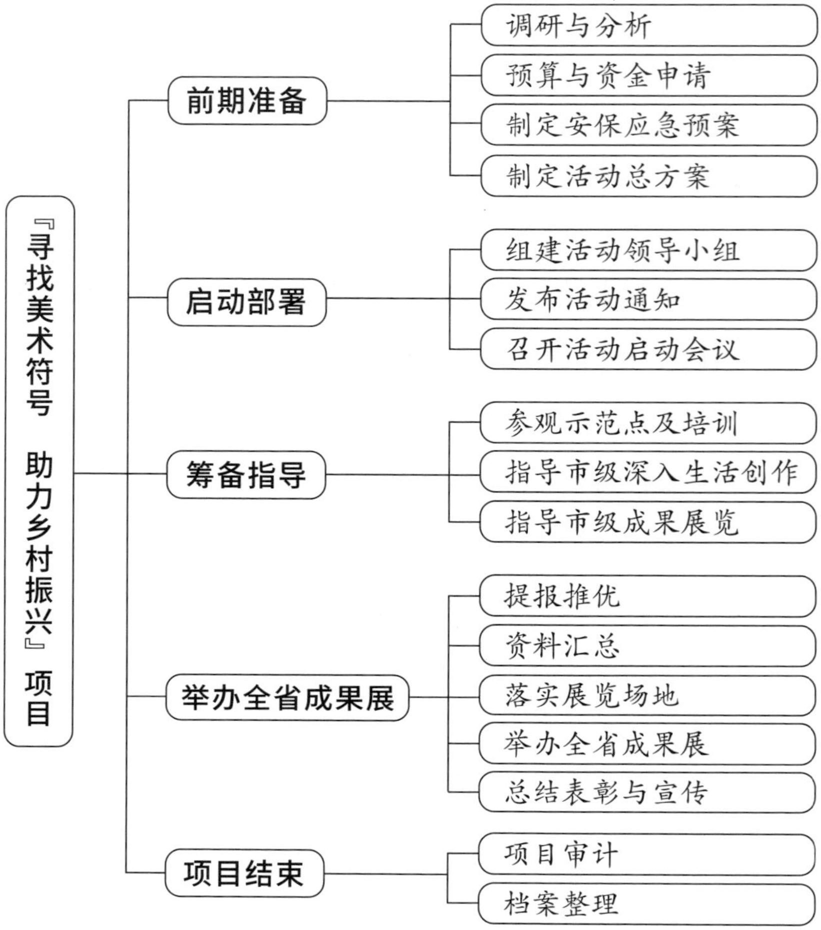

项目分解结构示意图

4. 成果展览。成果展览分为省、市两级。市级美协展出本地区的“美术符号”创作作品。各市美协向省美协推荐 10 件优秀作品，省美协组织专家审核，审核后的作品在“文艺进万家　健康你我他”“寻找美术符号　助力乡村振兴”山东省美协新时代文明实践文艺志愿服务首届成果展上展出，进一步强化项目主题，凸显品牌效应、符号效应。

六、项目进度

项目活动范围广，工作内容多，为高效便捷工作，概括出项目的核心工作。

项目活动进度表

步骤	起止时间	措施	投入人员
前期准备	4 月 16 日	在滨州市召开“文艺进万家　健康你我他”“寻找美术符号　助力乡村振兴”山东省美协新时代文明实践文艺志愿服务十六市同步启动会议 1. 进行部署、动员，学习培训方案，统一方法、步骤、标准、时间节点等内容 2. 观看滨州市沾化区冬枣写生成果展，听取滨州市美协打造美术品牌及市、县、镇、村联合美术培训、展览系列工作的经验汇报	省美协、各市美协负责人、工作人员
中期运行	5 月至 10 月	各市美协同步开展本市内组织培训、深入生活创作及“美术符号”创作活动，其间，省美协根据各市需求派出相应美术志愿专家辅导	省美协、各市美协负责人、工作人员
	11 月底前	各市分别组织“文艺进万家　健康你我他”“寻找美术符号　助力乡村振兴”×× 市成果展	省美协、各市美协负责人、工作人员
	11 月中旬	各市美协向省美协推荐 10 件作品（5 件作品为乡村墙绘实景，采用喷绘打印方式参展），省美协审核后在全省成果展上展出。入展作品收录在作品集中，并分发有关部门、市、县相关单位	省美协、各市美协负责人、工作人员
	11 月至 12 月底	1. 组织“文艺进万家　健康你我他”“寻找美术符号　助力乡村振兴”山东省美协新时代文明实践文艺志愿服务首届成果展及专题培训，组织省内巡展 2. 表彰先进团体和个人，建立美术志愿者服务档案，发现典型，推出先进	省美协、各市美协负责人、工作人员
后期总结	12 月 25 日	总结项目工作经验，收集汇总有关情况信息，积极与各服务点建立联络和长效机制，确保活动的深入和多样化开展，认真做好跟踪服务工作	省美协、各市美协负责人

七、责任矩阵

省美协负责综合协调、做好顶层设计；市美协负责上传下达、联络督导；县（县级市、区）美协负责组织实施、落实到位；乡镇（街道）配合县（县级市、区）美协做好具体工作。

市级美协牵头成立工作组。主要负责人担任组长，县（县级市、区）美协为小组成员，主要负责人担任副组长，相关工作人员担任组员。

向下完善基层组织建设。工作组建立通讯录，组建微信工作群，完善上下联络体系。

项目责任矩阵表

序号	工作名称	省美协	市委宣传部	市文联	市美协	县美协	镇（街道）村（社区）
1	前期准备	▲					
1.1	调研与分析			○	○	○	○
1.2	预算与资金申请						
1.3	制定安保应急预案						
1.4	制定活动总方案						
2	启动部署	▲					
2.1	组建活动领导小组			○	○		
2.2	发布活动通知			○	○		
2.3	召开活动启动会议		○	○	○	○	○
3	筹备指导	▲					
3.1	参观示范点及培训		○	▲	▲	○	○
3.2	指导市级深入生活创作		○	◆	○	○	○
3.3	指导市级成果展览		◆	◆	○	○	○

续表

序号	工作名称	省美协	市委宣传部	市文联	市美协	县美协	镇（街道）村（社区）
4	举办全省展览	▲					
4.1	提报推优				○		
4.2	资料汇总				○		
4.3	落实展览场地				○	○	○
4.4	举办全省成果展		◆	○	○		
4.5	总结表彰与宣传				○		
5	项目结束	▲					
5.1	项目审计						
5.2	档案整理						

注：▲负责 ○参与 ◆监督

八、时间进度

为准确编制项目进度计划，项目负责人确定各项工作的先后关系，预估各项工作的工作量和延续时间。经过各方讨论、分析，综合资源供应、保障条件、工作效率等情况，项目团队依据项目工作分解结构和有关限制约束条件等，制订了以甘特图表示的项目进度计划。

序号	工作名称	2021 年			
		1—3 月	4—6 月	7—9 月	10—12 月
1	调研与分析				
2	预算与资金申请				
3	制定安保应急预案				
4	制定活动总方案				

项目甘特图

序号	工作名称	2021 年			
		1—3 月	4—6 月	7—9 月	10—12 月
5	组建活动领导小组				
6	发布活动通知				
7	召开活动启动会议				
8	参观示范点及培训				
9	指导市级深入生活创作				
10	指导市级成果展览				
11	提报推优				
12	资料汇总				
13	落实展览场地				
14	举办全省成果展				
15	总结表彰与宣传				
16	项目审计				
17	档案整理				

项目甘特图（续）

九、项目资源和费用

项目在计划阶段对各项工作所需的资源和费用进行详细的计划、预估。执行阶段，相关责任人根据实际情况完成资源和费用计划管理表。总结收尾阶段，项目组统计汇总省美协的资源费用数据，评估活动的整体资源消耗，并与活动效果进行对比分析，不断改进提高未来活动的能效和水平。

项目所需资源与经费由财政支持和自筹两块组成。其中，省美协主要负责项目资源与经费（包括申请财政支持）：项目整体展览展示设计、启动仪式及培训、专家授课辅导、省级成果展、作品集、活动重点宣传、摄影摄像、相关交通食宿等，所需费用约为 40 万元。各市美协（自筹）负责本市活动过程中的美术志愿者、车辆、展览相关、创作材料（墙绘）、摄影摄像等资源和经费。

十、考核激励

（一）考核机制

为确保公平性，项目考核需明确具体指标，以定量和定性相结合的办法对参与单位或个人进行评价。

考核细则表

一级指标（分值）	二级指标（分值）	合计	总分
创作培训（占 20 分）	1. 培训场次（6 分） 每举行 1 场 +2 分，最高 6 分		
	2. 培训人数（5 分） 每 10 人次 +1 分，最高 5 分		
	3. 培训效果（5 分） 根据其响应及时性、准备充分性、计划周密性、组织统筹性给出 0—5 分。例如，2.55 分		
	4. 资料建档（4 分） 根据资料齐全度、建档及时性给出 0—4 分。例如，2.55 分		
深入生活创作（占 50 分）	1. 组织场次（15 分） 每举行 1 场 +3 分，最高 15 分		
	2. 作品数量（10 分） 每件 +0.01 分，最高 10 分		
	3. 墙绘作品（20 分） （1）墙绘作品数量，每幅 +1 分，最高 10 分 （2）墙绘面积，每 10 平方米 +1 分，最高 10 分		
	4. 资料建档（5 分） 根据资料齐全度、建档及时性给出 0—5 分。例如，2.55 分		
成果展览（占 30 分）	1. 展出作品数量（10 分） 每 10 件 +1 分，最高 10 分		
	2. 展出作品质量（10 分） （1）展出作品入选省级成果展 +0.5 分，最高 5 分 （2）市级展出墙绘作品每件 +0.5 分，最高 5 分		
	3. 资料建档（10 分） 根据资料齐全度、建档及时性给出 0—10 分		

续表

一级指标（分值）	二级指标（分值）	合计	总分
服务活动总分（100分）	服务活动总分＝创作培训＋深入生活创作＋成果展览 其中： （1）创作培训总分＝培训场次＋培训人数＋培训效果＋资料建档 （2）深入生活创作总分＝组织场次＋作品数量＋墙绘作品＋资料建档 （3）成果展览总分＝展出作品数量＋展出作品质量＋资料建档		

（二）激励机制

单位或团体的激励，打分评价由省美协负责。

本年度文艺志愿服务结束时，省美协分别对市、县（市、区）美协进行评价，评出先进单位并颁发奖牌。各级优秀基层组织负责人可在上一级协会发展工作中优先考虑。

个人由其所在市、县（市、区）美协组织完成评优并推荐上报。省美协复核后予以表彰并颁发证书，具体细则如下：

一是在所有参加美术志愿服务活动的志愿者中，根据综合表现，分别评选出部分省级、市级、县级优秀美术志愿者。

二是各级优秀美术志愿者可在同级美术家协会开展的评先树优等工作中重点推荐，记入个人发展业绩档案。此外，对在文艺志愿服务工作中表现恶劣或者影响协会声誉的个人给予通报批评，情节严重者，取消其会员资格。

十一、风险分析

项目中采风、创作、展览等环节可能会遇到风险和干扰因素，因此项目团队采取了以下措施：

一是在项目的生命周期内及时监控风险状态。定期检查应对措施的实施情况和有效性，根据需要升级、补充或改变应对措施，并在项目例会中对全体成员进行报告。

二是可能发生的风险类别有：深入生活创作、墙绘创作过程中人身安全风险（4—10月）；成果展览期间的作品运输、布展等损坏风险（8—11月）；提报推优过程公正性风险（10—11月）；数据统计不准确风险（10—11月）。

三是新冠肺炎疫情防控措施。在疫情防控的特殊时期，项目所涉人员要提高疫情防控意识，不前往疫情中高风险地区，在各环节中要全程佩戴口罩，及时做好自身及环境消杀工作；严控现场人员数量与安全距离，严格遵守当地疫情防控要求，及时向所在地区责任部门汇报特殊情况等。

十二、项目控制

（一）沟通机制

建立项目工作微信群。及时、畅通地传达相关信息和文件。定期沟通项目进程。由项目负责人根据项目进度，与各市美协负责人交流工作进展，协调解决项目实施过程中的问题，促进各项工作有序开展。

（二）项目控制

项目开展过程中，省美协对项目进行总体把控，市美协对本市活动进行把控：

1. 状态跟踪。在项目执行过程中，以项目计划和目标为基础，省美协、市美协分别安排专人及时跟踪、记录职责范围内活动进展情况，对活动过程中的视频、照片、数据及有关资源进行梳理、统计和存档。例如，各市、县美协落实省美协布置工作任务，组织调研地方美术特有“符号”，然后确定可转化的美术项目，开展美术深入生活创作、展览活动。利用网络平台，组建各市、县工作人员联络群，确保活动布置与问题反馈渠道畅通。

每场深入生活创作、展览留存资料包括：高清图片（不少于15张，JPEG格式电子版照片，单幅照片不小于3M），创作心得、符号意义等文字材料（不少于300字），重点活动视频（不少于20分钟视频，格式为AVI/MPEG/WMV/MP4）。

将网络推广与展厅展览相结合，对有代表性的“美术符号”作品进行线上推介，深入挖掘符号背后的历史与时代意义，扩大活动的持续影响力。在深入生活创作、展览活动前，邀请媒体进行活动报道，不少于3家媒体宣传。

2. 偏差分析。省美协定期跟进各市项目执行情况，动态分析出现的偏差和可能出现的偏差。

3. 偏差调整。省美协根据各市美协的活动进程，通过电话、微信群和现场参与等方式，对各市美协项目执行中的偏差进行调整、规范，优化工作思路与方法。

“文艺进万家　健康你我他”
“百县千村”书法惠民
山东省新时代文明实践文艺志愿服务项目

一、项目简介

“文艺进万家　健康你我他”——“百县千村”书法惠民山东省新时代文明实践文艺志愿服务项目（以下简称项目）是山东省书协按照新时代文明实践文艺志愿服务的要求，将原有品牌活动进行升级改造，逐步探索出来的新时代书法志愿服务品牌项目。项目主要内容是以“举旗帜、聚民心、育新人、兴文化、展形象”为目标，在元旦、春节及其他重要时间节点，在全省 136 个县（市、区）各领域，依托当地书协和书法骨干作者，以书法志愿小分队的形式深入基层开展志愿服务笔会,因地制宜举办“书法大讲堂”和“新时代百姓书法展”等系列书法志愿服务活动。

该项目自 2011 年启动，至今已持续举办了 10 年，累计开展活动 7 000 余次，发动书法家 3.2 万人次，开展志愿服务笔会和书法大讲堂 1 600 余场，为基层群众写送春联 97 余万副、福字 95 万幅，其他书法作品 35 万余件，培养基层书法骨干 3.3 万余人次，累计惠及基层书法爱好者和群众 800 万人次。该项目被中宣部、中央文明办等多家单位评定为 2019 年学雷锋志愿服务“四个 100”先进典型“最佳志愿服务项目”。项目主要有以下特色：

（一）工作思路简捷

项目以“走下去、请上来、深进去”为工作思路组织开展各类活动:“走下去”，即通过开展各类志愿服务笔会和志愿培训班，让基层群众感受和体验书法艺术之美，增强对优秀传统文化的热爱；“请上来”，即通过开展各级展览比赛活动，调动书法爱好者的积极性，为各级书法爱好者提供展示和交流的平台，表达出他们对书法的热爱之情;“深进去”，即经过“走下去”“请上来”的不断互动，人民群众对书法艺术的认知和体验得到加深，营造成“学书法、爱书法”的浓厚氛围,形成良性循环。清晰简便的工作思路设计，减少了很多不必要的活动流程讨论，因此能更加高效地开展书法志愿服务。

（二）服务模式新颖

项目坚持“群众点单、书协派单、书法家接单、受众评单”的志愿服务模式，完成群众点名请专家、书协按需派专家、专家接单去服务、受众最后来点评的以满足群众需求为中心的书法志愿服务。同时以“蒲公英”文艺志愿培训书法大讲堂为抓手，帮助基层书法工作者掌握专业技能、提高业务素质，提升当地群众队伍书法水平，形成长效机制以满足人民群众不断增长的个性需求。

（三）覆盖范围广泛

项目选择在重要时间节点（例如元旦、春节、五四青年节、“5・23”志愿者服务日、八一建军节、九九重阳节等）开展，组织国家、省、市、县、乡、村六级书法家队伍，深入部队、厂矿、工地、农村、社区、贫困家庭等一线开展志愿服务笔会，写送春联、福字等各类书法作品。在全省 136 个县（市、区）

做到了全覆盖、全参与，让最广大的基层群众真正享受到新时代文化发展成果。

（四）形式灵活多样

项目开展主要有三大形式，分别是举办志愿服务笔会、“蒲公英”文艺志愿培训书法大讲堂（网络文艺志愿服务）和新时代百姓书法展。志愿服务笔会以春联、福字及其他书法作品为主要内容，让群众共享书法文艺盛宴；书法大讲堂汇聚省、市书协联手选派的优秀书法作者，为基层书法爱好者开展“三一模式”志愿活动，培养出了一大批书法骨干人才，网络文艺志愿服务在疫情期间积极开展，在抖音、快手等网络平台开设书法公益课堂，传授各种书体的临摹与创作，在线观看人数超过 10 万。新时代百姓书法展是以市为单位，引导和鼓励各级书法爱好者进行书法创作，市、县（市、区）、乡镇（街道）逐级评比上报，省书协择优展出。

二、项目标识

“文艺进万家　健康你我他”——“百县千村”书法惠民山东省新时代文明实践文艺志愿服务项目使用中国文艺志愿者和山东省新时代文明实践中心标志，见下图。

中国文艺志愿者标志　　山东省新时代文明实践中心标志

三、项目背景

（一）山东书法事业发展现状

1. 全省群众精神文化生活亟待填补、充实。随着经济发展和技术进步，人民生活水平不断提高。在物质生活丰盈的今天，百姓追求精神文化生活的需求日益增长。在众多最受百姓喜爱的艺术门类中，书法类占比约为 15%。

2. 全省书法专业队伍仍需要壮大。经过前期调研，联合全省 16 市书协汇总组织单位建设相关情况，现有省级会员 7 297 人，市级会员 20 028 人，县级会员 28 776 人，各类书法人才约占全省总人数的 2 ‱。现有 235 支书法队伍，拥有各类书法人才 17 907 人，约占总人数的 2 ‱。

3. 基层群众和书法爱好者缺乏审美观上的正确引导。

（1）认知的模糊。人民群众对书法的认知程度只是浅层次的，比如说：书法就是练字临帖，不断临摹名家大师的佳作，就可以有朝一日写成，完全不需要老师的指导。这其实就是一种误区。此外，大众把美术字与书法混为一谈，有的不临古人的字帖去学习美术字也是一种误区。

（2）教育不规范。如今，虽然我们对于中国传统文化的宣扬不断强化，国人对于学习书法的热情日趋高涨，但是，现实情况是社会上对于书法的培训堪忧，许多的培训机构培训方法不对，急于求成，没有夯实基础，就一味要求受众拿出好的书法作品，颇有揠苗助长的态势，是不利于受众长足发展的。这也与书法本身所要传达的文化精神背道而驰。

（3）书法派别繁多，业界混杂。目前书法业界，鱼龙混杂，初学者很容易走弯路。一些所谓的书法大师只是一味地宣扬他们的书法体派，甚至自创一些所谓的新书法艺术，完全没有一种传扬书法的使命感，只为博得社会大众的舆论关注。这对于大众的书法审美培养具有一定的误导性，无疑背离了书法所创之初的精神，也是对书法审美的一种亵渎。

（二）基层群众书法需求分析

通过调研分析看出，首先，我省基层群众对书法的喜爱程度较高，基数较大。但是，现有书法人才供给与书法学习需求供需矛盾突出。也就是说，现有教员满足不了基层书法爱好者的学习需求，需要通过培训基层书法骨干等方式，将书法骨干培养成“种子”作者，再去帮助广大基层书法爱好者满足学习需求。此外，基层群众和文艺爱好者的审美观念落后，急需审美方向上的正确引导。因此，我们立足实际，以需求为导向，统筹调配书法优势资源向所需地区倾斜，提供精准化书法志愿服务，推动实现群众文艺由“统一配送”向“按需定制”的根本性转变。

（三）项目意义

举办“文艺进万家　健康你我他”——“百县千村”书法惠民山东省新时代文明实践文艺志愿服务项目，具有重要的社会意义，表现为：

1. 培养良好生活习惯，助力社会治理。广大人民群众在个人空余时间增加后通常能投入到健康的学习娱乐活动中，但总有一部分群体因为缺乏教育引导和自我约束，时常沉迷于电子游戏、赌博等活动，容易引发危害群众健康、影响家庭和谐、耽误生活生产等问题。培养书法爱好，在一定程度上培养了健康习惯，净化了社会风气，有助于社会治理。

2. 弘扬传统文化，树立文化自信。在新时代新征程上，需要不断增强群众的文明素养和文化自信，把广大人民的士气鼓舞起来、精神振奋起来，朝着民族复兴的宏伟目标团结一心向前进。通过学习书法，人民群众将深刻感受到中华民族传统文化的魅力所在，这将有利于他们在心中树立文化自信。

总之，“文艺进万家　健康你我他”——“百县千村”书法惠民山东省新时代文明实践文艺志愿服务项目通过将新时代文明实践与书法艺术活动有机结合，将文艺志愿服务与培养书法人才有机结合，将传统书法活动与新兴娱乐方式有机结合，较好地实现了群众精神文化需求和社会治理引导需要的融合统一，同时，提高了全社会的书法审美水平。

四、组织管理和团队建设

项目由山东省书协总体策划统筹，成立以省书协主席为组长，省书协主席团成员为副组长的领导小组，下设领导小组办公室，协同推进项目开展。

领导小组办公室负责整体设计、工作推进、调度进度、后期总结评价等任务。

各市书协、县委宣传部、县文明办、县文联指导协调，配备有关人员进行联络协调，做好各方面保障。

县书协及乡镇分会组织负责具体实施，包括活动场地、工作人员任务分工及其他具体工作。

为进一步提升活动实施的科学化、规范化、效能化水平，目前已对活动采用项目管理方式，由山东省书协负责项目管理工作，指定项目负责人，对接市书协，并从相关部门单位抽调人员组成项目团队。

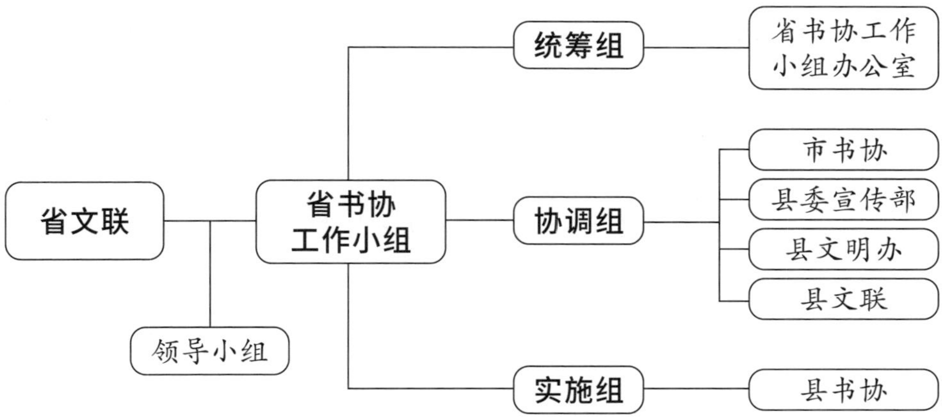

项目组织结构图

五、项目实施方案

“文艺进万家　健康你我他”——“百县千村”书法惠民山东省新时代文明实践文艺志愿服务项目的总目标是：丰富基层群众精神文化生活，在基层营造“学书法、爱书法”的浓厚氛围，同时完善基层书法组织和基层协会建设，推进新文艺群体组织建设，加强新文艺人才培养，建立永不落幕的基层文艺大舞台，提升全社会书法审美水平，传承和弘扬中华优秀传统文化。

每年，山东省书协都要结合实际制定出年度目标（以 2020 年为例）。

项目目标表

序号	目标类别	目标描述
1	范围	2020年全年举办志愿服务笔会不低于500场，参与书法家不低于5 000人次，参与百姓不低于500 000人次，创作书法作品不低于300 000件；“蒲公英”文艺志愿培训书法大讲堂，开设场次不低于30场，参与书法家不低于60人次，培训学员不低于500人次；新时代百姓书法展创作作品不低于20 000件。每个子项目覆盖新书法文艺群体不低于5 000人次
2	时间	2020年2月20日—12月31日
3	成本	***元。其中政府鼓励**元，镇街奖励**元，企业赞助**元，群众筹集**元
4	质量	参与百姓随机抽样调查满意度不低于90%，书法志愿服务人员和服务时长较上年增加10%

针对项目的目标要求，项目组结合项目自身特点和各方实际情况，分析确定项目的主要里程碑事件，制作了反映项目重大里程碑事件关系的里程碑计划表（以2020年为例）。

项目里程碑计划表

序号	任务名称		2020年			
			1—3月	4—6月	7—9月	10—12月
1	志愿服务笔会	前期准备结束	◆ 2.20			
		启动部署结束	◆ 2.27			
		活动实施结束				◆ 12.28
		总结表彰结束				◆ 12.31

续表

序号	任务名称		2020 年			
			1—3 月	4—6 月	7—9 月	10—12 月
2	“蒲公英”文艺志愿培训书法大讲堂	前期准备结束	◆ 2.28			
		启动部署结束		◆ 4.30		
		活动实施结束			◆ 7.31	
		总结表彰结束				◆ 12.31
3	新时代百姓书法展	前期准备结束		◆ 4.20		
		启动部署结束		◆ 4.30		
		活动实施结束				◆ 12.28
		总结表彰结束				◆ 12.31

六、工作分解

为了进一步明确项目的工作范围，项目团队以项目目标体系为指导，按照工作分解结构的原理，最终确定项目的工作分解结构。

三个子项目工作进度如下：

（一）项目 1：志愿服务笔会

该项目在重要时间节点（例如五四青年节、“5·23”志愿者服务日、八一建军节、九九重阳节、元旦、春节等），组织书法家，深入部队、厂矿、工地、农村、社区、贫困家庭等一线开展志愿服务笔会，写送春联、福字等各类书法作品。全省 136 个县（市、区）全覆盖、全参与。

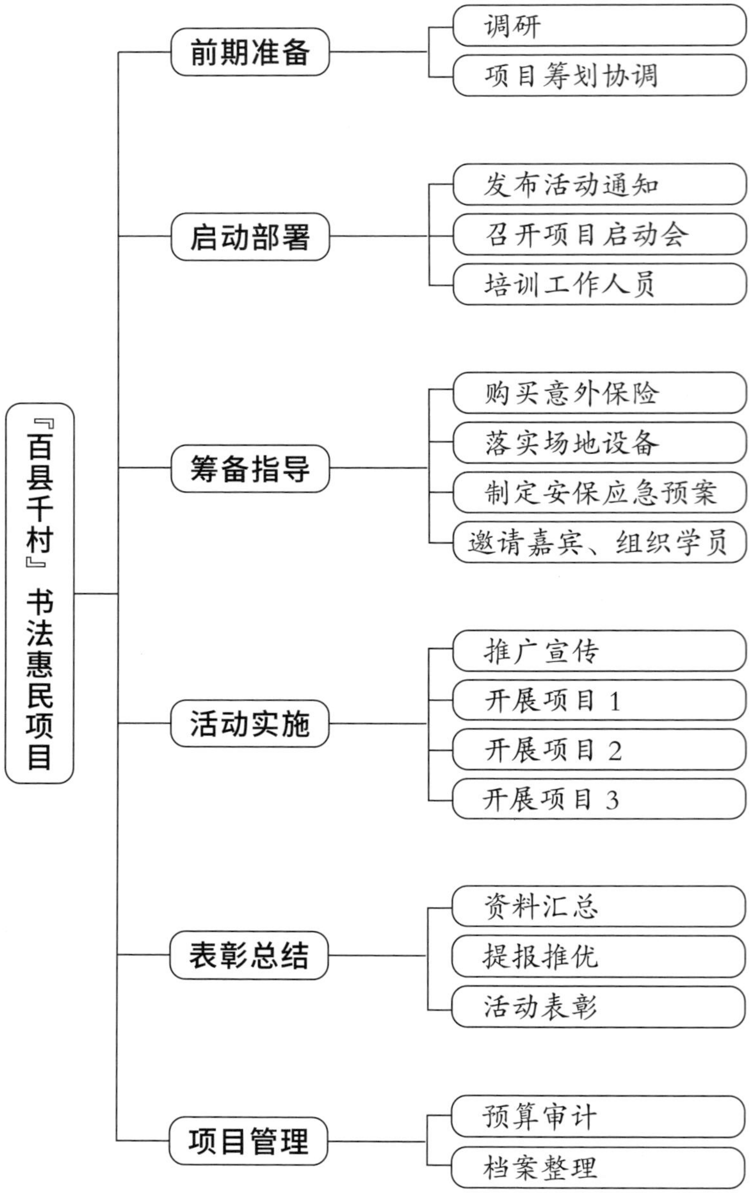
『百县千村』书法惠民项目
前期准备
调研
项目筹划协调
启动部署
发布活动通知
召开项目启动会
培训工作人员
筹备指导
购买意外保险
落实场地设备
制定安保应急预案
邀请嘉宾、组织学员
活动实施
推广宣传
开展项目 1
开展项目 2
开展项目 3
表彰总结
资料汇总
提报推优
活动表彰
项目管理
预算审计
档案整理

项目分解结构示意图

项目 1 活动进度表

步骤阶段	时　间	措　施	投入人员
准备	2 月 15—27 日	省书协下发通知至各市书协，提前部署公益慰问笔会活动启动仪式。各市书协根据通知要求继续在本市所有县（市、区）安排部署该项工作 启动仪式前一周，各县（市、区）书协选定活动地点，做好各类准备工作	书协工作人员
运行	12 月 28 日	全省 136 个县（市、区）同步，组织部分书法家、书法工作者参与书法志愿服务活动，结合新时代文明实践书法志愿服务小分队，因地制宜，深入部队、厂矿、工地、农村、社区、贫困家庭等一线，开展送“福”字、写春联、书“家风”等活动 同步开展辅导创作、重点帮扶，持续定期为基层书法爱好者开展一讲（一场讲座）、一评（作品点评）、一示范（书写示范）活动；酌情举办“结对子、种文化”以及走访慰问活动等	书协工作人员、书法家、志愿者、媒体记者
总结	活动结束后一周内	总结活动工作经验，收集汇总有关情况信息，积极与各服务点建立联络和长效机制，确保活动的深入和多样化开展，认真做好跟踪服务工作，并建立书法志愿者服务档案，发现典型，推出先进	书协工作人员

（二）项目 2：“蒲公英”文艺志愿培训书法大讲堂

该项目以县（市、区）为单位，遴选当地书法骨干作者为培训对象，省市书协根据基层作者需求，统一选派书法志愿者担任指导专家，对当地学员开展系统培训，提升他们的书法审美能力和技法水平，最终依托他们带动和指导更多的基层书法爱好者。结合疫情管控实际情况同步启动线上培训。

项目 2 活动进度表

步骤阶段	时　间	措　施	投入人员
准备	3—4 月（活动开始前两个月）	1. 群众点单。在试点地区开展基层调研，倾听基层书法爱好者的实际需求。调研方式可以是发放调查问卷、开发微信小程序等 2. 书协派单。省书协综合基层书法爱好者的需求，联系老师、设计课程，做好准备工作	书协工作人员、志愿者
运行	5—7 月	1. 书法家接单。书法志愿者根据要求准备授课内容。申请中国书协选派专家指导一次，省、市书协分别选派优秀书法家指导两次。每个月集中授课两天，连续举办 3 个月，其他时间安排自学 2. 组织优秀书法家在抖音平台启动网络志愿服务活动。授课内容囊括篆、隶、楷、行、草各种书体，多种字体。所有授课专家均以山东省文联文艺志愿者的身份参与活动，可以录制上传短视频，也可以开直播，以丰富多彩的授课内容，满足群众的不同学习需求	书协工作人员、授课专家、志愿者
总结	5—7 月	受众评单。在培训活动期间，对学员开展问卷调查，充分掌握基层反映情况，不断改进和提升	书协工作人员、志愿者

（三）项目 3：新时代百姓书法展

该项目以市为单位，引导和鼓励各级书法爱好者进行书法创作，市、县（市、区）、乡镇（街道）逐级评比，择优展出。市级书协择优在规定时间内集体送稿，由省书协集中择优评奖，优秀奖作品名单在省书协网站和微信平台发布，获奖可作为省书协会员入会条件之一，特别优秀者可作为创作骨干作者培养。

项目 3 活动进度表

步骤阶段	时　间	措　施	投入人员
准备	4 月下旬	发布征稿启事，各县（市、区）书协分别发动组织创作	县（市、区）书协工作人员
运行	8—11 月	8 月，各县（市、区）书协根据收稿情况，分别组织专家进行评审，评选出入展作品 100 件，其中优秀作品 10 件 9 月底，将全部入展作品在当地展览 10 月，各县（市、区）书协将优秀作品集中到市书协，由市书协组织专家进行评审，按照四分之一的比例评选出市级入展作品若干件；再从入展作品中按照四分之一的比例评出市级优秀作品若干件。择期展出	书协工作人员、评审专家
成果展示	12 月	12 月 15 日前，各市书协将市优秀作品集中报送至省书协，由省书协组织专家进行评审，评选出省级优秀作品 50 件 12 月 28 日，省书协将各市书协报送的作品集中展出，举办开幕式。所有市级优秀作品全部参展	书协工作人员、展览方面人员

七、责任矩阵

项目团队采用责任分配矩阵的形式对承担项目工作任务的各方责任进行了进一步细化和界定。

项目责任矩阵表

序号	工作名称	山东省书协	市书协	县委宣传部	县文明办	县文联	县书协
1	前期准备						
1.1	调研	▲	○	○	○	○	○

续表

序号	工作名称	山东省书协	市书协	县委宣传部	县文明办	县文联	县书协
1.2	项目筹划协调	▲	○	◆	◆	◆	○
2	启动部署						
2.1	发布活动通知	▲	○	◆	◆	◆	○
2.2	召开项目启动会	▲	○	○	○	○	○
2.3	培训工作人员	▲	○	◆	◆	◆	○
3	筹备指导						
3.1	购买意外保险	▲	○	◆	◆	◆	○
3.2	落实场地设备	◆	○	◆	◆	◆	▲
3.3	制定安保应急预案	◆	○	◆	◆	◆	▲
3.4	邀请嘉宾、组织学员	▲	○	◆	◆	◆	▲
4	活动实施						
4.1	推广宣传	▲	○	○	○	○	▲
4.2	开展项目 1	▲	○	○	○	○	▲
4.3	开展项目 2	▲	○	○	○	○	▲
4.4	开展项目 3	▲	○	○	○	○	▲
5	总结表彰						
5.1	资料汇总	▲	▲	◆	◆	◆	○
5.2	提报推优		▲	◆	◆	◆	○
5.3	活动表彰	▲	○	◆	◆	◆	○
6	项目结束						
6.1	预算审计	▲	▲	◆	◆	◆	○
6.2	档案整理	▲	▲	◆	◆	◆	○

注：▲负责　○参与　◆监督

分工明确，责任到人。省书协负责综合协调、做好顶层设计；市书协负责上传下达、联络督导；依靠县级文明办、文联开展工作；县（市、区）书协负责组织实施、落实到位；乡镇（街道）书协配合县（市、区）书协做好具体工作。

市级书协牵头成立工作组，主要负责人担任组长，县（市、区）书协为小组成员，主要负责人担任副组长，相关工作人员担任组员。

向下完善基层组织建设。推动条件成熟的县（市、区）书协在乡镇（街道）指导成立分会。

工作组建立通讯录，组建微信工作群，完善上下联络体系。每个县（市、区）书协和乡镇（街道）分会各确定 1 名负责人和 1 名联络员参与。

八、时间进度计划

经过各方讨论、分析研究，综合资源供应、保障条件、工作效率等情况，并结合历史信息，项目团队依据项目的工作分解结构和各种限制约束条件等，制订了以甘特图表示的项目进度计划。

序号	工作名称	2020 年			
		1—3 月	4—6 月	7—9 月	10—12 月
1	调研				
2	项目筹划协调				
3	发布活动通知				
4	召开项目启动会				
5	培训工作人员				
6	购买意外保险				

项目甘特图

序号	工作名称	2020 年			
		1—3 月	4—6 月	7—9 月	10—12 月
7	落实场地设备				
8	制定安保应急预案				
9	邀请嘉宾、组织学员				
10	推广宣传				
11	开展项目 1				
12	开展项目 2				
13	开展项目 3				
14	资料汇总				
15	提报推优				
16	活动表彰				
17	档案整理				

项目甘特图（续）

九、项目资源和费用计划

该项目提倡“文明节俭、志愿服务”，所需资源和经费采取政府鼓励、镇街奖励、企业赞助、群众筹集等方式保障。项目团队根据活动的特点，对资源和费用采取了“各单位分别统筹、项目组协调汇总”的管理模式。相关责任人根据实际情况完成资源和费用计划管理表。

项目资源和费用计划管理表

资源类型	资源名称	数量	单价（万元）	金额（万元）	来源	联系方式	落实情况及日期	使用发放情况	负责人	监督人
人力	交通费									
	食宿费									

续表

资源类型	资源名称	数量	单价（万元）	金额（万元）	来源	联系方式	落实情况及日期	使用发放情况	负责人	监督人
人力	差旅费及补助费									
	文艺家活动补助费									
	保险费									
物料	文化用品购置									
	书画装裱费									
	服装、视觉标志购置、制作费									
	活动旗帜、牌匾购置、制作费									
	影像资料记录、保存费									
	场地布置、音响、搭架									
宣传费										
奖品										
杂项										
合计										
备注	项目 1：志愿服务笔会 项目 2：“蒲公英”文艺志愿培训书法大讲堂 项目 3：新时代百姓书法展									

十、考核激励

为了保证整个项目的有序进行，以及激发广大书法单位、团体及个人的积极性，必须进行责任考核，凡是没有参与者，执行“一票否决”制，一律不予以奖励。

参与本年度书法志愿服务工作的各级书协组织，要建立工作台账，将活动时间、地点、志愿者人数、服务对象人数、活动内容和效果等记录在册。

（一）考核办法

为了确保公平性，项目考核需明确具体指标，以定量和定性相结合的办法对参与单位或团体进行评价。

考核细则表

<table>
<tr><th>一级指标
（分值）</th><th>二级指标（分值）</th><th>合计</th><th>总分</th></tr>
<tr><td rowspan="5">志愿服务笔会
（占 40 分）</td><td>1. 组织场次（8 分）
每举行 1 场 +0.2 分，最高 8 分</td><td></td><td rowspan="5"></td></tr>
<tr><td>2. 作品数量（8 分）
每幅作品 +0.001 分，最高 8 分</td><td></td></tr>
<tr><td>3. 组织水平（8 分）
根据其响应及时性、准备充分性、计划周密性、组织统筹性，给出 0—8 分。例如，2.55 分</td><td></td></tr>
<tr><td>4. 宣传推广（8 分）
根据其宣传文案精彩程度、宣传渠道多样性、发布及时性，给出 0—8 分。例如，2.55 分</td><td></td></tr>
<tr><td>5. 资料建档（8 分）
根据资料齐全度、建档及时性，给出 0—8 分。例如，2.55 分</td><td></td></tr>
<tr><td rowspan="4">书法培训
（占 30 分）</td><td>1. 组织场次（9 分）
每举行 1 场 +3 分，最高 9 分</td><td></td><td rowspan="4"></td></tr>
<tr><td>2. 培训人数（9 分）
每人次 +0.01 分，最高 9 分</td><td></td></tr>
<tr><td>3. 培训效果（9 分）
（1）加入省级书协且积极参与协会活动，每人 0.1 分
（2）加入市级书协且积极参与协会活动，每人 0.05 分
（3）加入县级书协且积极参与协会活动，每人 0.01 分
最高 9 分</td><td></td></tr>
<tr><td>4. 资料建档（3 分）
根据资料齐全度、建档及时性，给出 0—3 分。例如，2.55 分</td><td></td></tr>
</table>

续表

一级指标（分值）	二级指标（分值）	合计	总分
书法展览（占 30 分）	1. 展览数量（14 分） 每幅作品 +0.01 分，最高 14 分		
	2. 展览质量（14 分） 每幅作品： （1）省级展览获奖 +2 分，入展加 +0.5 分 （2）市级展览获奖 +1 分，入展加 +0.2 分 （3）县级展览获奖 +0.2 分，入展不加分 注：涉及加分的展览，需面向全省征稿，最高 14 分		
	3. 资料建档（2 分） 根据资料齐全度、建档及时性，给出 0—2 分。例如，1.55 分		
服务活动总分（100 分）	服务活动总分 = 志愿服务会总分 + 培训总分 + 展览总分 其中： （1）志愿服务会总分 = 组织场次 + 作品数量 + 组织水平 + 宣传推广 + 资料建档 （2）书法培训总分 = 组织场次 + 培训人数 + 培训效果 + 资料建档 （3）书法展览总分 = 展览数量 + 展览质量 + 资料建档		

（二）激励措施

1. 单位或团体激励，打分评价由省、市书协负责。

本年度文艺志愿服务结束时，市、县、乡三级书协组织进行评比，根据总分排名，评出一等奖、二等奖、三等奖，各占总组织数量的 10%、20%、20%。颁发证书，在山东省书协网站、微信平台进行宣传和推介。各级优秀基层组织负责人可在上一级协会发展工作中优先考虑。

此外，对在文艺志愿服务工作中表现恶劣或者影响协会声誉的组织给予通报批评。

2. 个人考核由其所在市、县、乡三级书协组织完成，推荐上报。具体细则如下：

（1）评选各级优秀书法志愿者

在所有参加书法志愿服务活动的志愿者中，根据综合表现，分别评选出部分省级、市级、县级优秀书法志愿者。

各级优秀书法志愿者可在同级书协开展的评先树优等工作中重点推荐，记入个人发展业绩档案。

（2）评选各级优秀学员

在组织开展的“蒲公英”文艺志愿培训书法大讲堂活动中，先由县级书协评选出若干优秀学员报送至市书协，市书协从中评选出部分优秀学员报送至省书协，省书协从中评选出优秀学员若干名（省级优秀学员总数控制在50人以内）。各级优秀学员可作为加入同级书协条件之一。特别突出者可作为重点创作骨干进行培养。

（3）评选展览获奖人员

在举办的新时代百姓书法展中，省、市、县级优秀奖可作为加入同级书协条件之一。

此外，对在文艺志愿服务工作中表现恶劣或者影响协会声誉的个人给予通报批评，情节严重者，取消其会员资格或实施行业抵制。

十一、风险分析

该项目的志愿服务笔会是春节期间在基层大范围开展的群众文化艺术活动，有大量的群众在现场或通过网络参与。为了预防活动开展过程中可能遭遇的风险和干扰因素，减少损失，项目团队采取了以下措施：

一是在项目组中设置风险管理小组，负责风险的预防与应对。

二是在计划阶段，识别出可能发生的风险，如活动内容意识形态风险，党政干部廉政风险，评优奖励公正性引发的风险，活动现场人员突发疾病风险，活动现场财务损毁、遗失风险，活动现场发生踩踏、火灾等公共安全事故风险，活动现场出现恶劣天气、自然灾害、重大疫情、突发紧急情况的风险等。

三是在项目的生命周期内，及时监控风险状态，定期检查应对措施的实施情况和有效性，根据需要升级、补充或改变应对措施，并在项目例会中对全体成员进行报告。对于新出现和新发现的风险,及时补充到风险管理表中，共同讨论制定应对策略和管理计划，采取回避、减缓、转移、接受等方法和措施来减少和规避风险，责任到人。

项目风险管理表

风险识别					风险应对			风险监督			
序号	起始日期	风险描述	发生概率	危害程度	应对措施	责任人	计划结束日期	风险状态	跟踪人	处理结果	实际完成日期
1											
2											
3											
4											
5											
6											
7											

十二、项目实施与控制

（一）项目实施

项目实施是将项目计划落实到行动的过程，这一过程的有效达成离不开项目组织的统筹和协调。为了使整个项目团队中的沟通、授权、辅导、信息共享和问题解决等更加高效和准确，项目采取如下实施办法：

1. 建立项目微信群，以保证信息和文件传递的及时、畅通。

2. 定期召开项目碰头会，由项目负责人根据项目情况发起。各部门单位需要汇报工作进展状态，针对实施过程中发现的重大问题和各部门单位配合中存在的问题，共同协商解决。

3. 做好记录和宣传。定期在微信公众号或其他媒体宣传本项目的开展情况。

（二）项目控制

在保证项目完成的前提下，也要保证项目的高质量和低成本。为此，项目控制对项目的实施全过程进行了必要的监控和管理，项目组在实施过程中采取了以下控制措施：

1. 状态跟踪。项目执行过程中，各级责任部门和单位要安排专人及时跟踪、记录实际运行情况。如，活动筹备、总体进度、资源费用的落实和使用、项目的风险状态等。

2. 偏差分析。项目组将实际执行情况与目标和计划进行对比，分析出现的偏差和可能出现的偏差，如书法志愿者的人数不够、各市级书协的运行时间不一致、总体目标与分目标不匹配。

3. 偏差调整。山东省书协与各市、县级书协针对各自的偏差进行规范化调整处理，以确保项目在受控范围内，对严重偏离计划指标且无法进行规范化处理的，及时对项目流程和计划进行更新。对于新的项目计划，持续运用 PDCA（计划、执行、检查、处理）循环法控制和改进项目实施，直至项目结束。

“文艺进万家　健康你我他”
“旋舞朝阳”朝阳区新时代文明实践
文艺志愿服务项目

一、项目简介

“文艺进万家　健康你我他”“旋舞朝阳”朝阳区新时代文明实践文艺志愿服务项目（以下简称“旋舞朝阳”项目）是朝阳区文联响应中国文联、北京市文联关于加强新时代文明实践中心建设，在“旋舞朝阳”系列活动基础上创新提升的文艺志愿服务项目，其主要内容是团结引领广大舞蹈志愿者，在朝阳区广泛开展舞蹈培训、展示、比赛、演出等志愿服务活动，为广大朝阳群众服务，满足人们对舞蹈美育培养的精神文化生活需要。针对不同群体的需求，项目主要包括“旋舞朝阳·民族舞比赛”“旋舞朝阳·万人交谊舞展赛”“旋舞朝阳·国标舞大赛”三个系列。通过多年来的实践，活动受到群众的欢迎，取得了良好的效果，形成了以下特点：

一是突出政治引领和品牌带动性。“旋舞朝阳”系列活动最主要的目的是要引导广大文艺工作者和朝阳群众坚定文化自信、展现责任担当，通过组织多层次、多角度的舞蹈志愿服务活动，凝心聚力，引导社会各阶层人群参与到新时代文明实践中。例如围绕“改革开放40周年”、“一带一路”国际高峰论坛、“庆祝新中国成立70周年”、“庆祝建党100周年”、“2022北京冬奥会”等重大主题积极策划舞蹈活动，充分发挥了文艺工作政治引领作用，唱响主旋律、传播正能量。

二是突出组织方式统筹性。“旋舞朝阳”系列活动秉承“文联出思路、协会打品牌、街乡创特色、志愿者有担当”的工作理念，在区委宣传部领导下，由区文联对系列活动项目进行统筹，将三个“子项目”进行科学定位、合理布局、精准施策，区舞蹈家协会、43个街乡及相关部门“同频共振”，广大舞蹈爱好者积极参与，形成上下互动、左右联动、各方协同的工作格局。

三是突出参与范围全覆盖性。“旋舞朝阳”系列活动依托“1+43+N”的活动模式，由舞蹈家协会、43个街乡以及众多专业舞蹈团队和民间舞蹈团队构成文艺志愿互动的网络，通过对不同人群采取分众化需求的工作模式，扩大活动规模和参与率，目前参与者已累计超过30万人次，形成一个体量庞大、遍布全区的新时代文明实践参与者群体。

随着北京市新时代文明实践中心建设全面启动，“旋舞朝阳”系列活动采用项目化管理的模式，突出文艺志愿理念，抓住关键环节，优化管理流程，以旋转的“舞步”实践新时代文明，以群众喜闻乐见的形式全面融入到新时代文明实践活动中来。

二、需求分析

朝阳区位于北京市中东部，面积470平方千米，辖43个街乡，常住人口380万，是首都经济大区、文化大区，是对外交往的窗口，是全国公共文化服务体系示范区，也是全国国家文化产业创新实验区。围绕北京市和朝阳区要求，以新时代文明实践中心建设为契机，朝阳区文联认真开展了舞蹈文艺志愿服务的需求分析，经调研分析我们认为：

一是开展好舞蹈文艺志愿服务是助力全国文化中心建设的需求。朝阳区文联紧抓首都“四个中心”建设，特别是全国文化中心建设和朝阳区“文化、国际化、大尺度绿化”的工作方向，引领社会各界和广大文艺工作者聚焦新时代文明实践中心建设。

二是开展好舞蹈文艺志愿服务是人民对美好生活向往的需求。朝阳区现有 43 个街乡，社区 475 个，村 144 个，共有居民小区 2 600 多个。每个街乡、社区（村）都有众多舞蹈爱好者，共有 1 215 支舞蹈队伍，庞大的群体对于文化艺术的需求日益强烈，为此，朝阳区文联把“全覆盖式”舞蹈活动作为“旋舞朝阳”系列活动的重要支撑，在满足群众文化生活的同时，将舞蹈作为媒介，吸引更多的人群参与到新时代文明实践建设中来。

三是开展好舞蹈文艺志愿服务是展现朝阳区国际化、现代化文明形象的需求。朝阳区具有显著的国际化特色优势，聚集了除俄罗斯外的全部外国驻华使馆、全市 90% 的国际传媒机构、80% 的国际组织和商会等，涉外服务设施健全完善。朝阳区丰富的国际化资源促进了专业人才的聚集，文化事业正迎来新的发展机遇，“旋舞朝阳”作为朝阳区文化交流的平台，在舞蹈艺术普及、舞蹈创作比赛、舞蹈交流展示等方面取得了显著成果，使舞蹈艺术成为一个重要窗口，充分展示朝阳区国际化、现代化形象。

三、项目总体目标

朝阳区文联在服务新时代文明实践中心建设中，秉承以舞健身、以舞强心、以舞会友、以舞促和谐的品牌理念，精心把“旋舞朝阳”打造成一项政府支持、社会参与、群众受益的文艺志愿服务品牌项目，通过开展活动，努力实现弘扬主旋律、传播正能量、展示新时代文明风采的价值追求。

一是提高参与率，弘扬主旋律。“旋舞朝阳 · 万人交谊舞”活动是一项群众性舞蹈活动，文艺志愿者和群众参与率是该项目的核心内容，通过多年来的实践，累计七届的万人交谊舞活动共遍布全国 18 个省（区、市），成为朝阳区最具影响力的群众文化活动之一，参与人数多达 30 万人次，其中在 2014 年被列为国庆 65 周年群众游园活动的重点项目，2019 年参与了新中国成立 70 周年天安门广场联欢活动，是一项具有较高参与率和影响力的大型群众文化活动。

二是追求原创性，传播正能量。朝阳区文联在实施“旋舞朝阳 · 民族舞比赛”中，把“抓原创”作为项目实施与管理的重要指标之一，打造一批优秀的原创舞蹈作品，通过每年组织基层舞蹈队伍参与比赛，积累了一大批优秀原创舞蹈，并获得北京市、华北五省市区等民族舞大赛各类奖项共 120 余项，其中《二胡声声》获得 CCTV 舞蹈大赛表演奖，《踏雪翻歌》获得北京市舞蹈大赛创编、表演、服饰等 3 项金奖。在北京冬奥会前夕，创编全国第一个冬奥主题舞蹈《一起向未来》，并组织文艺志愿者在奥林匹克塔下进行展演等等，通过贴近实际、贴近生活、贴近群众的原创文艺作品传播正能量。

三是突出专业性，展示朝阳区国际化风采。“旋舞朝阳 · 国标舞大赛”是三大系列活动中最具专业性的品牌，项目的重要特征在于活动的专业性和传播性，大赛吸引全国各省市区以及众多国家的优秀舞蹈团队和选手共同参与，曾先后邀请美国、俄罗斯、英国、爱尔兰、苏格兰、丹麦、韩国等 7 个国家的 44 位国际顶级专家担任评审，除活动本身专业化的特点，更体现它的艺术交流性和文化互通性，促进了对外文化交流，展现朝阳区国际化风采。

赛事运行团队的专业舞蹈工作人员均作为舞蹈志愿者，承担大赛的筹备、组织等一切工作。

“旋舞朝阳”项目目标

序号	项目名称	任　务	目　标
1	“旋舞朝阳·交谊舞展赛”	发动更广泛的人群参与文明实践活动，每年组织不少于5万人次参与	提升群众参与率，由参与者成为文艺志愿者，弘扬主旋律，文明实践全覆盖
2	“旋舞朝阳·民族舞比赛”	创造更多的原创舞蹈作品，每年在获奖团队中推出20支舞蹈精品，向京津冀、全国大赛进行推送	提升文艺原创力，以文艺志愿者为原创核心力量，用文艺的形式传播正能量
3	“旋舞朝阳·国标舞大赛”	开拓更广阔的文化交流空间，吸引全国各地，乃至“一带一路”沿线国家文化交流、文明互通	提升专业程度，专业舞者成为文艺志愿者，展示国际化、现代化形象，提升文化影响力

四、组织管理

朝阳区宣传思想文化工作由区委宣传部负责，是朝阳区文艺工作和文联工作的上级主管单位。“旋舞朝阳”项目属于一项系统性很强的工程，必须要建立一个强有力的组织管理和运行保障系统，因此，整个项目由朝阳区委宣传部统领，由区文联和各有关部门、各街道乡协作、协调、组织落实。为进一步提升项目实施的科学化、规范化、效能化水平，我们对活动采用项目管理方式，由区委宣传部统筹，由区文联具体负责项目管理工作，组织结构形式如图所示。

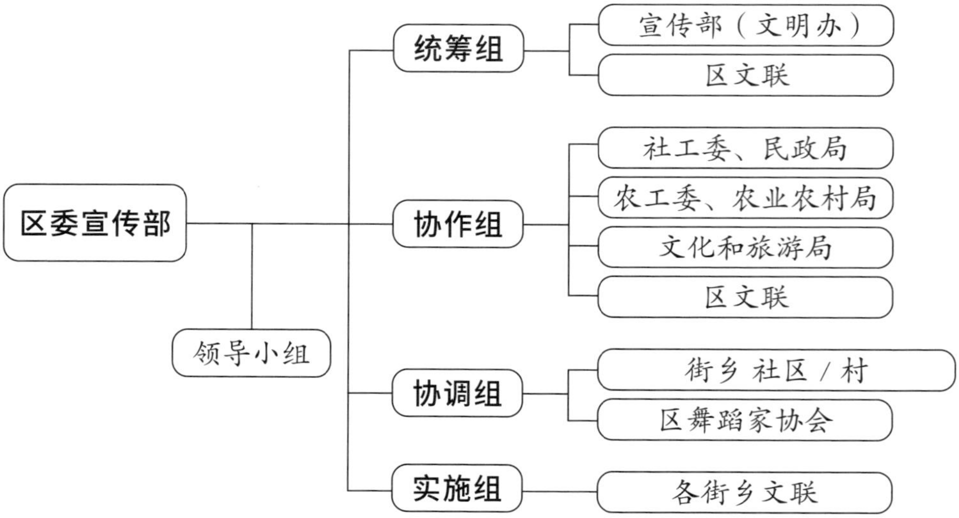

“旋舞朝阳”项目组织结构图

项目成立以区级分管领导为组长，各相关部门单位主要领导为副组长，各相关部门单位具体负责同志、各街道乡分管负责同志和区舞蹈家协会主席为成员的项目领导小组，协同推进项目开展。

项目组织机构和人员确定后，除启动会外，还定期组织项目团队成员召开工作推进会、协调会，对各有关街乡的活动对接部门进行业务培训，对各“旋舞朝阳”项目组织负责人和文艺志愿者业务骨干进行具体的活动组织实施业务培训，确保全体成员明确工作职责、工作要求，掌握流程方法，做好各项筹备组织工作。

五、项目实施

“旋舞朝阳”项目的管理与实施，关键是要围绕活动目标进行科学合理的时序安排，实施有效的过程管理，保证每一个步骤、每一个环节都能够“无缝衔接”。

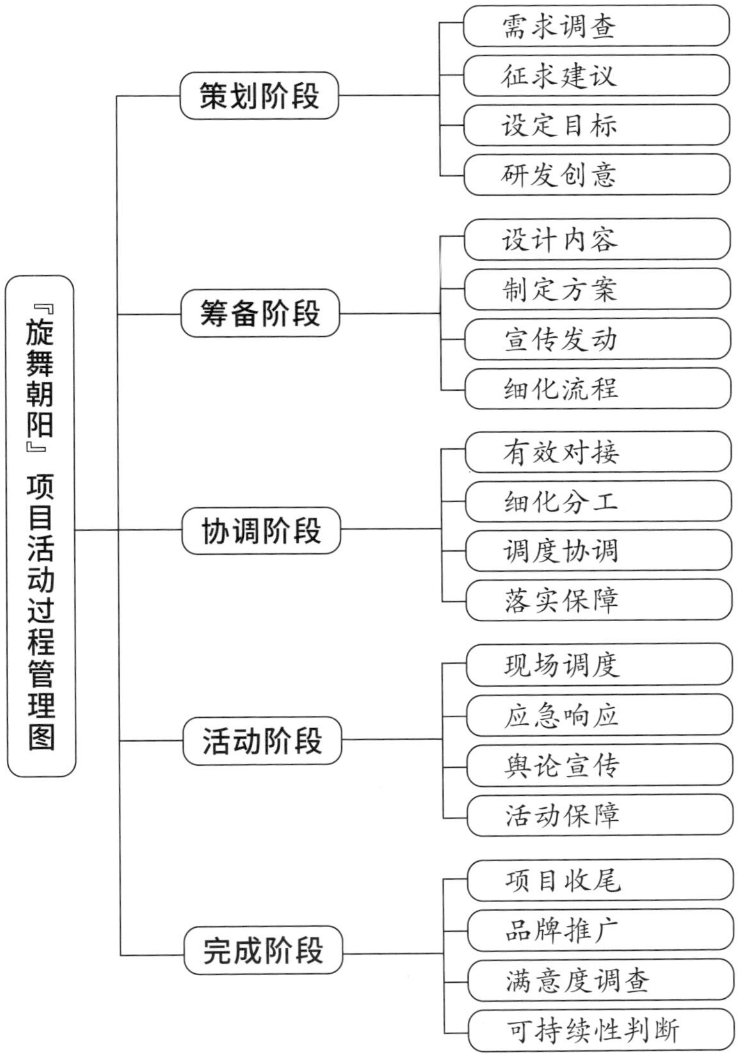

“旋舞朝阳”项目活动过程管理图

一是策划阶段，即项目管理中的启动阶段，包括广大文艺志愿者和舞蹈爱好者的需求调查、征求群众建议、设定赛事目标、研发比赛创意。“旋舞朝阳”在筹备阶段的核心内容以研发活动创意和设定活动目标为导向，由朝阳区文联、舞蹈家协会负责人与43个街乡和社区的舞蹈文艺志愿者骨干开展研讨，征求群众意见建议，就如何在群众中更深入、更有效地开展“旋舞朝阳”项目进行论证，结合实际情况，研发并初步制定活动方案。

二是筹备阶段，即项目的准备阶段，包括设计比赛内容、制定比赛方案、宣传发动文艺志愿者和舞蹈爱好者积极参与、细化比赛流程。开展项目策划，预测和决定整个“旋舞朝阳”项目需要明确的内容和工作，包含比赛的报名方式、比赛环节的设计、评委的邀请、评分的细则等工作，并以活动方案的形式予以呈现。

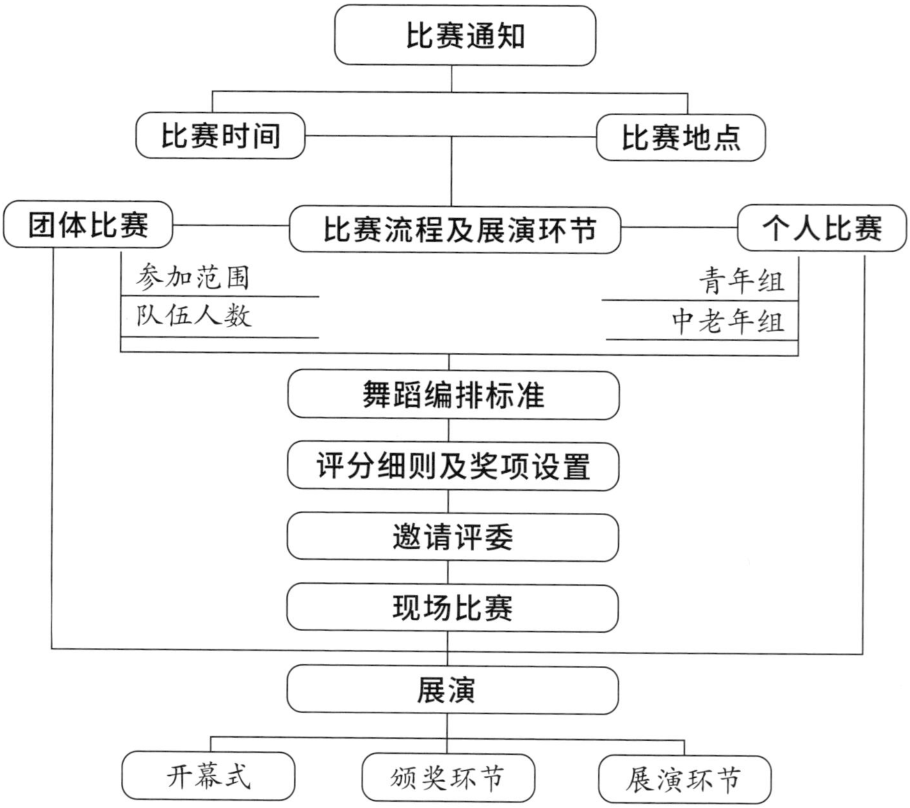

“旋舞朝阳”交际舞展赛流程图

三是协调阶段，包括有效对接、细化责任分工、调度协调、落实保障。以召开通气会、协调会、现场会等召集项目各相关方进行沟通对接和调度，确保活动各项筹备工作顺利进行。

四是活动阶段，“旋舞朝阳”是一个系列文化项目，往往同时运作若干个大型活动。活动举办阶段最重要的工作是进行现场调度，启动应急响应机制,确保活动安全有序进行。为了使“旋舞朝阳”系列活动深入持续的推进，朝阳区文联细化现场调度、应急响应、舆论宣传、监控管理，将项目控制作用于实施过程中的每一个具体环节。

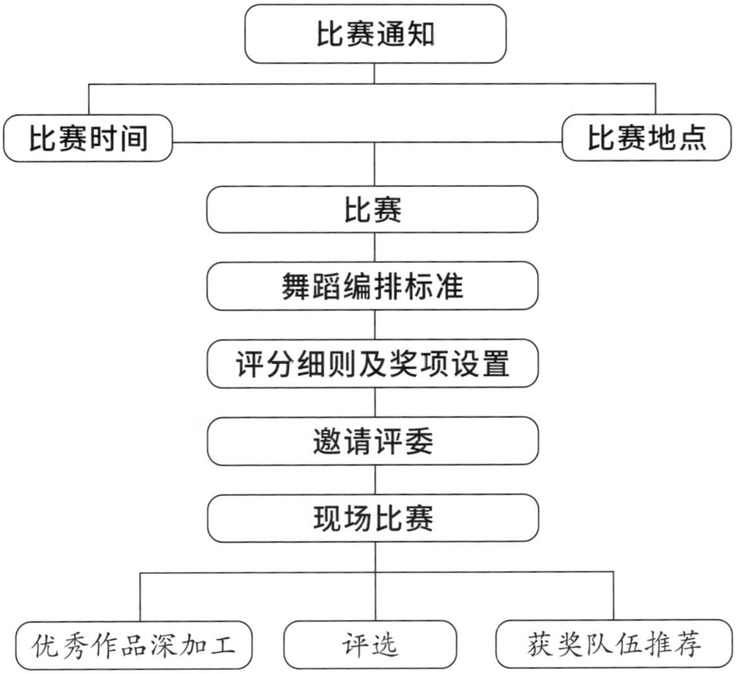

“旋舞朝阳”民族舞比赛流程图

五是完成阶段，即项目的收尾阶段，包括工作总结、材料归档、品牌推广、满意度调查、可持续性判断。“旋舞朝阳”坚持分阶段、分层次地进行文化活动项目管理，最重要的目标是提高组织效率，确保活动效果，在活动结束后对整体情况进行效能评估及群众满意率调查，进而更深层次地策划下一步方案，以不断提升项目的品牌效应和生命力。

“旋舞朝阳”项目可持续性调查表

评价内容	满分值	考评得分
项目决策评价	20	
项目管理评价	30	
项目绩效评价	50	
综合评价	100	
评价级别	优秀□　良好□　一般□　较差□	

采取抽样调查方式，针对主管部门、组织方、专家组成员、参与者代表、随机人群进行项目满意度调查，调查结果作为项目可持续性评估的依据。

六、时间进度计划

“旋舞朝阳”项目是一项系统工程，涉及的内容和环节众多，准确编制“旋舞朝阳”项目系列活动进度计划尤为重要，需要确定项目各项工作的先后关系，同时预估各项工作的工作量、延续时间和可行性。“旋舞朝阳”系列活动项目中重要环节均匀分布在全年的工作计划中，有些环节之间存在明确的先后关系，有些工作则平行进行。

“旋舞朝阳”项目周期图

项目	序号	工作名称	1月	2月	3月	4月	5月	6月	7月	8月	9月	10月	11月	12月
旋舞朝阳·民族舞比赛	1	制定方案												
	2	创编排练												
	3	组织比赛												
	4	择优推荐												
	5	交流推广												
旋舞朝阳·交谊舞比赛	1	制定方案												
	2	培训辅导												
	3	组织比赛												
	4	展演展示												
	5	承接任务												
旋舞朝阳·国标舞比赛	1	制定方案												
	2	全国报名												
	3	赛事筹备												
	4	举办比赛												
	5	艺术交流												

七、项目保障机制

为确保“旋舞朝阳”系列活动项目实现精准落地，建立以下四项保障机制。

一是党建引领机制。强化党的领导，将党建覆盖到整个项目实施过程中，牢牢把握文明实践活动的正确方向，依托功能型党支部、街乡舞蹈队党员骨干，在开展大型活动时组建临时支部，充分发挥党员在项目实施中的示范带头作用。

二是资源整合机制。“旋舞朝阳”的专业资源优势体现在知名艺术家志愿者领军、专业机构志愿者担纲、群众文化志愿者参与等三方面。朝阳区舞蹈家协会有著名舞蹈家方伯年、潘志涛、冯思美、蔡芳、梁思源、王建军、胡小青等，这些舞蹈界名人带领团队深入到基层开展培训指导，对活动进行有针对性、高水准的艺术指导，培养专业骨干力量，使文艺志愿服务落地生根，在推动、创建、提升“旋舞朝阳”专业性与知名度中发挥积极作用。来自专业机构的文化志愿者是开展“旋舞朝阳”项目的核心力量，也有北京市其他兄弟区县、京津冀和全国其他省市区舞蹈爱好者“跨界参与”，为“旋舞朝阳”系列活动项目提供有力保障。

“旋舞朝阳”项目志愿服务效果评价表

<table>
<tr><td>服务指导团队名称</td><td colspan="3"></td></tr>
<tr><td>团队负责人姓名</td><td></td><td>联系电话</td><td></td></tr>
<tr><td>接受服务指导单位</td><td colspan="3"></td></tr>
<tr><td>单位负责人姓名</td><td></td><td>联系电话</td><td></td></tr>
<tr><td>服务指导地点</td><td colspan="3"></td></tr>
<tr><td>服务指导时间</td><td></td><td>服务指导时长</td><td>小时</td></tr>
<tr><td>服务指导形式</td><td></td><td>受益人数</td><td>人</td></tr>
<tr><td>服务指导内容</td><td colspan="3"></td></tr>
<tr><td colspan="4">1. 接受服务指导单位对本次文艺志愿服务评价：
满　　意 □
比较满意 □
不 满 意 □
2. 接受服务指导单位对本次文艺志愿服务的意见：</td></tr>
<tr><td colspan="2">服务指导团队负责人签字：

年　月　日</td><td colspan="2">接受服务指导单位负责人签字：

年　月　日</td></tr>
</table>

三是协调联动机制。“旋舞朝阳”系列活动的顺利推进得益于多方联动的协调机制，在区委区政府的领导下，“旋舞朝阳”系列活动纳入到全区文化发展的范畴，形成区委宣传部指导，区文联以及43个街乡通力配合，各部门协调联动，各类社会组织积极响应，各类文艺志愿团队和群众广泛参与的工作格局。

四是宣传发动机制。在“北京朝阳文联”官方公众号中全程跟踪宣传“旋舞朝阳”系列活动开展情况，与人民网、光明网、千龙网、北京时间、北京号、中国艺术报、央视频、抖音、快手等几十家网络新媒体平台通力合作形成矩阵,创新“旋舞朝阳”系列活动展示和传播方式,开展点面结合立体宣传，线上线下通力合作，扩大“旋舞朝阳”系列活动品牌影响力。

八、项目资源和资金使用计划

项目资源计划是指在项目执行过程中,决定项目工作所需的资源类型（场地、人员、材料等）及其数量的规划过程，它是费用估算和管理的基础。“旋舞朝阳”项目以文艺惠民为主旨，所需资源和经费主要由市级财政和区级财政共同支持。项目的资源和费用采取的是“政府财政支持、项目组组织实施”的管理模式。

区委宣传部在项目保障上给予支持，对“旋舞朝阳”项目的各个系列活动进行全程指导，全方位考量资金需求，由区文联制定详细完备的经费预算报告，以“旋舞朝阳”交谊舞展赛为例，包括：活动场所经费（含培训场地租赁、排练场地租赁）；队伍建设经费（含聘请专家队伍、小教员及文艺骨干培训、专业力量推广普及）；活动及展赛经费（含比赛场地租赁、展演场地租赁、聘请专业安保人员、120急救车租赁、移动卫生间租赁、舞台搭建及专业设备租赁、聘请专家评委及邀请专业演员、媒体宣传及全程录制、编排刻录展演光盘）等（见下图）。

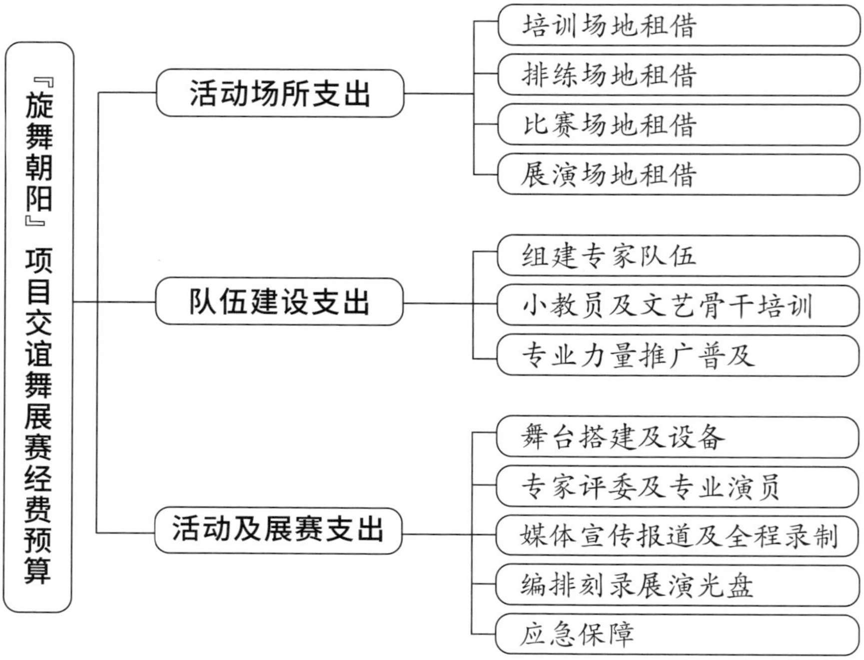

“旋舞朝阳”项目交谊舞展赛经费预算

在“旋舞朝阳”项目计划阶段，实施活动的各有关单位结合历史信息，对各项工作所需的资源和费用进行详细的计划、评估，力争经费预算“越细越好”，以“旋舞朝阳”交谊舞展赛为例，如下表所示，项目总结收尾阶段，项目组统计汇总资源费用数据，监控活动的整体资源消耗，并与活动效果进行对比分析，争取下一年度更为合理地争取经费预算支持，不断改进提高未来活动的能效。

“旋舞朝阳”交谊舞展演活动经费明细

<table>
<tr><th>序号</th><th>费用类型</th><th>名称</th><th>数量</th><th>单位</th><th>单价（元）</th><th>总价（元）</th></tr>
<tr><td>1</td><td>场租</td><td></td><td></td><td>项</td><td></td><td></td></tr>
<tr><td>2</td><td>搭建</td><td>舞台、背板、指示牌等</td><td></td><td>项</td><td></td><td></td></tr>
<tr><td>3</td><td>设计费</td><td></td><td></td><td>项</td><td></td><td></td></tr>
<tr><td>4</td><td>主持人</td><td></td><td></td><td>人</td><td></td><td></td></tr>
<tr><td rowspan="2">5</td><td rowspan="2">演员</td><td>特邀艺术家表演</td><td></td><td>人</td><td></td><td></td></tr>
<tr><td>特邀交谊舞演员</td><td></td><td>人</td><td></td><td></td></tr>
<tr><td>6</td><td>专家辅导</td><td></td><td></td><td>人次</td><td></td><td></td></tr>
<tr><td>7</td><td>安保</td><td></td><td></td><td>人</td><td></td><td></td></tr>
<tr><td rowspan="5">8</td><td rowspan="5">音响</td><td>音箱</td><td></td><td>套</td><td></td><td></td></tr>
<tr><td>数字调音台</td><td></td><td>个</td><td></td><td></td></tr>
<tr><td>话筒耳麦耳返等</td><td></td><td>项</td><td></td><td></td></tr>
<tr><td>效果器处理器</td><td></td><td>个</td><td></td><td></td></tr>
<tr><td>技术人员</td><td></td><td>人</td><td></td><td></td></tr>
<tr><td>9</td><td>媒体宣传</td><td>媒体宣传包含录制费用</td><td></td><td>项</td><td></td><td></td></tr>
<tr><td>10</td><td>其他</td><td>餐费、水费、运输、摄影师、急救车、卫生间等</td><td></td><td>项</td><td></td><td></td></tr>
<tr><td></td><td></td><td></td><td></td><td></td><td>小计</td><td></td></tr>
<tr><td></td><td></td><td></td><td></td><td colspan="2">服务费、税金</td><td></td></tr>
<tr><td></td><td></td><td></td><td colspan="3">合计</td><td></td></tr>
</table>

九、风险分析与管理

“旋舞朝阳”项目是朝阳区文联在全社会大范围开展的群众舞蹈类志愿服务活动，参与人群广泛，具有一定的风险性，在启动阶段，项目团队应根据实际情况，全面预测潜在风险，重点是意识形态风险、廉政风险、重大事故风险等方面，要列出风险清单，制定应急预案。

一是意识形态风险。主要包括舞蹈作品主题及内容、参与人群意识形态的管控，通过专家组初评、中评、终评，严格对各类参赛、参演作品内容进行审核，坚决防止意识形态事件发生，防止出现低俗、庸俗、媚俗的文艺作品。

二是廉政风险。主要包括“三重一大”事项、资金使用情况的监管，严格按照相关规定，根据具体情况，采取价格比选、招投标等流程，全年各项目根据《审计报告》审定结果结算。

三是突发安全事故风险。针对“旋舞朝阳”项目中有可能出现的九种风险，组织制定应对策略和管理计划，采取回避、减缓、转移、接受等方法和措施来减少和规避风险。设置风险管理专员，责任到人，使风险管理在组织上得到保证，在项目的运行周期内及时监控风险状态，定期检查应对措施的实施情况和有效性，根据需要升级、补充或改变应对措施，并及时向组织报告。

“旋舞朝阳”项目风险管控表

风险识别					风险应对		风险监控	
序号	起始日期	风险描述	发生概率	危险程度	应对措施	责任人	处理结果	责任人
1		活动主题及内容意识形态风险						
2		主承办方廉政风险						
3		活动现场发生公共安全事故风险						
4		活动现场人员突发意外的风险						
5		活动现场临时停电、设备故障风险						
6		活动现场或网络上出现恶意阻扰的风险						
7		活动现场财物损毁、遗失风险						
8		评优奖励公正性引发异议的风险						
9		活动期间出现极端天气、自然灾害、重大疫情、突发紧急情况的风险						

十、项目沟通与控制

（一）项目沟通机制

对“旋舞朝阳”项目加强统筹、协调，建立完备的沟通机制，将项目计划落实到行动的整个项目的实施过程。为了使项目各个团队间的沟通、协调、信息共享和问题解决更加高效和准确，建立项目管理信息系统，其中包括：

1. 建立“旋舞朝阳”项目联络群。保证信息和文件传递的及时、畅通，由“旋舞朝阳”项目负责人作为群主，根据项目进展进度和情况，定期和不定期地交流各部门单位工作进展状态，协调解决项目实施过程中出现的问题和需要多部门协同解决的问题，形成“街乡吹哨部门报到”信息联络渠道。

2. 建立“旋舞朝阳”项目会商机制。根据“旋舞朝阳”项目推进中不同的工作内容、工作实际推进情况建立有关方面参加的会商机制，以召开由宣传部组织的调度会、协调会，由区文联组织的会商会、推进会的形式在决策层面及时研判，及时改进。同时以定期组织召开文艺志愿团队领队会的形式，引导文艺志愿服务带头人积极响应项目的要求，随时掌握项目推进中的实时动态，以便于更有针对性和时效性地开展面向街乡的培训、辅导等文艺志愿服务。

（二）项目控制

项目控制是对“旋舞朝阳”项目的实施全过程进行有效的监控和管理，使其顺利达到项目规定的目标，并在保证项目完成的前提下，以最好的质量、最低的成本来获取最大的社会效益。“旋舞朝阳”项目组在实施过程中采取了以下控制措施：

1. 状态跟踪。在项目执行过程中，以项目计划和目标为基础，各责任部门和单位安排专人及时跟踪、记录执行的实际情况，特别是项目进度情况、资源费用的落实和使用情况、活动筹备是否符合有关质量要求和技术标准、项目的风险状态、项目相关利益方的需求是否变化并引发工作范围的改变等。

2. 偏差分析。将“旋舞朝阳”项目实际执行情况与目标和计划进行对比，动态分析出现的偏差和可能出现的偏差，权衡其已造成或可能造成的影响，制定调整方案和措施，确保项目执行效果逐年递增，不断完善。

3. 偏差调整。对偏差和缺陷进行规范化调整处理，确保“旋舞朝阳”项目在受控范围内，对严重偏离计划指标且无法进行规范化处理的，及时对“旋舞朝阳”项目流程和计划进行更新。对于新的项目计划，持续运用计划、执行、检查、处理循环法控制和改进项目实施，直至项目结束，形成一个良好的闭环，确保项目执行实现规范化和可持续性发展。

以舞蹈为题材，打造一项文艺志愿服务品牌项目，“旋舞朝阳”系列活动初现成效，这为朝阳区文艺志愿服务注入新的活力，丰富了新时代文明实践内涵，下一步，朝阳区文联将继续按照新时代文明实践发展要求，围绕后奥运时期文化建设，大力实施文化传承推广行动计划，通过广泛开展以“双奥”为主题的舞蹈活动，贴近时代、贴近朝阳、贴近群众，用舞蹈志愿服务活动的形式宣传展示“双奥朝阳”区域形象，大力实施文艺品牌创新，让更多的朝阳群众由舞蹈爱好者变身成为文艺志愿者，增强基层文艺发展动力，进一步推动文艺志愿服务规模化、专业化、项目化发展，努力为新时代文明实践作出应有的贡献。

“文艺进万家 健康你我他”
济南市莱芜区“百姓春晚”新时代文明实践文艺志愿服务项目

一、项目简介

济南市莱芜区“百姓春晚”新时代文明实践文艺志愿服务项目始于2018年，是依托春节期间返乡人员集中、农村农闲、群众文化需求强烈等特点，结合新时代文明实践、精准扶贫、表彰先进等工作，引导基层群众以镇、村为单位开展的自编自演自娱自乐的“百姓春晚”文艺演出活动。同时，以“百姓春晚”活动为展示平台，串联带动了全年的文艺培训、文艺人才培育、文艺作品创作等新时代文明实践文艺志愿服务活动。

“百姓春晚”活动由莱芜区委宣传部（区文明办）、区文联主办，区教育和体育局、区民政局、区文化和旅游局、各有关街道（镇）协办，各有关村（社区）承办实施。活动以“新时代文明实践·百姓春晚”为主题，打造“传播思想、实践文明、成就梦想”的百姓舞台，倡导全民参与、全民联欢，培训带动文艺爱好者投身基层文化活动，以文明榜样的先进事迹、高质量的艺术作品、丰富多彩的文艺演出、新兴的互动传播方式，教育和引导群众。莱芜区“百姓春晚”新时代文明实践文艺志愿服务项目有以下五个特点：一是将理论宣讲融入文艺活动，成为传播新思想的“流动讲堂”；二是将文明创建融入文艺活动，成为引领新风尚的“文明实践”；三是将基层文艺人才培养融入文艺活动，成为艺术家在基层“种文化”的“文艺土壤”；四是将新型娱乐方式融入文艺活动，成为线上线下共同联欢的“全息互动”；五是将政府安排布置变为群众主导活动，成为人民群众当主角的“全民春晚”。

四年时间，莱芜区累计举办“百姓春晚”1 400余场（含网络“百姓春晚”），现场观众超过125万人次，网络带动1 100余万人次，全区七成以上村庄融入其中，产生了传思想、树新风、育新人、聚民心的良好效应，“百姓春晚”成为莱芜区的宣传思想文化工作特色品牌。

2021年3月，莱芜区新时代文明实践文艺志愿服务“百姓春晚”项目受中宣部、中央文明办表彰，获评2020年度全国学雷锋志愿服务“四个100”先进典型“最佳志愿服务项目”。

二、需求分析

济南市莱芜区位于鲁中，辖15个街镇，841个行政村（社区），总面积1 837平方千米，常住人口119万人，有着深厚的历史文化底蕴，以少胜多的长勺之战和莱芜战役就发生在这里，“一鼓作气”的典故千古流传。进入新时代，城市化进程不断加快，群众精神文化需求猛增，同时，莱芜区作为全国新时代文明实践中心试点区之一，也在着力探索通过群众喜闻乐见的形式正确引导群众，助力基层社会治理，“百姓春晚”应运而生。

参与“百姓春晚”活动的主要有各宣传思想文化部门、各有关街道（镇）

党（工）委、各有关村（社区）党组织、参与活动或联合举办的各企事业单位，有业余文艺团体、文艺爱好者、文艺志愿者、精神文明建设先进、慰问对象，有活动赞助者、场地设备提供者、物料印刷制作者、相关服务供应者，以及数量庞大的现场观众和网络受众等。具体来说，活动的诞生主要来自以下原因，以及干系人的主要需求。

（一）群众的精神文化需求

一方面，随着经济发展和技术进步，农业机械和智能生产制造设备逐渐普及，各行各业的生产效率不断提高，大量的劳动能力和劳动时间得到了节约释放。同时，由于生活水平的提高和医疗条件的改善，城乡居民的平均寿命不断延长，百姓们在日常工作之外，有了越来越多的闲暇时间亟待填补、充实。

另一方面，随着社会的发展和生活的富足，群众对美好生活，特别是精神文化生活的需求日益增长，制作精良的影视作品、旅游、网购、健身、自拍、短视频、艺术培训班、老年大学等越来越受到追捧。人们不仅希望感受美、走进美，更渴望展现美、交流美和创造美。

（二）社会的治理引导需要

一方面，在个人空余时间增加后，文化水平较高者等通常能投入到健康的学习娱乐活动中；而其他人群，特别是农村留守少年儿童和中老年人，因为缺乏教育引导和自我约束，时常出现沉迷于电子游戏和麻将的情况，甚至可能被不法分子引诱从事宗教迷信、传销、赌博、吸毒、抢劫等违法犯罪活动，引发危害群众健康、家庭和谐、社会稳定和国家安全的风险。

另一方面，在全面建成小康社会决胜阶段、中国特色社会主义发展重要时期，需要更加广泛深入、生动鲜活地宣传中国特色社会主义思想、讲解党的方针政策、传播中华优秀传统文化、培育社会主义核心价值观，不断提高群众的思想觉悟、文明素养和文化自信，把广大人民的士气鼓舞起来、精神振奋起来，朝着民族复兴的宏伟目标团结一心向前进。

“百姓春晚”活动通过对有关要素和资源的分解、重组，即新时代文明实践与文化文艺活动的有机结合，文艺志愿服务与培养文艺人才的有机结合，传统文艺活动与新兴娱乐方式的有机结合，较好实现了群众精神文化需求和社会治理引导需要的融合统一。

三、项目总目标与里程碑计划

由前述内容可以看出，“百姓春晚”活动关注的不是一时的送文明、送服务，而是真正的、长久的种文明、种服务。“百姓春晚”改变以往由政府部门单向的、短时的、自上而下的，通过开会、下文件、办培训班等来表彰文明模范、传达党的政策、提供文艺服务的做法，转为以政府引导为辅、群众参与为主，双向的、长期的、互动自发的，通过群众的舞台来表彰模范，通过群众的声音来讲解政策、反映成果，通过举办群众的演出来培养发掘基层文艺骨干、吸纳锻炼文艺志愿者的做法，在欢乐祥和的氛围中将文明乡风、良好家风、淳朴民风吹遍城乡大地、种进百姓心里。

所以活动首先希望能够不断提高群众参与度和社会影响力；其次逐渐提高节目质量，增加街道（镇）文艺协会会员和文艺志愿服务者的数量和服务时长；最后日益提升群众的满意度和活动的口碑，改变百姓的观念和行为。据此，活动的主办方、协办方、承办方等利益相关方经过讨论协商确定出项目的目标，以 2020 年莱芜区“百姓春晚”活动为例。

项目目标表

序号	目标类别	目标描述
1	范围	成功举办2020年莱芜区“百姓春晚”活动。演出场次不低于200场，“百姓演职人员”不低于4 000人，现场观众不低于10万人，网络辐射带动不低于100万人次
2	时间	2019年7月10日—2020年3月10日
3	成本	____元。其中政府鼓励____元，街镇奖励____元，企业赞助____元，群众筹集____元
4	质量	参与群众随机抽样调查满意度不低于90%，街道（镇）文艺协会会员数量较上年增加10%，文艺志愿服务人员数量和服务时长较上年增加10%，新编原创节目较上年增加20%

针对项目的目标要求，项目组结合项目自身特点和各方实际情况，分析确定项目的主要里程碑事件，制作了反映项目重大里程碑事件关系的里程碑计划表。

项目里程碑计划表

序号	任务名称	2019年	2020年		
		12月	1月	2月	3月
1	前期准备结束	◆ 12.20			
2	启动部署结束	◆ 12.30			
3	计划统计结束		◆ 1.4		
4	筹备指导结束		◆ 1.16		
5	活动实施结束			◆ 2.8	
6	总结表彰结束				◆ 3.10

四、组织管理和团队建设

“百姓春晚”活动由莱芜区委宣传部总体策划统筹，区委宣传部、区文联共同推进，各有关区直部门、各街道（镇）指导协调，各有关村（社区）组织落实。为进一步提升活动实施的科学化、规范化、效能化水平，“百姓春晚”活动目前已逐步建立起以项目为核心的管理模式，对活动采用项目管理方式，由区文联负责项目管理工作，指定项目负责人，直接对区委宣传部负责，并从相关部门单位抽调人员组成项目团队。

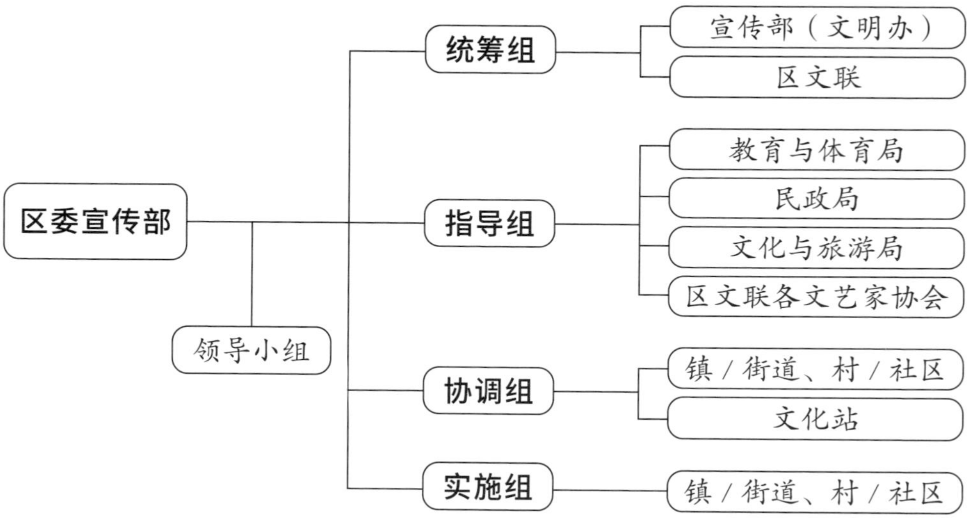

项目组织结构示意图

项目团队在项目负责人的领导下，完成项目工作，同时结合项目实际情况，成立以区级分管领导为组长，各相关区直部门单位主要领导为副组长，各相关区直部门单位具体负责同志、各街道（镇）分管负责同志和区相关文艺协会主席为成员的项目领导小组，协同推进项目开展。

项目组织机构和人员确定后，除启动会外，还会对项目团队成员开展两次培训。第一次是对各有关街道（镇）、村（社区）的活动联系人、信息员和其他工作人员进行工作培训，第二次是对各有关村（社区）“百姓春晚”活动组织负责人进行具体的活动组织实施培训。这两次培训既是工作部署指导的过程，也是团队建设交流的过程，有利于全体成员明确工作要求，掌握流程方法，做好各项筹备组织工作。活动的相关标准和要求包括以下两个方面。

（一）活动组织方面

1. 尊重群众意愿，鼓励有热情、有能力的村民（居民）、教育工作者组织策划本村的乡村春晚，发挥农村文艺骨干、文化能人的积极性和创造性。

2. 活动不限规模，不拘形式，不设置门槛，文明节俭，营造自然纯朴、真情实景的乡村舞台气息，不贪大求洋，不增加群众负担。

3. 节目内容积极向上、贴近生活，反映各村特色亮点，近年来的改革发展成果和人民良好精神风貌，确保政治方向、舆论导向和价值取向正确。

（二）活动环节方面

根据各地实际设置，主要包括：

1. 表彰慰问环节。评选表彰文明家庭、好婆婆好媳妇、脱贫带头人，慰问老党员、老寿星、军烈属、贫困户，增强仪式感和荣誉感，引导百姓向上向善。

2. 文艺表演环节。将移风易俗、环境保护、脱贫攻坚、乡村振兴等内容，以小品、歌舞、戏曲、书画等群众喜闻乐见的形式在舞台上呈现，让百姓更容易接受和理解党的政策。

3. 观众互动环节。开展诵读家规家训、“全村福”“全家福”等集体合影、在外人士向表彰慰问对象拜年等活动，增强群众的向心力、参与感和归属感。

4. 抽奖环节。有条件的可增加抽奖环节，设置奖品或者将艺术家创作的书画作品，比如春联福字等作为奖励，增强与文艺活动的关联度，增加活动的群众参与度和黏合度。

五、工作范围分解

工作范围分解的主要目的和作用是明确项目的工作范围和工作内容，确保项目结构的系统完整和清晰透明，以便大家能够有计划地安排和实施项目的各项工作内容。

“百姓春晚”项目范围较广，工作内容较多，其中核心工作包括：（1）宣传发动。召开区直有关部门、各街道（镇）分管负责人会议，安排部署活动有关工作，明确工作职责，进行动员部署，广泛宣传发动；对街道（镇）、村（社区）的活动联系人、信息员和其他工作人员进行工作培训，明确工作要求，做好各项筹备工作。（2）信息统计。统计收集汇总街道（镇）、村（社区）“百姓春晚”演出场次和活动工作人员有关信息，建立畅通的工作系统和通讯联系，汇总需要培训的活动工作人员和需要指导的部分重点节目信息。（3）培训指导。在街道（镇）分别对有关村（社区）“百姓春晚”活动组织负责人进行具体的活动组织实施培训，对需要指导的部分重点节目、文艺骨干进行指导。（4）训练彩排。各街道（镇）、有关村（社区）按照全区要求，结合各自实际，分别进行训练彩排，个别节目可单独联系有关同志到村（社区）进行指导。（5）“百姓春晚”活动开展。各街道（镇）、有关村（社区）分别组织开展“百姓春晚”活动。在此期间，充分发挥报纸、电视、网络、手机等媒体的主流宣传作用，特别是在微信群、朋友圈、网络直播等平台，及时宣传报道各“百姓春晚”活动。（6）总结表彰。由区委宣传部牵头，区文联负责，区直有关部门和各街道（镇）配合提报，对本次全区“百姓春晚”

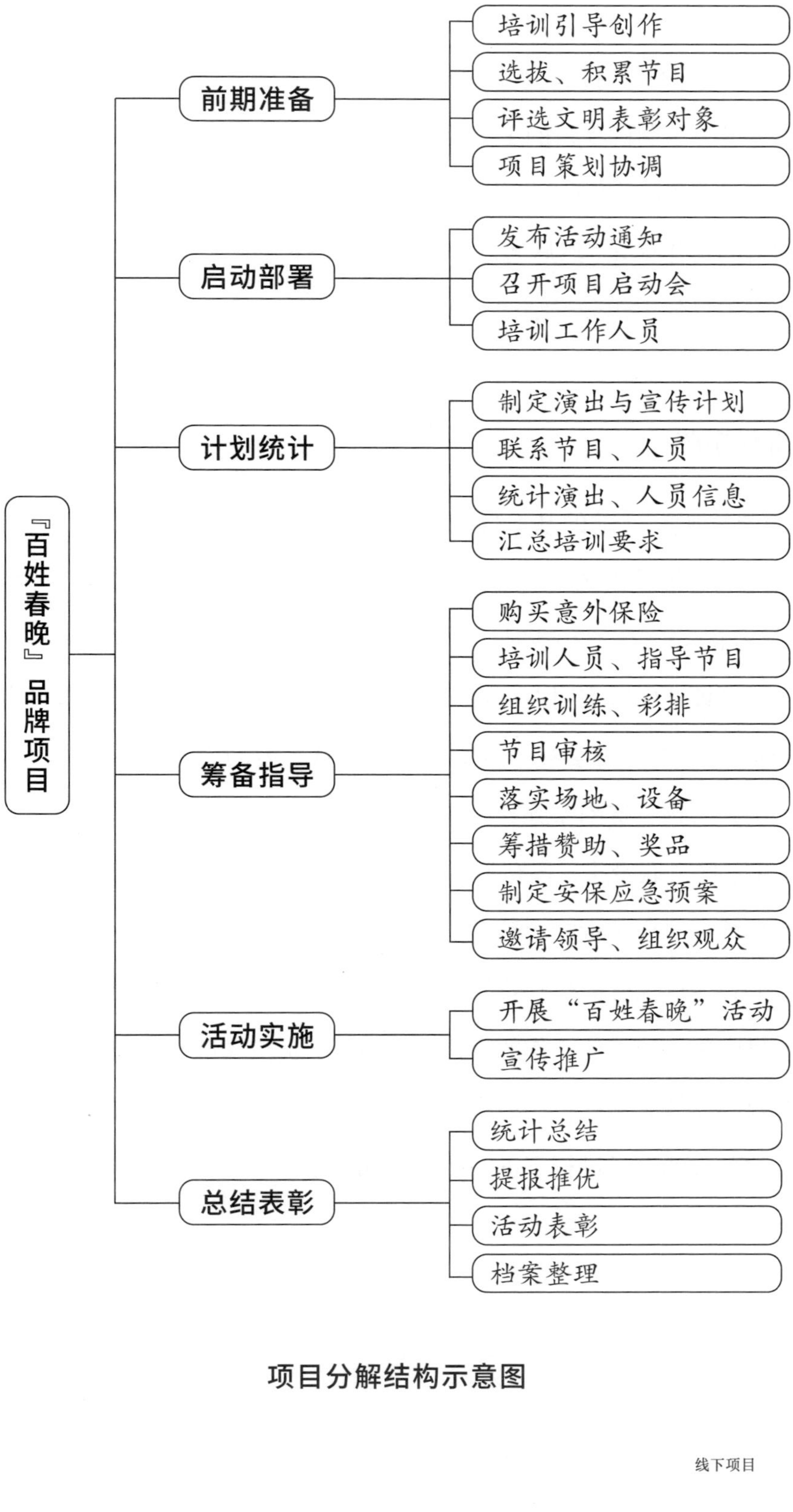
『百姓春晚』品牌项目
前期准备
培训引导创作
选拔、积累节目
评选文明表彰对象
项目策划协调
启动部署
发布活动通知
召开项目启动会
培训工作人员
计划统计
制定演出与宣传计划
联系节目、人员
统计演出、人员信息
汇总培训要求
筹备指导
购买意外保险
培训人员、指导节目
组织训练、彩排
节目审核
落实场地、设备
筹措赞助、奖品
制定安保应急预案
邀请领导、组织观众
活动实施
开展“百姓春晚”活动
宣传推广
总结表彰
统计总结
提报推优
活动表彰
档案整理

项目分解结构示意图

项目进行总结，并对本项目的优秀节目、优秀演员、优秀工作者、先进集体（包括区直部门、街镇、村居）、优秀文艺志愿者等进行表彰。

为了进一步明确项目的工作范围，项目团队以项目目标体系为指导，按照工作分解结构的原理，采用头脑风暴法对项目进行了分解，尽可能多地挖掘项目的工作单元，然后通过分析和总结，并与项目利益相关者协商讨论，最终确定项目的工作分解结构。

六、责任矩阵

“百姓春晚”活动的基本责任分工为：（1）活动的总体策划，协调各部门单位，宣传报道由区委宣传部牵头负责，各有关部门、各街道（镇）、各有关村（社区）配合。（2）新时代文明实践主题展现，“文明家庭”“文明户”“莱芜好人”等评选由区文明办负责。（3）活动前期文艺骨干培训、节目指导由区文联负责。（4）“好婆婆、好媳妇”等评选，慰问老寿星、道德模范、军烈属、优秀人物、贫困家庭等由区民政局负责。（5）活动具体实施推进由区委宣传部、区文联牵头，各有关区直部门、各街道（镇）、各有关村（社区）、区文联系统各协会负责配合落实。

为了对项目执行进行有效的监督、协调和管理，使项目团队成员清晰地了解项目中每一项具体工作的责任承担情况，促进团队成员间对各项工作内容的有效沟通和紧密配合，项目团队采用责任分配矩阵的形式对承担项目工作任务的各方的责任进行了进一步细化和界定。

项目责任矩阵表

序号	工作名称	宣传部	文明办	教育和体育局	民政局	文化和旅游局	文联	街道（镇）	村（社区）
1	前期准备								
1.1	培训、引导工作						▲		
1.2	选拔、积累节目							▲	○
1.3	评选文明表彰对象		▲		▲			○	○
1.4	项目策划协调	▲	○	○	○	○	▲	○	○
2	启动部署								
2.1	发布活动通知	▲	○	○	○	○	○		
2.2	召开项目启动会	▲	○	○	○	○	○	○	
2.3	培训工作人员					▲	▲	○	○
3	计划统计								
3.1	制定演出、宣传计划							▲	○
3.2	联系节目、人员								▲
3.3	统计演出、人员信息							▲	○
3.4	汇总培训要求							▲	○
4	筹备指导								
4.1	购买意外保险						▲		
4.2	培训人员、指导节目			▲		▲	▲		○
4.3	组织训练、彩排		○		○		○		▲
4.4	节目审核	◆						▲	○
4.5	落实场地、设备								▲
4.6	筹措赞助、奖品								▲
4.7	制定安保应急预案							▲	○

续表

序号	工作名称	宣传部	文明办	教育和体育局	民政局	文化和旅游局	文联	街道（镇）	村（社区）
4.8	邀请领导、组织观众							○	▲
5	活动实施								
5.1	开展“百姓春晚”	◆	○	○	○	○	○	○	▲
5.2	宣传推广	▲				○		○	○
6	总结表彰								
6.1	统计总结							▲	○
6.2	提报推优	○				○	○	▲	○
6.3	活动表彰	▲	○	○	○	○	○	○	○
6.4	档案整理	▲				○	○	○	○

注：▲负责　○参与　◆监督

七、时间进度计划

“百姓春晚”活动是一个系统的综合工程，涉及部门单位多，内容较为繁杂。项目最主要的工作集中在当年 12 月至次年 2 月，但前期筹备铺垫和后期总结表彰也需做出安排、预留时间。同时，活动节目选拔积累、人才培养等环节贯穿全年。实施过程中，有些工作之间存在明确的先后关系，有些工作则可以平行进行，先后关系并不明确。经过各方讨论、分析研究，综合资源供应、保障条件、工作效率等情况，并结合历史信息，项目团队依据项目的工作分解结构和各种限制约束条件等，制订了以甘特图表示的项目进度计划。

序号	工作名称	2019 年		2020 年		
		4—11 月	12 月	1 月	2 月	3 月
1	培训、指导创作					
2	选拔、积累节目					
3	评选文明表彰对象					
4	项目策划协调					
5	发布活动通知					
6	召开项目启动会					
7	培训工作人员					
8	制定演出、宣传计划					
9	联系节目、人员					
10	统计演出、人员信息					
11	汇总培训要求					
12	购买意外保险					
13	培训人员、指导节目					
14	组织训练、彩排					
15	节目审核					
16	落实场地、设备					
17	筹措赞助、奖品					
18	制定安保应急预案					
19	邀请领导、组织观众					
20	开展“百姓春晚”					
21	宣传推广					
22	统计总结					
23	提报推优					
24	活动表彰					
25	档案整理					

项目甘特图

八、项目资源和费用计划

项目资源计划是指在项目执行过程中，决定项目工作所需要的资源类型（人力、材料等）及其数量的规划过程，它是费用估算和管理的基础。“百姓春晚”活动提倡“文明节俭、志愿服务”，所需资源和经费采取政府鼓励、街镇奖励、企业赞助、群众筹集等方式保障。项目团队根据活动的特点，对资源和费用采取了“各单位分别统筹、项目组协调汇总”的管理模式。

项目资源和费用计划管理表

序号	资源类型	资源名称	数量	标准单价	金额	来源	联系方式	落实情况及日期	负责人	监督人	备注
1	人力	工作人员	5 人								
2		演出人员	30 人			社区居民、剧团					
3	场地	排练场地	1 块			社区自备					
4		演出场地	1 块			单位提供					
5	设备	音响	1 套			文艺剧团提供					
6		照相机	2 台			摄影爱好者自备					
7	物料	背景板	1 块	★元	★★元	自制，费用由 ×× 赞助					
8		横幅	2 条	15 元	30 元						
9	奖励	表彰证书	10 张	2 元	20 元						
10		表彰奖金	10 人	★元	★★元						
11		慰问金	15 人	★元	★★元						
12		慰问品	15 份	★元	★★元	企业赞助					
13		奖品——春联	10 对			区书协主席提供					
14		奖品——福字	30 张			区书协会员张 ×× 提供					

在项目计划阶段，实施活动的各有关单位结合历史信息，对各项工作所需的资源和费用进行详细的计划、评估，并确定落实和管理的负责人、监督人。项目执行阶段，相关责任人根据实际情况完成资源和费用计划管理表，资源费用有困难的单位可请求项目组协调。项目总结收尾阶段，项目组统计汇总各单位的资源费用数据，监控活动的整体资源消耗，并与活动效果进行对比分析，不断改进提高未来活动的能效和水平。

九、风险分析

任何项目实施的过程中总会遇到意想不到的事情，要避免和减少损失，将威胁转化为机会，项目执行者需要识别和把握项目风险的来源、性质和发生规律，进而实行有效的管理。

“百姓春晚”是春节期间在基层大范围开展的群众文化艺术活动，有大量观众在现场或通过网络参与，其风险具有较强的独特性，主要表现在特定时期多个区域内风险的高度集中，且多种风险因素交错。为了预防活动开展过程中可能遭遇的风险和干扰因素，减少损失，项目团队采取了以下措施：

一是设置风险管理专员，使风险管理在组织上得到保证。

二是在计划阶段，项目团队运用头脑风暴法、SWOT 技术以及根据核对表法参考类似项目信息，全面识别项目每个阶段的潜在风险，列出风险清单。

三是针对项目风险，共同讨论制定应对策略和管理计划，采取回避、减缓、转移、接受等方法和措施来减少和规避风险，责任到人。

四是在项目的生命周期内及时监控风险状态，定期检查应对措施的实施情况和有效性，根据需要升级、补充或改变应对措施，并在项目例会中对全体成员进行报告。

五是对于新出现和新发现的风险，及时补充到风险管理表中，并将这项工作贯穿在整个项目实施和收尾过程中。

项目风险管理表

风险识别					风险应对			风险监控			
序号	起始日期	风险描述	发生概率	危害程度	应对措施	责任人	计划结束日期	风险状态	跟踪人	处理结果	实际完成日期
1		演出内容意识形态风险									
2		党政干部廉政风险									
3		评优奖励公正引发异议的风险									
4		演出现场人员突发疾病风险									
5		演出现场财物损坏、遗失风险									
6		演出现场发生踩踏、火灾等公共安全事故风险									
7		演出现场临时停电、设备故障风险									
8		演出现场或网络上出现恶意阻扰的风险									
9		活动期间出现极端天气、自然灾害、重大疫情、突发紧急情况的风险									
10		活动数据统计不准确的风险									

十、项目实施与控制

（一）项目实施

项目实施是将项目计划落实到行动的过程，这一过程的有效达成离不开项目组织的统筹和协调。为了使整个项目团队中的沟通、授权、辅导、信息共享和问题解决等更加高效和准确，项目组建立了项目管理信息系统，具体包括：

1. 建立项目群，以保证信息和文件传递的及时、畅通。

2. 定期召开项目碰头会，由项目负责人根据项目情况发起，交流各部门单位工作进展状态，协调解决项目实施过程中发现的重大问题和各部门单位配合中存在的问题，以促进各项工作计划的实现。

3. 建立部门单位例会制度，各负责部门和单位内部根据工作需要，以周或日为间隔召开 15 分钟以内的例会，沟通上一时段完成的工作内容和情况、下一时段工作安排计划、当前工作中存在的问题及原因、需要协助解决的问题等。

（二）机制建设

1. 激励机制。

（1）对活动赞助方：活动经费采取政府鼓励、街镇奖励、企业赞助、群众筹集等方式保障，可在“百姓春晚”活动现场对赞助的企业表示鸣谢、对作出贡献的村民等进行表彰。

（2）对“百姓演员”：每场活动评选 1 名“百姓春晚才艺之星”，各街镇推选优秀演员参与全区“百姓春晚才艺之星”评选,获奖者颁发证书和奖金；“百姓春晚”的优秀节目参加全区“百姓春晚汇演”，“百姓演员”有机会与知名艺术家同台演出。

（3）对现场观众及参与人员：根据各村文艺特色，现场参与者可以参与互动环节，获得包括春联、福字的书画作品等奖励。有条件的村（社区）或赞助商为互动环节提供现金红包或奖品。

（4）对文艺志愿者：在评奖、评优活动中，将参加文艺志愿服务作为加分项。为优秀文艺志愿者赠送意外保险，为更好地开展文艺志愿服务工作做好安全保障。

2. 考核机制。

（1）对举办活动的村、镇：将“百姓春晚”活动作为文化文艺工作考核的一项指标列入其中。活动开展情况、网络点击量等都是考核内容。

（2）对文艺志愿者：记录各文艺志愿者的服务时长、群众评价等指标，定期通报各文艺志愿服务队活动情况，年底评选优秀文艺志愿者、优秀协会。优秀文艺志愿者优先推荐加入上级协会。

3. 保障机制。为让文艺志愿者深入基层、深入偏远地区无后顾之忧，为优秀文艺志愿者购买意外保险，提供安全保障。莱芜区文联为积极参加活动的优秀文艺志愿者每人赠送了保额 10 万元的意外保险，为更好地开展文艺志愿服务工作奠定坚实基础。

（三）项目控制

项目控制是对项目的实施全过程进行有效的监控和管理，使其顺利达到项目规定的目标，并在保证项目完成的前提下，以最好的质量、最低的成本来获取最大的社会效益。项目组在实施过程中采取了以下控制措施：

1. 状态跟踪。在项目执行过程中，以项目计划和目标为基础，各责任部门和单位安排专人及时跟踪、记录执行的实际情况，特别是项目进度情况、资源费用的落实和使用情况、活动筹备是否符合有关质量要求和技术标准、项目的风险状态、项目利益相关方的需求是否变化并引发工作范围的改变等。

2. 偏差分析。将项目实际执行情况与目标和计划进行对比，动态分析出现的偏差和可能出现的偏差，权衡其已造成或可能造成的影响，制定调整方案和措施。

3. 偏差调整。对偏差和缺陷进行规范化调整处理，确保项目在受控范围内；在严重偏离计划指标且无法进行规范化处理时，及时对项目流程和计划进行更新。对于新的项目计划，持续运用 PDCA（计划、执行、检查、处理）循环法控制和改进项目实施，直至项目结束。

“文艺进万家　健康你我他”
莘县“一个剧场唱全县”新时代文明实践文艺志愿服务项目

一、项目简介

莘县“一个剧场唱全县”新时代文明实践文艺志愿服务项目（以下简称项目），是响应中国文联、山东省文联，加强新时代文明实践中心建设，创新文艺志愿服务发展的一个重要举措。该项目由莘县县委宣传部、县文联于2020年11月共同发起，主要内容是通过健全基层文联组织，将自发形成的文艺爱好者团体规范组织起来，培养发展为“体制内”的文艺志愿者服务队伍。依托文艺志愿者服务队建立新时代文明实践“文艺志愿者剧场”（以下简称剧场），开展系列文艺志愿活动，建立文艺志愿服务的长效机制，实现满足群众文化需求与凝聚发展合力、改善社会治理效能的高效统一。自项目诞生以来，已建成剧场165个，举办活动2 600余场，创作作品320余件，发展文艺志愿者上万人，辐射带动群众100余万人次。项目的主要特色是：

（一）覆盖面广

项目开展突出基层导向，设置覆盖基层文联组织建设、文艺志愿者队伍建设、文艺培训、文艺采风、文艺创作、文艺展演、才艺大赛等方方面面的内容，环环相扣、梯次推进、逻辑性强、覆盖面广，实行县镇村一体联动，加强对基层文艺阵地和草根文艺群体的团结引导、联络协调、服务管理，实现占领文艺阵地、培养基层文艺人才、引领文艺作品方向的良性互动。

（二）**推广性强**

剧场在设施建设上因地制宜，没有硬性要求，以“就近就便”为原则，甚至只有一块空闲地，铺块地毯，文艺志愿者能演出，能聚起群众看就行。实行县镇村三级剧场人员共享、作品共享、信息共享制度，文艺志愿者在家门口就能登上舞台，群众不出门就能看上高质量演出。参演者乐此不疲，观看者喜不自禁，传播正能量、弘扬真善美、密切干群关系。项目在第一阶段原规划在县和试点镇（街道）、村（社区）建立 13 个剧场，进行以点带面的发动，没想到一推出就受到各级党组织的支持和群众的欢迎。截至目前，已申请成立各级剧场 165 个，做到所有镇街全部参与，呈现出良好的发展势头。

（三）**内生力足**

剧场建设尊重群众的意愿，有曲艺基础的就建“燕塔书场”，戏曲爱好者众多的就建“戏曲大舞台”，群众喜欢在小树林活动的就建“小树林”剧场。项目提供精准化、菜单式服务，围绕丰富基层文艺活动的内容形式，依托文艺家协会专业队伍，全面制定文艺培训“菜单”，开展音乐、舞蹈、曲艺等文艺志愿培训，提升群众文化文艺素养。建立演赛、奖励和推介的环节及相关制度，让参与者做到有收获、有面子、有地位、有奔头、受尊重，激发群众作为文艺主体的活力之源，吸引越来越多的群众成为文艺爱好者，越来越多的文艺爱好者变成文艺志愿者。有的群众宁愿放弃一天能挣几百元的打工收入也来参加活动，群众自发举办的文艺活动和创作的文艺作品层出不穷。

有的剧场活动镇（街道）只负责拉一条几十元的条幅，剩余的事情全部由志愿者打理完成。

（四）老文化兴

剧场的广泛建立，挖掘和带动了100余名潜水的民间老艺人重操技艺、登台表演。聚焦保护弘扬优秀传统特色地方文化，志愿者们深入开展“寻找民间老艺人”“曲艺老物件收集”“曲艺音乐和作品整理”等志愿服务活动，建成全国首家“山东快书传承示范学校”，成为国家级非物质文化遗产项目（山东琴书）传承基地。截至目前，全县先后挖掘梨花大鼓、莲花落、谷山调、三弦等县内传统文化资源10多种，成功发掘莘县作为“北路山东琴书发源地”，曾被称为“坠子窝”“快书群”众多底蕴深厚的曲艺资源。结合曲艺在该县广泛的群众基础，建成“八里庄坠子书传承基地”“九曲相声社”“柿子园山东琴书志愿者服务基地”等6家曲艺场馆，开展“曲艺进校园”等曲艺传承活动，创作群口山东快书《喜爱家乡新变化》等曲艺作品26件。启动了“山东曲艺之乡”创建。

（五）成效性好

项目充分释放文艺的亲和力和感染力，搭建了政府与群众的桥梁纽带，成为了为老、为小、为困难群众、为需要心理疏导和情感慰藉群体、为社会公共需要等“五为”志愿服务的重要力量。推动文艺活动与美化百姓生活、宣传党委中心工作、补齐社会治理短板的完美融合，在提高群众文化满意度、倡树文明新风、占领意识形态阵地、破解硬核工作等方面发挥了重要作用，成为莘县2021年两个重点改革项目之一和聊城市2021年度、2022年度重点改革项目，县委常委会先后三次进行研究，县委深改会定期听取汇报。莘县满天星文艺志愿者服务总队成为山东省2021年学雷锋志愿服务“四个100”先进典型。试点村莘亭街道后高庙村村支书宫现武说：“村里有啥事，就找文艺志愿者服务队！”

二、需求分析

莘县位于山东省西部，冀鲁豫三省交界处，人口 114 万人，辖 24 个镇（街道），是“中国蔬菜第一县”“中国香瓜之乡”“中国双孢菇之乡”，部分蔬菜种植大镇农民收入较高，户年均达到 20 万元以上，生活相对富裕。随着乡村振兴战略、高铁新城建设、新旧动能转换等重点工作实施，莘县高质量发展进入关键节点和重要窗口期，既面临前所未有的压力挑战，又迎来难得的历史重大机遇。经调查论证后认为，确定“一个剧场唱全县”新时代文明实践文艺志愿服务项目，将有助于满足以下需求：

（一）凝聚引领群众的需要

在目前农村，一方面，在基层社会治理中，由于农业生产以一家一户为主，农民白天劳作时间相对固定，群众组织难、凝聚难的问题较为突出。另一方面，群众文化需求愈加强烈，跳广场舞的、扭秧歌的成群结队。据此以满足群众文化需求为抓手，建立一个凝聚群众、团结群众、引导群众的阵地，成为宣传部门面临的一个重要任务和一举两得的难得机遇。

（二）高质量发展的需要

能否充分发挥群众的主体作用，围绕中心、服务大局，动员全县上下心往一处想、劲往一处使，是共同绘就莘县高质量发展“同心圆”的重要因素。但是，由于部分基层群众对上级政策和决策部署了解不及时、解读不全面，导致对全县工作参与度不高、主动性不强。比如，在推进社保医保、美丽乡村、清洁取暖等惠民工程时，也出现过群众闭门不见不配合的问题。新时代文明实践文艺志愿服务，则能充分发挥文艺的柔性浸润作用，以文艺志愿者做桥梁、以文艺作品为媒介，宣讲政策，诠释工作，拉近干群关系，凝聚发展共识。

（三）精准满足群众文化生活的需要

调查显示，目前基层农村最普及的文艺活动是广场舞，参与者大多为农村中老年妇女，对男同志和年轻人缺乏吸引力，文艺活动的参与度相对不高，覆盖面相对不广，文艺水平普遍较低，缺乏能高水平传播时代精神、引领时代风尚的文艺活动和文艺作品，文艺的教化作用还有很大的提升空间。群众对高质量、多种类的文艺生活需求强烈，渴求高层次的专业培训和展示平台。

（四）文联深化改革的需要

如何更好发挥文联联系文艺群体、引导文艺群体、规范文艺群体的作用，组织动员各领域各层次各方面的文艺工作者、文艺志愿者乃至文艺爱好者投身党的文艺事业，是深化文联改革的一项重大课题。就县级文联深化改革来说，不仅仅是在镇（街道）、村建立文联组织，增加几个工作人员，服务于基层广大文艺工作者、文艺志愿者乃至文艺爱好者，而且还要把他们变成文联的工作力量，从而更好地延伸工作手臂，发挥纽带和桥梁作用。要实现这些，需要一个很好的平台和载体。

（五）新时代文明实践中心建设的需要

新时代文明实践中心作为党中央部署开展的一项重大决策，是推动习近平新时代中国特色社会主义思想深入人心、落地生根的重大举措。各地在建设的过程中，投入大量的人力物力财力建成了高标准的场所设施。但不可回避的是，有的新时代文明实践场所缺少专人管理，利用率相对较低，甚至个别地方常年“铁将军”把门，成群结队的群众文艺活动却在犄角旮旯里举办。主动将文艺群体的软件优势与新时代文明实践中心的硬件平台融合对接，将剧场建在新时代文明实践场所，实现文艺群体有舞台、文化设施能利用的高效统一，促进电影、图书、表演、宣讲、人气向新时代文明实践中心聚集，将真正起到“凝聚群众、引导群众，以文化人、成风化俗”的作用，成为新时代文明实践中心建设的点睛之笔。

三、项目总目标

项目总目标以推广普及新时代文明实践“文艺志愿者剧场”为抓手，探索一条以文艺志愿服务提高群众文化满意度、传播党的理论政策、助力中心工作、加强党的凝聚力、占领基层意识形态阵地的乡村善治新途径。

（一）提升群众的文化满意度

剧场建设的形式和内容没有统一的标准，是聚焦满足和匹配当地群众文艺所需，创新推进“点对点”高效供给，构建“群众点单、文联派单、志愿者接单、群众评单”的闭环服务机制，让群众通过文艺活动感受到党和政府的温暖，起到“聚民心，暖人心”的作用。

（二）激发群众的主体活力

人民群众是文艺的主体。他们的文化需求不仅在看，而且在演在创。成立新时代文明实践“文艺志愿者剧场”，就地搭建群众展示才艺和感悟见解的平台，动员广大群众由台下走到台上，由观众变成演员，增强人民群众的文化获得感、幸福感和主人翁意识，激活群众作为文艺主体的活力之源。

（三）创新基层社会治理模式

利用群众喜闻乐见的文艺形式将党的政策理论、中心工作的意义要求、社会良风美俗及身边的好人好事呈献给观众，让“身边的人唱身边的事”，相关活动既有娱乐性，极易引发共鸣，使群众愿意看、坐得住、听得进、有触动，也有指导性，让群众听党话、感党恩、跟党走，从而凝聚社会共识，降低社会管理成本，探索一条以文艺凝聚发展合力、推进乡村善治的新路径。

项目目标表

年份	目标类别	目标描述
2021	范围	建立县级剧场1处，三个试点镇（街道）各建立镇级新时代文明实践文艺志愿者剧场1处，9个试点村各建立村级剧场1处，以点带面，带动其他镇（街道）和重点文艺村建立各具特色的剧场
	质量	截至2021年12月，建成县、镇、村三级“新时代文明实践文艺志愿者剧场”165个
2022	范围	在适当增加剧场数量的情况下，巩固提升现有剧场运作水平和活动质量，打造活动品牌
	质量	截至2022年12月，所有剧场逐步实现“运行有机制、经费有保证、场所有保障、提升有培训、展示有平台、活动有效果”规范化运行
2023	范围	在全县所有行政村，全面建成新时代文明实践文艺志愿者剧场
	质量	实现新时代文明实践文艺志愿者剧场自我服务、自我规范、自我发展的良性发展态势，形成“好人好事处处唱起来，良风美俗村村推得开”乡村善治新气象

四、组织管理

“一个剧场唱全县”新时代文明实践文艺志愿服务项目由县委宣传部、县委改革办、县文联负责统筹协调、督促考核，各镇（街道）负责后勤保障，各级文联成立各级文艺志愿队伍负责剧场的组织运行，共同构筑“一个剧场唱全县”的一张网组织管理服务格局。

（一）部门协同一体联动

突出文艺载体作用的发挥，将项目工作主动融入全县发展大局。成立以县委常委、宣传部部长为组长，县委改革办、县文联主要负责人为副组长，各镇（街道）主要负责人、县直相关单位负责人和文艺家协会负责人为成员的项目组（工作专班）。项目组定期不定期听取工作汇报，督促项目进展，解决相关困难，将剧场活动和当前重点工作进行融合，彰显文艺赋能作用。

（二）纵向延伸手臂建组织

镇（街道）全部成立镇（街道）文联，重点文艺村探索建立由支部书记任负责人的村级文联。镇（街道）、村文联牵头，组织成立并规范壮大各自的文艺志愿者队伍，负责文艺志愿者剧场的成立和运行。

（三）横向依托协会延触角

县舞协、曲协、剧协、音协等 11 家专业协会和 57 家镇（街道）文艺协会、文艺组织，先后成立新时代文明实践文艺志愿者专业分队 78 支，负责各剧场文艺培训和业务指导。

五、项目实施

“一个剧场唱全县”新时代文明实践文艺志愿服务项目，是一项文艺培训、文艺创作、文艺展演、才艺大赛四位一体的系统工程。为保障项目顺利进行，重点做好以下几项工作：

（一）聚焦培训夯基础

按照资源共享、梯次推进的原则，县级剧场培训镇（街道）剧场、镇（街道）剧场培训村级剧场，专家培训志愿者、志愿者培训群众，采取集中培训、现场培训、以演代训和实地指导相结合的方式，系统建立县、镇

（街道）、村一体的三级培训指导体系，提升剧场文艺活动的吸引力、参与度和感染力。

一是定期培训举旗定向。定期邀请理论专家和其他专业人才，进行以习近平新时代中国特色社会主义思想、国家大政方针、地方发展大局和全县中心工作及志愿者服务理念、志愿者团队组织建设等内容的培训。

二是龙头引领示范带动。整合县内优质文艺志愿者资源成立县级文艺志愿者队伍，全力打造县级剧场——燕塔剧场。燕塔剧场成立宣讲组、表演组、培训组等特色队伍，精选指导老师定期上门对镇（街道）、村剧场开展专业指导，精选文艺骨干下沉一线开展文艺展演示范。

三是按需定制精准培训。对照下级文艺需求进行全面梳理并制定文艺培训“菜单”，开展精准培训。同时建立培训后续评估机制，开展入户回访，掌握培训效果，精准把握群众诉求，系统梳理群众建议，持续改进培训方式。

（二）狠抓创作重引领

县文联、镇（街道）文联聚焦全县重点工作和重要时间节点，适时邀请专家进行创作主题策划论证，确定重点创作主题。定期或不定期地组织艺术家、文艺志愿者围绕中心工作，深入生产生活一线进行采风，根据真人真事，创作反映时代精神、展现地方变化、引领社会风尚、鼓舞群众士气的作品。由于广大志愿者来自基层，了解群众心声和爱好，创作的文艺作品“沾泥土”“带露珠”“冒热气”，内容围绕讲国事、家事、身边事、自身事，接地气，拢人气，受到了群众的热烈欢迎和强烈共鸣。再由各级龙头剧场和其他优秀文艺志愿者剧场排出节目样本进行巡回展演，印制或录制作品集进行下发，三级剧场共享共用，进行排练打造，淬炼精品。表扬奖励优秀作品，积极推介优秀作品参加上级平台展演和评奖。

（三）强化演赛铸品牌

常年引导各级剧场开展多种形式的展演、巡演和文艺大赛，实现各级剧场的各种演出遍地开花，络绎不绝，营造新时代文明实践文艺志愿服务的浓厚氛围，提升文艺志愿者剧场服务水平和影响力，造就一大批优秀剧场、优秀节目和优秀人才，叫响“一个剧场唱全县”的新时代文明实践文艺志愿服务品牌。一是线下剧场触手可及。各级剧场成立文艺宣讲小分队，以集中宣讲和入户走访相结合的方式通过曲艺、戏曲、歌曲等群众喜闻乐见的形式及时对党的政策理论进行诠释解读，推动习近平新时代中国特色社会主义思想入脑入心，飞入寻常百姓家。围绕重要时间节点和中心工作，引导各级剧场举行“3·5学雷锋文艺演出进乡村”“5·23万名文艺志愿者进基层”“庆双节文艺志愿者才艺大赛”“乡村振兴春晚”等活动，并逐级选拔出优秀节目参加县级大型演出，同时推介优秀节目和优秀人才到上级演出。二是线上媒体云端推介。充分发挥网络平台灵活、高效、实时的优势，鼓励文艺家协会、文艺爱好者注册今日头条、快手等新媒体账号，“莘县文艺”微信公众号、莘县视角今日头条、大爷帮抖音号等线上剧场，持续推送文艺节目和文艺技能培训的宣传片、短视频，实现了全方位、立体式、无缝隙“24小时”全覆盖，并汇总和优选各类信息及时上报上级媒体。

六、项目进度计划

项目分三个阶段完成，每个阶段一年，从2020年11月开始运行。第一阶段启动试点，第二阶段巩固提高，第三阶段推广普及。结合实际制订如下进度计划。

第一阶段：成立组织，制定方案，确定试点。全县24个镇（街道）、重点文艺村成立文联组织，组织各级文艺志愿者队伍，成立新时代文明实践文艺志愿者剧场，开展系列活动。

第二阶段：规范队伍，提升水平。立足特色、树立典型、打造品牌。

第三阶段：走访调研，总结经验，全面推广，建立长效机制。

七、项目经费来源

莘县“一个剧场唱全县”新时代文明实践文艺志愿服务项目坚持“多方联动、节俭高效”原则，所需资源和经费主要来自中国文联、省文联文艺志愿专项经费支持，市专项经费支持，县、镇（街道）乡村振兴经费专门列支和参与部门单位赞助。同时广大文艺志愿者充分发挥“奉献、友爱、互助、进步”的志愿服务精神，乐器、服装、道具多是志愿者自备。

八、风险分析

“一个剧场唱全县”是基层大范围开展的常态性群众文化艺术活动，有大量的现场观众和网络观众参与。为了预防活动开展过程中可能遭遇的风险和干扰因素以减少损失，全面预测潜在的意识形态、党风廉政、交通安全和突发事故等风险，需制定应急预案、细化风险清单并明确具体措施。

疫情风险。根据疫情发展态势，及时制定现场人数控制、防控物资准备等防控方案。不可控的情况下倡导开展网络活动。

意识形态风险。所有剧场创作、参演的作品全部由各级文联进行审查，坚决防止意识形态事件发生，防止出现低俗、庸俗、媚俗的文艺作品。

廉政风险。严格按照相关规定，加大对项目资金使用情况的监管，并根据全年各项目《审计报告》审定结果结算。

其他安全事故风险。活动在开始前及时报备，根据每场活动全面预测潜在风险，列出风险清单，制定应急预案。

九、项目机制建设

（一）激励机制

参加志愿活动作为“燕塔文艺奖”评选的加分项目，获奖后授予证书和一定数额奖金；每年开展优秀文艺志愿者、“时代风尚”先进典型评选、举行文艺志愿者才艺大赛，对于贡献大、专业素质强的文艺志愿者向上推介先进个人，作为后备力量积极推荐加入党组织，优先吸纳加入党组织，积极向上推介先进个人。

（二）考核机制

将“一个剧场唱全县”纳入宣传系统和改革创新的目标考核，由县委宣传部、县委改革办牵头，县文联负责，县直有关部门和各镇（街道）配合，对各级文艺志愿者剧场场所布置、文艺志愿者队伍活动、优秀作品创作、活动效果等情况进行考核验收，决定考核分数和名次，决定下年度项目支持和资金扶持。

（三）保障机制

为保障文艺志愿者深入基层、深入偏远地区无后顾之忧，项目组推广应用中国文艺志愿服务智慧平台，注册“莘县文学艺术界联合会”“莘县古云镇文学艺术界联合会”“莘县十八里铺镇文学艺术界联合会”“莘县莘亭街道文学艺术界联合会”等账号。项目组为文艺志愿者提供 10 万元安全保险。

“文艺进万家　健康你我他”
“快乐星期天”罗庄区新时代文明实践文艺志愿服务项目

一、项目简介

“快乐星期天”新时代文明实践文艺志愿服务项目（以下简称项目）是罗庄区文联打造的一项群众自发性文化活动，萌发于傅庄街道幸福小镇社区。该社区地处城乡接合部，人员结构较为复杂，为解决社区部分群众思想涣散，沉迷于宗教信仰、打牌赌博、吵街骂巷等问题，成立了一支由爱好文艺的退休教师、退休工人和其他社区群众组成的文艺志愿服务队，利用星期天在社区进行文艺演出。活动的开展，使社区治理得到极大改善。区文联因势利导、由点到面、全面推广，通过成立区、街镇、社区（村）三级新时代文明实践文艺志愿服务队，每个星期天在各社区（村）以“吹拉弹唱演”的形式进行文艺演出，将党的政策、理论宣讲，文艺表演与情感交流有机融合，使群众在欢声笑语中潜移默化地接受精神洗礼，既满足了人民群众日益增长的精神文化需要，又实现了宣传群众、教育群众、引领群众、服务群众的基层社会治理目标，进一步弘扬、践行了沂蒙精神，巩固了农村意识形态阵地和党的执政基础。

自 2020 年以来，项目经历了先行试点和全面推广两个阶段，现已覆盖全区 8 个街镇、80 多个村，成立区、街镇、社区（村）新时代文明实践文艺志愿服务队 120 支，举办文艺活动 600 余场，有 5 500 余名文艺爱好者参与其中，现场观看群众超过 16 万人，通过网络直播、手机媒体等辐射带动 180 余万人次，产生了传思想、树新风、育新人、聚民心的良好效应。"快乐星期天"逐渐成为罗庄区"永不落幕的基层文艺大舞台"。

二、需求分析

该项目作为群众自发性文化活动，在活动初期，虽已在幸福小镇社区治理中取得良好成效，但是否具备深化实施、全面推广的条件，还需根据政策部署、罗庄实际、问题需求、项目可行性等因素进行综合考量。在项目前期调研分析的基础上，我们认为"快乐星期天"项目满足以下需求：

通过文艺志愿服务推动新时代文明实践工作的需要。建设新时代文明实践中心是党中央从战略和全局出发作出的重大决策。中央办公厅印发的《关于建设新时代文明实践中心试点工作的指导意见》指出，文明实践的主体力量是志愿者，主要活动方式是志愿服务。调研发现，文艺志愿服务的方式更加生动鲜活、接地气、有温度，更有利于提高群众参与度，是基层宣传思想文化部门在具体推动新时代文明实践工作中精准对接群众需求、切实解决实际问题的有力手段。

贯彻落实"文艺进万家　健康你我他"工作理念的需要。2020 年，山东省委宣传部提出了以"文艺进万家　健康你我他"为主题主线，开展新时代文明实践文艺志愿服务,建立“永不落幕的基层文艺大舞台”的工作要求。基于这一要求,“快乐星期天”项目满足三方面内容：一是罗庄区基层文艺爱好者数量众多，确保项目的人员保障和覆盖面。二是项目本身是群众自发形成的，群众基础好，符合基层实际，群众参与度高。三是项目以文艺志愿服务的形式开展，融合党的政策教育、理论宣讲，具备促进身体健康和心理健康“双轮驱动”因素。

发挥文艺力量弘扬沂蒙精神的需要。习近平总书记视察山东临沂时发表重要论述，鲜明标注了“沂蒙精神与延安精神、井冈山精神、西柏坡精神一样，是党和国家的宝贵精神财富”。这一定位，赋予了山东临沂“不断结合新的时代条件发扬光大沂蒙精神”这一重任。进入新时代，弘扬和践行沂蒙精神迫切需要搭建密切联系群众的新载体、新平台。广泛开展群众性精神文明实践活动，将沂蒙精神的历史价值和时代内涵，通过“快乐星期天”新时代文明实践文艺志愿服务项目的实施传达给广大人民群众，不仅能够让群众在潜移默化中受到沂蒙精神的丰沛滋养，还有助于把沂蒙精神转化为罗庄区高质量发展的强大思想动能。

提升罗庄区基层社会治理水平的需求。罗庄区隶属于山东省临沂市，是1994年12月设立的县级行政区,现辖5个街道、3个镇,1个省级经济开发区,面积500平方千米,户籍人口68万人。罗庄区是临沂主城区的南大门,素有“南工重地”之称，外来务工人员较多，群众思想较为活跃。随着经济的发展和生活水平的提高，群众的精神文化需求不断增加，业余文化生活的匮乏，使一些群众，特别是老年人沉迷于宗教信仰、打牌赌博。解决这些问题迫切需要探索建立“文明实践 + 文艺志愿服务 + 社区治理”的新模式，将精细化的群众工作嵌入到社区治理全过程，通过新时代文明实践与文化文艺活动的有机结合，实现满足群众精神文化需求和社区治理引导的融合统一。

三、项目总目标与里程碑计划

“快乐星期天”新时代文明实践文艺志愿服务项目，关注的不是一时的送文艺、送活动、送服务，而是搭建一种“种文化、强服务、惠民生”的载体平台。由开始的群众自发性的、单向的、短时的、自下而上的文艺活动，转为政府引导性的、多元的、长期的、自上而下的，可实现全方位覆盖、常态化开展、规范化运作的品牌项目，从而打造“永不落幕的基层文艺大舞台”。

据此，项目组确定该项目的实施周期为三年，2020 年试点探索，2021 年全面推进，2022 年精细落实，并讨论协商确定出项目的实施目标。

项目目标表

序号	目标类别	目标描述
1	范围	举办活动 450 余场，5 500 余名“百姓演员”参与，现场观看群众超过 16 万人，通过网络直播、手机媒体等辐射带动 180 余万人次
2	时间	2020 年 10 月—2022 年 12 月： 2020 年选取 8 个社区试点推进； 2021 年实现全面推广，覆盖 8 个街镇，80 个社区（村），吸纳文艺志愿者 5 500 余名，建立各级文艺志愿服务队 120 支； 2022 年总结项目成果，进一步完善、规范项目程序，新扩展 50 个社区（村），逐步实现社区（村）全覆盖
3	成本	主要来自政府鼓励、街镇配套、企业赞助和群众筹集
4	质量	参与群众随机抽样调查满意度不低于 90%，各街镇基层文艺志愿者数量和服务时长较上年增加 15%，新创作文艺节目较上年增加 10%

针对项目的目标要求，项目组结合项目自身特点和各方实际情况，分析确定项目的主要里程碑事件，制作了反映项目重大里程碑事件关系的里程碑计划表。

项目里程碑计划表

序号	任务名称（结束）		2020年	2021年			
			10—12月	1—3月	4—6月	7—9月	10—12月
1	前期准备	项目调研分析	◆12月15日				
		项目总体方案		◆1月25日			
2	启动部署	组建领导小组		◆2月13日			
		发布项目通知		◆2月20日			
		制定试点计划		◆3月11日			
3	计划统计	试点项目预算			◆4月1日		
		初步成效汇总			◆5月15日		
4	筹备指导	安保应急预案		◆3月20日			
		场地设备		◆3月21日			
		人员安全保障		◆3月21日			
5	活动实施	项目推进大会			◆5月30日		
		全区品牌推广			◆6月1日		
6	总结表彰	提报推优				◆8月15日	
		统计总结					◆10月15日

四、组织管理和团队建设

项目是在新时代文明实践体系框架下，一项具体的文艺志愿服务活动。在项目的具体实施上需要区委宣传部发挥统筹调度、集中管控的作用。区文联作为具体实施单位，制定总体策划方案，实时跟进调整，指导街镇、社区（村）落实项目。宣传发动、资金保障、组织规范、人员培训等方面的问题，需要区融媒体中心、区民政局、区文旅局等部门单位协同处理。各街镇、社区（村）、文艺志愿者是实施项目的基础单位，在项目能否实施到位中发挥至关重要的作用。

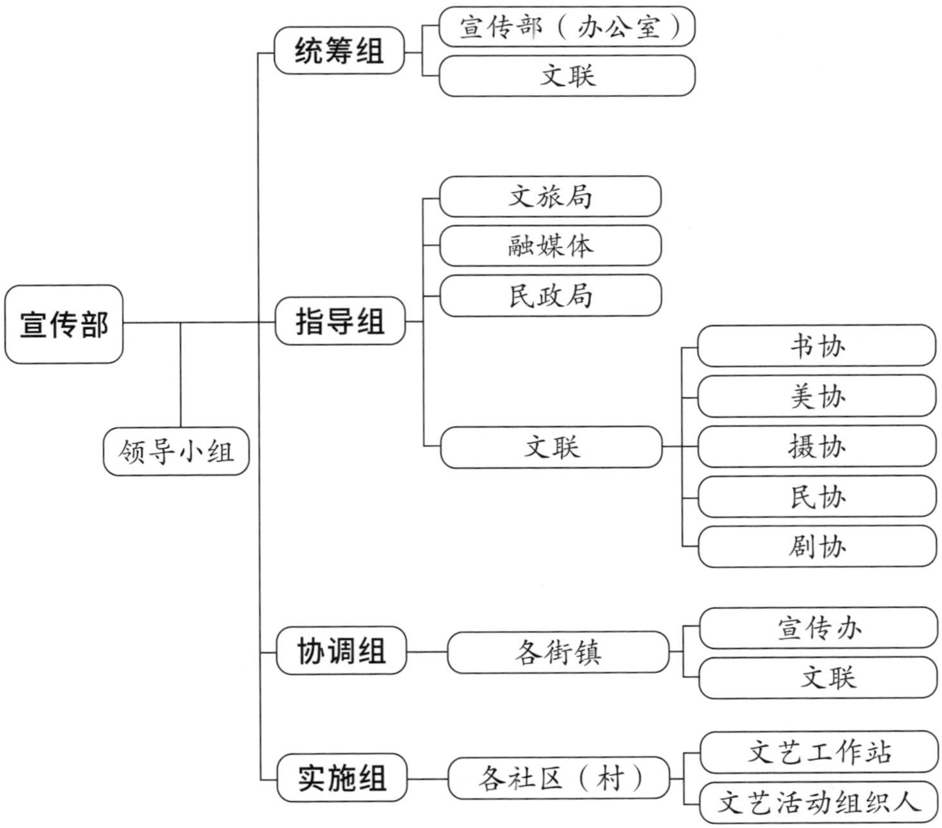

项目组织结构示意图

基于此，由区委宣传部从各相关部门单位抽调人员组成项目团队，项目团队在项目负责人的领导下，完成项目工作，同时结合项目实际情况，成立以区级分管领导为组长，各相关区直部门单位主要负责同志为副组长，各相关区直部门单位具体负责同志、各街镇分管负责同志和区相关文艺协会主席为成员的项目领导小组，协同推进项目开展。

项目组织机构和人员确定后，除启动会外，还会对项目团队成员开展两次培训。第一次是对各街镇、社区（村）的活动联系人、信息员和其他工作人员进行工作培训，第二次是对各街镇、社区（村）"快乐星期天"活动组织负责人进行具体的活动组织实施培训。这两次培训既是工作部署指导、任务分配的过程，也是团队建设交流和相互促进的过程，有利于全体成员明确工作要求，掌握流程方法，做好各项筹备组织工作。活动的相关标准和要求包括：

（一）活动组织方面

1. 尊重群众意愿，物色政治素质高、文艺素养强、有一定组织能力、具有奉献精神的同志作为活动召集人，组织策划本社区（村）的"快乐星期天"活动，充分发挥农村文艺骨干、文化能人的积极性、主动性和创造性。

2. 每个街镇首先选择 2—3 个社区（村）或群众经常聚集的地方作为试点进行建设。场所可以是文体活动室、文化广场、小公园、凉亭等，并协调配备话筒、音响、桌椅板凳、遮阳伞等基础设备。规模较小的社区（村）也以工作区为单位，或 2—3 个村联合打造一处活动场所，并做好支持保障工作。

3. 在活动举办地的显著位置统一悬挂"新时代文明实践文艺志愿服务"和"文艺进万家　健康你我他"主题口号条幅及标志，注重营造氛围，宣传引导群众积极主动参与。

4. 节目内容积极向上、贴近生活，反映各社区（村）风土人情、亮点特色、近年来的改革发展成果和人民良好精神风貌，确保政治方向、舆论导向和价值取向正确，弘扬时代主旋律、传递社会正能量。

（二）活动环节方面

根据各地实际情况设置，主要包括：

1. 表彰慰问环节。评选“文明家庭”“好婆婆好媳妇”“罗庄好人”“新时代文明实践示范户”等，并进行表彰；慰问老党员、军烈属、道德模范、劳动模范等先进典型，增强仪式感和荣誉感，引导百姓向上向善向美。

2. 政策宣讲环节。组建“百姓宣讲团”，采用街头宣讲、集市宣讲、直播宣讲、说唱宣讲等形式，开展党的十九届六中全会精神、党的创新理论、政策法律法规、沂蒙精神的宣讲，用身边人讲身边事，用生活的事说临沂、罗庄区改革发展的理，让群众听得清、听得懂、听得进。

3. 文艺表演环节。将工业强区、移风易俗、环境保护、美在农家、乡村振兴等内容，以小品、歌舞、戏曲、书画等群众喜闻乐见的形式在舞台上呈现，让百姓更容易理解和接受党的十八大以来的路线方针政策，营造喜迎党的二十大胜利召开的浓厚氛围，鼓舞激励群众在新时代建功立业。

4. 观众互动环节。开展诵读家规家训活动，拍摄“全村福”“全家福”等合影，设置“革命歌曲大家唱”“幸福百家宴”等互动环节，激发群众爱党爱国热情，增强群众的向心力、参与感和归属感，教育引导群众感党恩、听党话、跟党走。

5. 抽奖环节。有条件的可增加抽奖环节，设置奖品或者将艺术家创作的书画作品，比如春联福字等作为奖励，参与文艺活动表现突出的可以免费跟班学习，进一步增强与日常文艺活动的关联度，增加活动的群众参与度和黏合度。

五、工作范围分解

工作范围分解的主要目的和作用是明确项目的工作范围和工作内容，确保项目结构的系统完整和清晰透明，以便大家能够有计划地安排和实施项目的各项工作内容。

“快乐星期天”罗庄区新时代文明实践文艺志愿服务项目是一个立体式、系统性的活动项目，涉及的范围较广，工作内容较多，其中核心工作包括：

（一）宣传发动

召开区直有关部门、各街镇分管负责人会议，安排部署活动有关工作，明确工作职责，进行动员部署，广泛宣传发动；对街镇、社区（村）的活动联系人、信息员和其他工作人员进行工作培训，明确工作要求，做好各项筹备工作。

（二）信息统计

统计收集汇总街镇、社区（村）“快乐星期天”活动演出场次和活动工作人员有关信息，建立完善的工作系统和畅通通信联系，汇总需要培训的活动工作人员和需要指导的部分重点节目信息。

（三）筹备指导

街镇重点对有关社区（村）“快乐星期天”活动组织负责人进行具体的活动组织实施培训，对需要指导的部分重点节目、文艺骨干进行指导。

（四）训练彩排

各街镇、有关社区（村）结合各自实际，分别进行训练彩排，个别节目可单独联系有关同志到社区（村）进行指导。可以通过网络直播的形式，对排练的节目和相关文艺人员进行点对点的培训指导，增强培训的针对性。

（五）活动实施

各街镇、有关社区（村）根据各自实际情况，组织开展“快乐星期天”活动。活动不提具体时间点，可以设置大致时间段。活动开展期间，区级融媒体平台可通过在线直播的形式对活动进行报道，也可发动社区（村）群众通过微信群、朋友圈、网络直播等渠道，及时宣传各自活动开展情况，形成群体效应。

（六）总结表彰

总结表彰分季度进行。由区委宣传部牵头，区文联负责，区直有关部门和各街镇配合提报，对本次全区“快乐星期天”活动作总结，并对本次活动的优秀节目、优秀演员、优秀工作者、先进集体、优秀文艺志愿者等进行表彰。活动组织开展情况和表彰成效与文明村镇、文明社区评选推荐情况挂钩。

为了进一步明确项目的工作范围，项目团队以项目目标体系为指导，按照工作分解结构的原理，采用头脑风暴法对项目进行了分解，尽可能多地挖掘项目的工作单元，然后通过分析和总结，并与项目利益相关者协商讨论，最终确定项目的工作分解结构。

六、责任矩阵

“快乐星期天”活动的基本责任分工为：

活动的总体策划、协调各部门单位、宣传报道由区委宣传部牵头负责，各有关部门、各街镇、各社区（村）配合。

新时代文明实践主题展现，“文艺进万家　健康你我他”活动，“文明家庭”“新时代文明实践示范户”“最美文艺志愿者”等评选由区文明办负责。

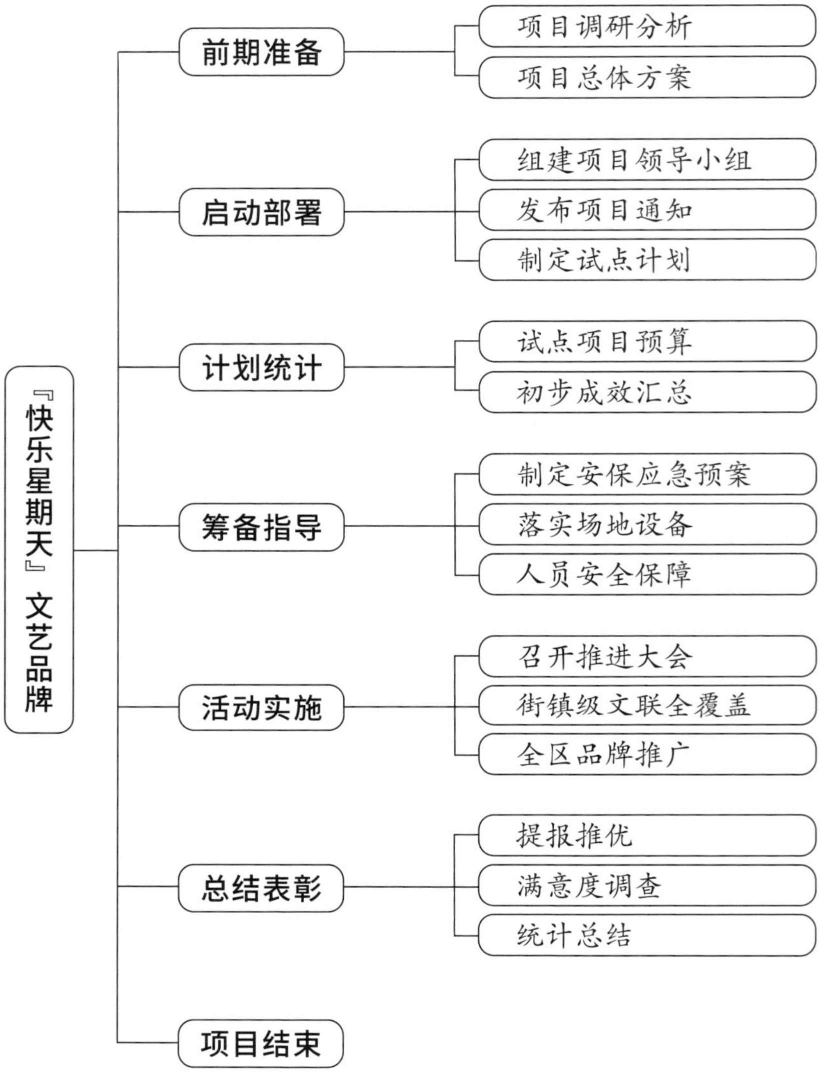

项目分解结构示意图

活动前期文艺骨干培训、节目指导由区文联负责。

活动具体实施推进由区委宣传部牵头，区文联具体负责，各有关区直部门、各街镇、各有关社区（村）、区文联各协会负责配合落实。

为了对项目执行进行有效的监督、协调和管理，使项目团队成员清晰地了解项目中每一项具体工作的责任承担情况，促进团队成员间对各项工作内容的有效沟通和紧密配合，项目团队采用责任分配矩阵的形式对承担项目工作任务的各方的责任进行了进一步细化和界定。

项目责任矩阵表

序号	工作名称	宣传部	宣传部办公室	文联	融媒体	民政局	文旅局	财政局	街镇	村居
1	前期准备									
1.1	项目调研分析	◆	○	▲	○	○	○	○	○	○
1.2	项目总体方案	◆	○	▲	○	○	○	○	○	○
2	启动部署									
2.1	组建项目领导小组	◆	▲	○	○	○	○	○	○	○
2.2	发布项目通知	◆	▲	▲	○	○	○	○	○	○
2.3	试点推进计划	◆	○	▲	○	○	○	○	○	○
3	计划统计									
3.1	试点项目预算	◆	○	▲	○	○	○	▲	○	○
3.2	初步成效汇总	◆	▲	▲	○	○	▲	○	○	○
4	筹备指导									
4.1	制定安保应急预案	◆	▲	▲	○	○	○	○	▲	▲
4.2	落实场地设备	◆	○	○	○	○	▲	○	▲	▲
4.3	人员安全保障	◆	○	▲	○	○	○	○	▲	▲
5	活动实施									
5.1	召开推进大会	◆	▲	▲	○	○	○	○	○	○
5.2	街镇级文联全覆盖	◆	▲	▲	○	○	○	○	○	○
5.3	全区品牌推广	◆	▲	▲	○	○	○	○	○	○
6	总结表彰									

续表

序号	工作名称	宣传部	宣传部办公室	文联	融媒体	民政局	文旅局	财政局	街镇	村居
6.1	提报推优	◆	○	▲	○	○	○	○	▲	○
6.2	满意度调查	◆	○	▲	○	○	○	○	○	○
6.3	统计总结	◆	▲	▲	○	○	▲	○	▲	▲
7	项目结束	◆	▲	▲	○	○	○	○	▲	▲

注：▲负责　○参与　◆监督

七、时间进度计划

准确编制项目进度计划，需要确定项目各项工作的先后关系，同时估计各项工作的工作量和延续时间。“快乐星期天”活动是一个系统的综合工程，涵盖面广、涉及内容多。项目的实施周期为 3 年，2020 年试点探索，2021 年全面推进，2022 年精细落实。项目集中在每个星期的星期天开展活动。这就要求区文联组织专业协会加大对活动的业务指导力度，既培训文艺人才又要帮助组织策划、编排节目。这个过程中，重点要求区文联的统筹推进和各专业协会、村、社区的组织落实。实施过程中，有些工作之间存在明确的先后关系，有些工作则可以平行进行，先后关系并不明确，需要灵活掌握，便于高效执行。

经过各方讨论、分析研究，综合资源供应、保障条件、工作效率等情况，并结合历史信息，项目团队依据项目的工作分解结构和各种限制约束条件等，制订了以甘特图表示的项目进度计划。

项目甘特图

八、项目资源和费用计划

项目建立了“区级统筹、街镇补助、协会扶持、社会力量赞助”的支持保障机制，区级单位为 8 个重点示范演出剧场拨款 20 万元，根据演出场次、剧目、参与群众数量等给予资金支持。对为方便群众而建立的各类“口袋剧场”，由街镇和社区（村居）进行管理和提供服务，予以必要的资金补助。

各类文艺家协会通过“互利共赢、文艺惠民”的方式，给予活动支持，鼓励社会力量按程序提供“快乐星期天”演出赞助。

在项目计划阶段，实施活动的各有关单位结合历史信息，对各项工作所需的资源和费用进行详细的计划、评估，并确定落实和管理的负责人、监督人。项目执行阶段，相关责任人根据实际情况完成资源和费用计划管理表，资源费用有困难的单位可请求项目组协调。项目总结收尾阶段，项目组统计汇总各单位的资源费用数据，监控活动的整体资源消耗，并与活动效果进行对比分析，不断改进提高未来活动的能效、水平和群众的满意度。

项目资金和费用计划管理表

序号	资源类型	资源名称	数量	标准单价	金额	来源	联系方式	落实情况及日期	使用发放情况	负责人	监督人	备注
1	人力	工作人员	10人			各社区						
		演职人员	30人			各社区文艺志愿者						
2	用餐	中餐	50份			社区提供						
3	场地	排练场地	1间			社区提供						
		演出场地	1间			社区提供						
4	设备	音响	1套			社区提供						
		二胡、锣鼓等	1套			团队自备						
		摄影摄像机	1套			摄影师自备						
5	物料	背景板	1块	** 元	** 元	社区提供						
		条幅	1条	** 元	** 元	社区提供						
		书画活动相关物件				社区自备						
6	奖品	奖牌										
		证书										

九、风险分析

“快乐星期天”罗庄区新时代文明实践文艺志愿服务项目是罗庄区委宣传部、区文联在全区范围内开展的常态化的群众文化艺术活动。项目涵盖全区所有社区（村），范围广，涉及人员多，既要本社区（村）和周边社区（村）文艺爱好者参与，又有大量群众围观参与，加之常态化疫情防控形势严峻，其风险具有较强的独特性。为精心、精准、有效地组织落实好项目，全面预测潜在的意识形态、党风廉政、交通安全和突发事故等风险，需制定应急预案，细化风险清单，明确具体措施。

在项目组中，设置风险管理专员。在街道（镇）层面由分管负责人兼任风险管理专员，在社区（村）层面由一名“两委”干部兼任风险管理专员，具体负责风险管理工作。

区委宣传部、区文联分别派出一名副科级干部，组织专家评委会，对项目中的参演作品进行初评、中评、终评，严格审查审核，坚决防止出现低俗、庸俗、媚俗的节目，确保意识形态风险评估不出问题。

严格按照相关规定，加强对项目资金使用情况的监管，并根据全年各项目《审计报告》审定结果结算。

针对项目实施，商讨制定疫情防控应急预案，严格落实常态化疫情防控工作要求，现场准备口罩、酒精等防疫物资，文艺志愿者及现场观众均需佩戴口罩和出示健康码，每场活动人数控制在 100 人以内。

制定线上开展活动的备用方案，探索建立“互联网 + 文艺”志愿服务创新模式，利用“快手”“抖音”等网络平台进行线上直播，制作舞蹈、歌曲等小视频，开办网络文艺培训直播课。

项目风险管理表

风险识别					风险应对			风险监控			
序号	起始日期	风险描述	发生概率	危害程度	应对措施	责任人	计划结束日期	风险状态	跟踪人	处理结果	实际完成日期
1		演出内容意识形态风险									
2		党政干部廉政风险									
3		评优奖励公正性引发异议的风险									
4		演出现场人员突发疾病风险									
5		演出现场财物损毁、遗失风险									
6		演出现场发生踩踏、火灾等公共安全事故风险									
7		演出现场临时停电、设备故障风险									
8		演出现场或网络上出现恶意阻扰的风险									
9		活动期间出现极端天气、自然灾害、重大疫情、突发紧急情况的风险									
10		活动数据统计不准确的风险									

十、项目实施与控制

（一）项目推进机制

项目需要建立项目管理信息系统，加强统筹、协调，建立完备的沟通机制，将项目计划落实到整个项目的实施过程。具体包括：

1. 建立“快乐星期天”项目群。将项目的组织者、管理者、活动人员、保障人员等一并拉入群，保证信息和文件传递的及时、畅通。在项目推进过程中，由区委宣传部、区文联监督项目进度和活动开展情况，协调解决项目实施过程中出现的问题和需要多部门协同解决的问题，积极搭建密切联系服务群众的新渠道。

2. 实行项目会商推进机制。每月上旬，区级领导召开协调会商会议，交流各部门单位工作进展情况，协调解决项目实施过程中发现的重大问题和各部门单位配合中存在的问题，并针对问题明确责任清单、任务清单和时限清单，以促进各项项目计划顺利推进和高效实现。

3. 落实绩效考核机制。区文联制定了项目激励考核工作机制，将社区（村）、街镇举办的活动，纳入全区文化艺术工作考核。具体考核内容表现在节目表演数量、活动开展情况、群众反响、网络点击量等方面。

4. 落实基本保障机制。为让文艺志愿者深入群众、深入偏远街镇、村、社区无后顾之忧，区文联集中为优秀文艺志愿者购买人身意外保险，给予一定数量的生活补贴。

（二）项目控制

项目组在实施过程中采取了以下控制措施：

1. 状态跟踪。以项目计划和目标为基础，安排专人及时跟踪、记录执行的实际情况，对于项目进度情况、资源费用的落实和使用情况、活动筹备实行重点盯靠，看是否符合标准要求，是否符合风险评估措施要求和群众需求。

2. 偏差分析。成立由区、街镇、社区（村）三级新时代文明实践文艺志愿服务队骨干组成的项目评估小组，将项目实际执行情况与目标和计划进行对比，动态分析出现的偏差和可能出现的偏差，经项目团队集中研究评判后，制定调整工作方案，改进完善工作措施。

3. 偏差调整。对偏差和缺陷进行规范化调整处理，可通过调整工作方案进行整改，继续实施的予以保留，对于严重偏离计划指标且无法进行规范化处理的及时舍弃并对可能造成的不良结果的采取手段进行规避。

借助上述控制体系，2021 年“快乐星期天”罗庄区新时代文明实践文艺志愿服务项目在各部门单位的大力支持及项目团队的共同努力下基本完成。2022 年，临沂市罗庄区将以迎接党的二十大为主线，坚持守正创新，坚守以人民为中心的立场，聚焦文化文艺创新力建设，以该项目建设为引领，持续在宣传形式、结构、手段和平台整合上用心用力，全力深化拓展新时代文明实践工作，不断提高群众的幸福感和满意度。

“文艺进万家　健康你我他”
“驿站诗歌小镇”南五十家子镇新时代文明实践文艺志愿服务项目

一、项目简介

“驿站诗歌小镇”南五十家子镇新时代文明实践文艺志愿服务项目（以下简称项目），河北省平泉市南五十家子镇文联为全面贯彻中国文联、河北省文联关于建设新时代文明实践中心有关部署要求，精准落实新时代文明实践文艺志愿服务试点建设，推进“文艺进万家，健康你我他”文艺志愿服务向基层延伸、向农村拓展而实施的新时代文明实践文艺志愿服务项目。

该项目于2020年5月正式启动，由平泉市南五十家子镇文联组织实施。项目坚持以镇（村）文联组织为引领、以新时代文明实践所（站）为依托、以新时代文艺志愿服务为主体、以打造“驿站诗歌小镇”为目标，充分利用文艺资源集聚、文艺人才突出、文艺发展势头强劲的优势，先后开展了“诗歌进农家，陶冶你我他”、“一滴水”感恩基金、“书香门第”、“爱心联盟超市”等系列文艺志愿服务活动，在弘扬主旋律传递正能量、树立乡风文明新风尚、满足群众精神文化生活需求和提升农村公共文化服务水平等方面发挥了重要作用。推动全镇12个村实现文艺社团组织全覆盖，发展文艺志愿服务队48个，团结凝聚镇村文艺志愿者500余名长期活跃在基层一线，已成为该镇打造的一支守在群众身边带不走的“文艺志愿军”。该项目有以下三个特点：

1. 突出政治性。始终坚持正确的政治方向，把弘扬主旋律、传播正能量作为项目建设的出发点和落脚点，把文艺志愿服务同助力乡村振兴、促进基层党建、助推乡村治理等相结合，构建起“党委领导、文联负责、志愿者执行”的组织体系，通过组织镇村文艺志愿者深入基层创作反映民生的优秀作品，开展群众喜闻乐见的文艺活动，把党的温暖和富民政策“第一时间”送到群众心中。

2. 突出文化性。坚持以文润镇、以文育人、以文兴业的发展理念，全力推进文产共进。立足地方文化特色和群众需求，先后吸引承德市郭小川研究会创作基地、承德市诗词楹联学会、平泉市作家协会、平泉市书法家协会、平泉市诗词协会等落户驿站诗歌小镇，助推15名村民“破格”加入承德市级各文艺家协会。以开展文艺志愿服务为载体，先后举办建筑技术工种、家庭“保姆”、“月嫂”等50余场次劳动技能培训班，用文艺搭建起扶志扶智的“致富桥”。通过开展诗歌、舞蹈、书法、绘画等文艺活动，持续提升镇村文艺附加值，探索形成以“驿站诗歌小镇”为中心的文旅产业带，有力带动民宿游、庭院采摘、蒙古族餐饮等新产业发展。

3. 突出群众性。该镇把项目实施纳入年度农村优秀基层党组织目标考核，并写入《村规民约》，为实现文明实践惠民提供了有力保障。在实施过程中，注重让“诗歌进农家，陶冶你我他”理念深入寻常百姓家，团结凝聚了一大批有信仰、有抱负、有能力的乡村文艺爱好者，先后涌现出以南五十家子村党支部书记霍剑军牵头创办的“一滴水”感恩基金、“书香门第”家庭肖国均、最美文艺志愿者白宗全等为代表的先进典型。“驿站诗歌小镇文艺创作”队伍发展至 200 余人，创办的乡土文学季刊《驿站春晓》累计刊发诗文 2 000 余篇，免费提供给广大村民和文艺爱好者浏览和阅读。

二、需求分析

南五十家子镇位于河北省平泉市南部，因清朝康熙年间曾在此设立“驿马站”而得名，这里驿站文化和民族文化氛围浓厚，打造“驿站诗歌小镇”新时代文明实践文艺志愿服务项目将既是时代要求和发展所需，更是群众期盼，恰逢其时。

1. 满足基层群众精神需求

随着经济发展、科技进步和网络普及，基层群众物质生活得到极大改善，但内心世界却显得单一枯燥。究其原因，是他们的精神文化生活没有得到丰富和满足，有感染力、接地气的文艺文化活动越来越少。基于此，南五十家子镇在承德市率先成立镇村文联组织，并实现村级文联全覆盖，提出打造“驿站诗歌小镇”新时代文明实践文艺志愿服务项目，有利于发展各类文艺社团组织，凝聚起本地众多文艺爱好者开展一系列贴近百姓生活的原汁原味、雅俗共赏的文艺活动，进一步满足基层群众的精神需求，起到娱乐身心、成风化俗的作用。

2. 推动基层文明素质提升

在争创全国文明城市的时代背景下，推动基层群众文明素质的提升刻不容缓。在项目的推动下，通过倡导“诗歌进农家，陶冶你我他”理念，能够督促村民增强学习意识，提升审美旨趣，汇聚文明新风；通过设立“一滴水”感恩基金，能够倡导村民弘扬中华优秀传统美德，奉献爱心、扶危济困；通过培树“书香门第”，发挥辐射带动作用，指导村民耕读并重、诗书为友；通过发展“爱心联盟超市”，激励村民积极进取、向上向善。在惠民育民的过程中持续提升农村群众的素质文明建设。

3. 汇聚乡村治理磅礴力量

针对乡村闭塞、村民分散，且外出务工者较多，乡村治理难度较大等客观实际，通过项目实施，坚持送文化、种文化、学文化、传精神相结合，将《村规民约》、法治理念等同文艺志愿服务无缝衔接，综合运用文艺汇演、诗歌创作、书法展示等文艺方式，积极开展宣传教育活动，探索形成“文艺助力、三治融合”的乡村治理新机制，切实让文艺志愿服务在乡村治理中发挥出凝心聚力的作用。

4. 智志双扶助力乡村振兴

“志”需要榜样激励，“智”需要技术支撑。通过项目实施，能够将镇村人才优势充分调动起来、发挥他们的聪明才智。在项目支持下，农业技术人员走村入户传播农业科技知识，企业成功人士宣讲创业成才之道，文艺爱好者借助舞台表演才艺宣传党的方针政策和身边的先进事迹，中小学生积极宣传文明礼貌、爱护环境、热爱家乡和社会主义核心价值观等。通过培树一批“文艺先锋”“书香门第”“破格会员”等，加快将人才优势转化为助力乡村振兴的强大驱动力。

三、总体目标

项目旨在发挥文艺启智润心、培根铸魂、成风化俗的作用，促进乡村振兴。

计划：一年打基础、两年上规模、三年有影响。

第一年，做好规划，组建队伍，引进各级各类文艺社团组织，创建“驿站诗歌小镇”品牌；

第二年，组织开展系列文艺志愿服务活动，繁荣诗歌等文艺精品创作，持续擦亮“驿站诗歌小镇”品牌，争创河北省诗词之镇；

第三年，深化创建工程，形成名牌效应，助力乡风文明，促进经济发展。

逐步实现：村级文联组织健全，作用发挥好；文艺志愿服务特色鲜明、影响广泛；乡村治理和谐有序，成效明显；乡村文化振兴全面推进，经济社会发展显著增强。

项目目标表

年份	目标类别	目标描述
2020	范围	12 个行政村（社区）
	成本	15 万元
	质量	1. 各村均建立文联组织，招募文艺志愿者，培训文艺志愿骨干，组建文艺志愿服务队伍；2. 提出打造“驿站诗歌小镇”发展目标，引进各类协会组织落户南五十家子镇；3. 培树打造“诗歌进农家，陶冶你我他”文艺志愿服务品牌
2021	范围	12 个行政村（社区）
	成本	10 万元
	质量	1. 鼓励各村自选特色、创新载体、培育 1—2 个文艺志愿服务品牌；2. 加大诗词创作力度，建立驿站诗歌小镇乡土文学创作微信群，刊发编辑《驿站春晓》季刊；3. 争创河北省诗词之镇
2022	范围	12 个行政村（社区）
	成本	20 万元
	质量	1. 强化镇党委对镇村文联工作的重视和指导，落实工作责任，健全文艺志愿服务体系，推进志愿服务工作深入开展；2. 拓展“诗歌进农家，陶冶你我他”、“一滴水”感恩基金、“书香门第”、“爱心联盟超市”文艺志愿服务品牌；3. 探索实施文艺志愿与经济发展有机结合，加快农旅产业融合发展，促进乡村全面振兴

四、组织管理

项目按照“党委主抓、文联指导、各村联动、各级协会帮建”的原则，由镇党委亲自谋划、镇文联指导实施，市县社会组织帮扶，各村主动作为。主要做法是：

1. 健全完善组织保障体系。在承德市第一个成立镇村文联组织基础上，加快实现村级文联组织全覆盖。在镇级文联成立党支部，组建文艺志愿服务总队，村级组建文艺志愿服务分队，构建起“党委领导、文联负责、志愿服务队执行”的组织体系。明确镇党委书记兼任镇文联主席，强化党对文联工作的全面领导，有力有效指导村级文联工作开展，整合全镇文艺资源优势，全力推进文艺志愿服务，打通基层文联服务群众“最后一公里”。

2. 选优配强志愿服务队伍。高度重视人才挖掘培养和选育工作。严格文艺志愿者招募程序，设置文联审核、入队宣誓、跟踪考察、年度评比“四道关口”，全力确保文艺志愿服务队伍整体政治过硬、能力过硬、作风过硬、业绩过硬，为高质量开展文艺志愿服务提供人才支撑。

3. 精心打造志愿服务品牌。持续擦亮“驿站诗歌小镇”南五十家子镇新时代文明实践文艺志愿服务品牌,依托新时代文明实践站建设,广泛开展“诗歌进农家，陶冶你我他”、“一滴水”感恩基金、“书香门第”、“爱心联盟超市”等系列文艺志愿服务活动，加强村级特色“子品牌”项目打造，让文艺志愿服务切实发挥以文化人、成风化俗的作用。

4. 持续加快富民增收步伐。将项目实施作为巩固脱贫攻坚成果、助力乡村振兴的有力抓手，在强化智志双扶的同时，加快将文艺繁荣发展优势转化为产业发展优势，助推镇域经济社会发展转型升级，拓宽富民增收渠道和产业发展新路径。在建设南五十家子村驿站文化产业园上，通过镇村文艺志愿服务队的宣传发动，引导村“两委”理顺工作思路、凝聚发展共识，有力助推文旅产业园落地。在助推镇域文旅产业发展上，通过持续擦亮“驿站诗歌小镇”品牌，形成品牌带动效应，提升大樱桃、大李子、红薯等区域特色农产品知名度和吸引力，助推各村旅游业、采摘业发展，争取实现镇农民人均增收 1 200 元。

五、品牌打造

在项目实施中，我们深刻认识到：要想提高新时代文明实践文艺志愿服务的影响力，必须把品牌打造作为文艺志愿服务的重中之重来抓，持之以恒、常抓不懈。

1. 用“诗歌进农家，陶冶你我他”凝聚人心。坚持以驿站为基地，以小镇为平台，以诗歌为桥梁，持续密切同基层群众的血肉联系。通过建立驿站诗歌小镇文化创作微信群，创办乡土文学季刊《驿站春晓》，吸引各级采风、创作、研究基地落户，激发镇域文艺爱好者创作积极性。在诗歌等中华优秀传统文化走进千家万户的同时，也为打造驿站诗歌小镇集聚人气、凝聚力量。

2. 用“一滴水”感恩基金净化心灵。在 2012 年创建“一滴水”感恩基金基础上，将每年的六月一日定为全镇“爱心”捐赠日，通过举行文艺汇演等方式，吸引社会各界爱心人士献计献策、奉献爱心，有力拓宽了“一滴水”感恩基金“爱心”播撒面，让驿站诗歌小镇“尊老爱幼”的文艺志愿服务初心走出平泉、走向全国，成为了文艺净化心灵的又一生动实践。

3. 用“书香门第”引领社会风尚。通过培树一批拿得起、叫得响、做得实、影响广，家风忠厚、和睦邻里、崇尚读书、文脉不辍的“书香门第”家庭典型，发展其成为“驿站诗歌小镇”的中坚力量，在诗歌创作、培育家风、淳朴民风、弘扬新风上发挥示范带动作用，引领号召镇域文艺爱好者在全面推进“文艺进万家，健康你我他”文艺志愿服务中争先锋、作表率。

4. 用“爱心联盟超市”催人奋进。为将社会爱心人士和在外创业文艺爱好者的捐款捐物发挥更大作用，该镇探索建立了以文艺志愿服务为宗旨的“爱心联盟”超市，发扬无私奉献精神，鼓励村民积极参加文艺志愿服务活动，做公益事业领取积分，凭积分卡到“爱心联盟”超市换取等价物品。这项举措，对志愿奉献、仁心善举、公益付出等起到了表彰和激励的作用，从而凝聚起争先恐后、人人参与的强大合力。

六、责任矩阵

1. 镇党委牵头抓总。明确镇党委书记为文艺志愿服务的第一责任人，牵头负责项目的整体规划、组织实施、统筹调度，做到重视到位、支持到位、保障到位。

2. 镇文联深化落实。镇文联严格落实各级指示要求，全面落实好各类文艺志愿服务项目，负责好文艺志愿服务者的审批、召集和志愿服务活动的组织宣传等工作。

3. 村文联主动作为。村级文联严格按照镇文联要求，主动在重要时间节点和重大节日期间积极开展一系列内容丰富形式多样的文艺志愿服务活动，让中国“好声音”和社会正能量在基层一线广泛传递。

七、进度计划

第一阶段:成立组织,制定方案。在全镇 12 个行政村建立村级文联组织,选聘和招募志愿服务骨干,落实专门办公场所和各项制度,制定出台《全镇文艺志愿服务工作实施方案》。

第二阶段：自选特色,培育品牌。坚持“一村一品”,组织各村结合村域实际加强子品牌培育,组织开展各类文艺志愿服务活动,全力争创河北省诗词之镇。

第三阶段：创新方式,总结经验。探索创新区域文艺志愿服务新举措、新方案,及时总结工作经验,挖掘培树先进典型,巩固提升文艺志愿服务品牌。

第四阶段：总结验收,评估成效。

八、经费来源

项目经费主要来源于财政支持和社会募捐。在基地建设、品牌打造、活动组织开展、标识制作以及诗刊的出版等方面,既有市级财政经费专项保障,也有社会爱心人士的解囊相助。

九、保障措施

1. 制定下发《南五十家子镇打造“驿站诗歌小镇”新时代文明实践文艺志愿服务项目的实施意见》,确保项目开展规范有序,运行顺畅。

2. 加强项目实施监督,设立宣传工作组,与有关媒体联动,加强网络舆情监测。

3. 定期考评应对措施的实施情况和有效性，根据需要升级、补充或改变应对措施，并将这项工作贯穿在整个项目实施全过程。

十、机制建设

1. 奖励机制。项目实施中，对开展好的村进行年终表彰奖励。对有一定影响的志愿服务品牌进行大力宣传和推广，发挥更大社会效应。

2. 考核机制。将项目实施纳入村级党建目标考核，考核结果全镇通报。

3. 保障机制。全面落实“中国文艺志愿服务智慧平台”信息注册登记，争取为参加项目的全体文艺志愿者购买意外保险，提供安全保障。

实践证明：新时代文艺工作大有可为、必有作为。习近平总书记在中国文联十一大、中国作协十大开幕式上的重要讲话强调：“当代中国，江山壮丽，人民豪迈，前程远大。时代为我国文艺繁荣发展提供了前所未有的广阔舞台。推动社会主义文艺繁荣发展、建设社会主义文化强国，广大文艺工作者义不容辞、重任在肩、大有作为。”站在“两个一百年”奋斗目标交汇的历史新起点上，基层文联更应发挥“先锋军”的作用，努力抢抓新时代文艺志愿服务带来的发展新机遇，用心用情用功搭建起同基层人民群众面对面、心连心的感情桥梁，要把基层群众的思想真正统一起来、力量调动起来，把农村的优秀文艺文化资源真正挖掘出来，让新时代文明实践文艺志愿服务这面旗帜在乡村一线高高飘扬，为助推乡村全面振兴提供强大精神动力和文艺支撑。

“文艺进万家　健康你我他”
“品质西高”西高社区新时代文明实践
文艺志愿服务项目

一、项目简介

西高社区位于河北省保定市天威东路，2009 年完成村镇改造，2018 年撤销村委会建制，正式进入社区化管理阶段。西高社区群众文化活动丰富多彩，有老年秧歌队、腰鼓队、青年模特队、舞蹈队等 50 余个社区文艺兴趣小组和文艺志愿队伍，有群众基础且群众参与度高。

2020 年，为推动习近平新时代中国特色社会主义思想深入人心、落地生根，不断满足基层群众精神文化生活新期待，筑牢思想阵地，深入贯彻落实中国文联、河北省文联关于开展新时代文明实践文艺志愿服务的部署要求，倡导“文艺进万家　健康你我他”新时代文明实践文艺志愿服务理念，创新文艺志愿服务发展，西高社区被选为全国新时代文明实践文艺志愿服务项目保定市市级试点，在保定市文联、莲池区委宣传部指导下，由西高党委推进，西高社区文联组织落实的“品质西高”项目在西高社区落地生根。

“品质西高”推出了“人人有爱好”“人人上讲堂”“人人来创作”“人人志愿者”等一系列文艺志愿服务品牌。西高社区以文艺为载体，人人争当志愿者，全民参与文艺志愿服务，走出了一条“小村庄、大文艺、高品质、新颜值”的文艺引领社区发展的大美道路。

二、项目特色

一是群众文艺主体成为文明实践的主角，扩大了群众性的文艺队伍并让群众文艺主体有了自己的专业组织，起到了引领示范作用。2020 年，在保定市文联的关注和支持下，在西高党委的领导下，以党建为引领，壮大文艺队伍，成立西高社区文联，社区文艺志愿服务队 580 余人，占居民的 60% 以上，长期参与活动文艺志愿者 360 余人。二是文艺志愿服务水平高，文艺志愿服务队伍专业化。试点实施以来，通过聘请市级文艺家协会专家授课，文艺志愿队伍和文艺志愿服务水平向专业化阶段转变，全面开展了建设文艺队伍、培树文艺项目、激发创作灵感、打造文艺阵地、创新文艺模式、扩大文艺成效等内容丰富的基础性文艺活动，为文艺志愿服务长期有效开展提供坚强的保障。2021 年，西高社区荣获“全国最美文艺志愿服务社区”和“河北省最美志愿服务社区”荣誉称号。三是将党在基层巩固宣传文化阵地和发展文艺队伍工作相结合。通过文艺志愿服务，增进了党和人民群众的血肉联系，实现了文艺惠民的理念，提高了群众的文化生活品位，使文艺队伍不断壮大，为品质生活之城建设和满足群众对美好生活的向往，贡献了文艺力量。

三、需求分析

为充分发挥文艺在推动新时代文明实践中心建设中的独特作用，高质量、高水平推进西高社区文联新时代文明实践文艺志愿服务工作，在项目前期，全面梳理项目各方需求。

（一）群众精神文化需求

“文化是根，加强育民才能惠民，才能让携手奋斗的步伐走得更稳。”多年来，西高社区始终坚持“党建、育民、强村、为民”方针，各项事业飞速发展。进入新的历史发展阶段，社区居民对美好生活的新期待、新需求更加迫切，居民对美好生活的向往，特别是对美好精神文化生活的向往日益强烈。书法、美术、摄影、民族乐器、广场舞蹈艺术培训等越来越受到社区居民欢迎，越来越多的居民渴望能通过更多服务模式，组建文艺队伍，提升文艺素养，丰富业余生活，得到优秀精神食粮的滋养。

（二）社会治理迫切需要

新时代文明实践文艺志愿服务项目，是一场把习近平新时代中国特色社会主义思想落地落实的全民之战，是牢牢掌握基层宣传思想文化阵地的攻坚战，更是争取人民群众的争夺战，必须从关乎国家安全与发展的战略高度，从满足人民群众对美好生活向往的要求，认清项目实施的本质内涵，自觉担负起时代的重任。

西高党委始终把握对意识形态的全面领导，新形势下，更需要通过文艺载体将群众紧紧团结在党委周围，探索出一条现代化乡村治理体系中，文艺服务基层的有效途径。

（三）打赢城市文化软实力主动仗的基础所在

硬实力让城市强大，软实力让城市伟大。城市间的竞争越来越从经济增长、住房好、道路宽、基础设施完善等“硬实力”方面，转变到围绕经济、生活、文化、治理全面推进城市数字化转型阶段，更加注重城市品格、城市精神、文化实力、生活品质、数字化治理等“软实力”方面，打赢文化软实力主动仗尤为重要。作为城市最小单元的社区，以文艺为切入口，发展壮大文艺队伍，广泛开展文艺志愿服务，可以更好地提升城市的精神内涵和文化品位。

四、项目总目标与服务品牌

（一）项目总目标

“品质西高”旨在通过培育社区全体居民文艺爱好，丰富居民业余文化生活，通过群众的舞台来弘扬正能量，通过群众的声音来讲解政策、反映成果，通过举办群众的演出来培养发掘基层文艺骨干、吸纳锻炼文艺志愿者，在欢乐祥和的氛围中将文明乡风、良好家风、淳朴民风吹进千家万户，将文艺的种子种进百姓心田，用文学艺术手段诠释现代美好生活的生动故事，全面推动文艺助力品质生活之城绽放新颜值。经过多次讨论研究制定项目目标：

项目目标表

年份	类别	目标描述
2020	范围	西高党委及各文艺骨干
	成本	★★★ 万元
	质量	成立文联组织，将50余个兴趣小组整合成10个文艺协会，调整文化活动中心和党群服务中心功能，建立西高社区文联办公室，使每个文艺协会均有独立的活动场所

续表

年份	类别	目标描述
2021	范围	西高社区
	成本	★★★ 万元
	质量	1. 招募文艺志愿者，以文艺协会为单位组建文艺志愿服务队伍；2. 以“人人上讲堂”为载体，培育3—5个文艺志愿服务品牌；3. 将文艺成果汇总成书册、成影片、成展廊、成舞台剧等文艺形式，以展览、演出、分享会的形式，不断转化升级，提升群众的获得感、自豪感；4. 走出社区，将文艺成果传播到创建文明城市、卫生城市、儿童友好城市、青春友好城市等品质生活之城活动现场，分享给其他兄弟社区
2022 以后	范围	西高社区
	成本	根据实际需要待定
	质量	将“人人有爱好、人人上讲堂、人人来创作、人人志愿者”的四个人人项目持续开展，将一人一个文艺爱好拓展为多个，在人人上讲堂时间邀请文艺名家授课，将人人来创作、人人能演出转化为人人去创作、人人要演出，将人人志愿者提升为人人都是志愿传播者，将“文艺进万家　健康你我他”活动理念从西高社区辐射开来，遍地开花

（二）服务品牌

“品质西高”开展了“人人有爱好、人人上讲堂、人人来创作、人人志愿者”的文艺志愿服务活动。以文艺为载体，学党史、传精神、感党恩、跟党走，已成为西高社区全民的自觉性行动，越来越多的文艺爱好者投身到“繁荣发展社会主义文艺事业、建设社会主义先进文化”的工作中。

1. 人人有爱好。2020年10月15日，“西高社区文联”正式挂牌成立。西高社区原有50余个兴趣小组，归10个专业协会管理，使群众的文艺爱好走上了专业化的发展道路。居民们在提升个人文化素质的同时，也不断提升文艺素养。从最初的模特队、朗诵班，到现在10个艺术门类的大繁荣，人人都有艺术爱好，40%的居民参加了两个以上艺术门类的学习和活动。

西高社区文联成立后，下设了作协、书协、美协、音协、摄协、舞协、剧协、曲协、影协、民协十个协会。专业协会的成立，推动文艺活动的组织更加频繁。在市、区两级文艺家的不断帮扶下，在西高党委的正确领导和大力支持下，建立西高社区文联办公室，果断调整文化活动中心和党群服务中心功能，达到了协会有固定活动场馆的标准。群众业余时间最喜欢去的地方是活动中心，最喜爱的活动是协会组织的排练、演出和文艺志愿服务，乐于将个人文艺成果呈现在更多的群体中间，实现美美与共的和谐画面。

2. 人人上讲堂。“人人上讲堂”是西高社区自 2008 年建成村民服务中心就开展的活动，每周五晚上利用一小时的时间，组织居民上台讲课，先后开展了“中国梦主题演讲”“讲家风故事、树文明新风”“宣讲十九大精神”等系列主题活动，深受群众喜爱。开展“文艺进万家　健康你我他”活动以来，“人人上讲堂”将文艺与大讲堂活动结合起来，用文艺的形式诠释思想教育、健康、党史学习、奥运风采、疫情防控等主题，综合朗诵、舞蹈、音乐等各种文艺形式，群众参与度极高，实效明显。目前，居民上台授课人次达 4 000 多人次，受教育群众达 22 万人次。

3. 人人来创作。“品质西高”实施以来，在市、区两级文艺家、社区文艺骨干带领下，越来越多的居民主动参与文艺志愿服务活动。他们在社区新建活动中心，以协会为单位，积极开展学习、创作、交流活动，逐步形成了“以文会友、以艺通心、友好交流、共同进步”的良好风尚，最终形成了“人人来创作”的文艺志愿服务品牌。在“人人来创作”活动中，西高社区文艺爱好者们写体会文章、创作书画音乐摄影作品，产生了一大批展现西高人民精气神的作品，形成了众多的文艺成果。“人人来创作”切实提升了群众的获得感、自豪感。

一是出版文化系列丛书。先后出版了《西高庄村志》《学习习近平系列讲话征文》《微信对话》《战“疫”笔记》等文化系列丛书49册。收录了居民演讲稿、专题征文、文学歌曲作品、书法绘画作品等，留下宝贵的精神财富。二是拍摄家庭系列电视专题片《西高人家》。西高社区影协拍摄的专题片以家庭为单位，记录了改革开放以来，居民在物质和精神生活等方面发生的巨大变化。在此基础上，还以居民的真实故事为题材，拍摄了《红色风信子》《我从西高来》《诚信人生》等多部微电影，弘扬正能量。目前，已经拍摄各类专题片、宣传片以及微视频2 000余部。三是开展微信群交流圈。在项目支持下，成立了音乐书画、文化国学等微信群，居民在微信群中宣传正能量，创作诗歌、散文、三句半等群众喜闻乐见的作品，并拍摄成小视频互相分享。四是特殊时期展现文艺力量。2020年新冠肺炎疫情防控的100多天，“人人来创作”发挥了极大的力量。西高居民创作了500余篇诗歌、散文、快板等文学作品，200余部“抖音”“微视频”等视频作品，300余部家庭爱国卫生运动、美丽家庭创建片，250余幅书法、绘画作品。2021年，在庆祝中国共产党成立一百周年活动中，创作书画作品280余幅，并组织“永远跟党走”主题书画展，凝心聚力效果明显。

4. 人人志愿者。西高社区历来重视志愿服务工作，先后成立的尚德志愿服务队、党员志愿服务队、青年民兵志愿服务队、小小志愿者等多个志愿服务组织，在“品质西高”落地以来，转化为“人人志愿者”服务品牌，充分运用文艺方式开展志愿服务工作。他们通过多种文艺形式宣传人民至上、听党话、跟党走，为他人送温暖、为社会作贡献，充分彰显了理想信念、爱心善意、责任担当，成为人民有信仰、国家有力量、民族有希望的生动体现。

此外，西高社区各文艺协会的授课教师均为文艺志愿者，开展了各类文化服务培训，培养了在葫芦丝、旗袍、舞蹈等领域具有专业水准的骨干队伍。这些经常性的文化培训服务，让社区居民充分尝到了文艺繁荣和文艺志愿服务带来的甜头。于是，更多经过文化服务培训的居民加入了“人人志愿者”，他们走出社区，为社会团体、学校进行文化服务指导，经常性地与企事业单位进行互动，开展快闪拍摄活动，进行惠民演出，每年举行大型演出20余场，连续两年录制了网络春晚。

“人人志愿者”活动中，西高社区严格落实疫情防控要求，通过大量群众喜闻乐见的文艺志愿活动，提高社区品位和居民的整体素质，为实现基层党组织对意识形态的全面领导、推动基层社区文艺繁荣发展、引领基层治理实践、巩固党的执政地位、提高党服务于民的能力和水平、创造和谐稳定的社会局面，提供了文艺支撑。志愿者在保定市建设现代化品质生活之城活动现场，记录活动开展情况，拍摄微视频，为搬迁户赠送书画作品，排练节目参与文艺汇演，奉献了文艺志愿者爱心，全面体现了“文艺进万家　健康你我他”新时代文明实践文艺志愿服务项目试点工作的成效。

“品质西高”服务品牌

项目名称	服务品牌	开展工作
品质西高	人人有爱好	成立10个文艺协会，使群众均能找到适合自身的文艺组织，并在其中参与活动
		调整文化活动中心和党群服务中心功能，达到了协会有固定活动场馆的标准
		40%的居民参加了两个以上艺术门类的学习和活动
		市、区两级文艺家不断帮扶，提高协会文艺活动水平，进一步提升群众的参与热情

续表

项目名称	服务品牌	开展工作
品质西高	人人上讲堂	2008 年建成村民服务中心后就开展活动
		开展“文艺进万家　健康你我他”活动以来，“人人上讲堂”将文艺与大讲堂活动结合起来，用文艺的形式诠释思想教育、健康、党史学习、奥运风采、疫情防控等主题
		居民上台授课人次达 4 000 多人次，受教育群众达 22 万人次
	人人来创作	以协会为单位，积极开展学习、创作、交流活动
		出版文化系列丛书
		拍摄家庭系列电视专题片《西高人家》
		开展微信群交流圈
		特殊时期展现文艺力量
	人人志愿者	在“品质西高”落地以来，相关部门将原有尚德志愿服务队、党员志愿服务队、青年民兵志愿服务队、小小志愿者等多个志愿服务组织，转化为“人人志愿者”服务品牌
		经常性的文化培训服务，让社区居民充分尝到了文艺繁荣和文艺志愿者服务带来的甜头，更多经过文化服务培训的居民加入了“人人志愿者”活动
		走出社区，为社会团体、学校进行文化服务指导，经常性地与企事业单位进行互动，开展快闪拍摄活动，进行惠民演出，每年举行大型演出 20 余场，连续两年录制了网络春晚

五、组织管理和团队建设

（一）组织管理

“品质西高”活动由保定市文联、莲池区委宣传部指导，西高党委推进，西高社区文联（西高社区文艺志愿服务队）带领各文艺协会展开具体工作。

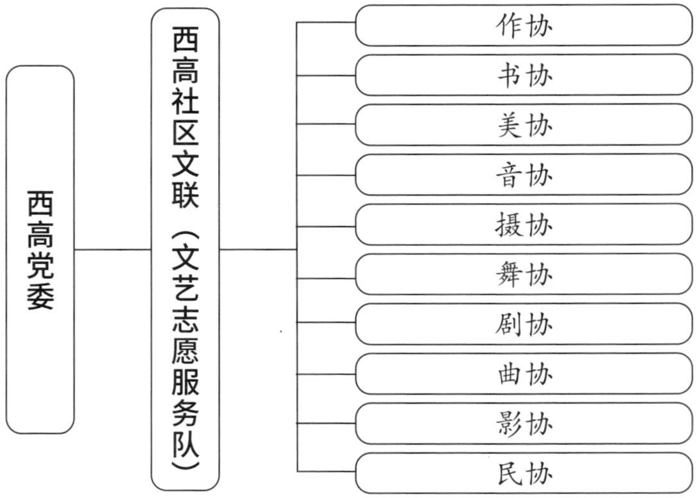

项目组织结构示意图

（二）团队建设

由保定市文联牵头组建保定市新时代文明实践文艺志愿服务团，由西高社区新时代文明实践中心文艺志愿服务项目点结合实际组织开展活动，原有50余个兴趣小组，归作协、书协、美协、音协、摄协、舞协、剧协、曲协、影协、民协十个专业协会管理，使群众的文艺爱好走上了专业化的发展道路。

六、工作范围分解

“品质西高”项目受众范围较广，工作内容较多，其中核心工作包括：

1. 项目准备：保定市文联、莲池区文联统筹，西高社区安排部署活动有关工作，明确工作职责，进行动员部署，广泛宣传发动;筹备成立社区文联，制定各文艺协会成立方案，筹划整合协会活动场所。

2. 项目实施：成立社区文联和各文艺协会，整合协会活动场所。各文艺志愿服务队按照“人人有爱好、人人上讲堂、人人来创作、人人志愿者”的总目标，制订活动计划，在社区内部培训、彩排，以文艺的形式演绎年度主题教育活动，丰富群众的精神文化生活，升华教育成果；文艺骨干面向文艺爱好者、广大群众进行培训，发挥文艺骨干“种子”效能。在社区外，助力现代化品质生活之城建设，以点带面，将试点成果逐步扩散，促进周边社区提升文艺志愿服务工作。

3. 信息统计：统计收集全社区范围群众的真实需求，汇总各地需要艺术指导、文艺演出、成果展览重点信息，安排文艺志愿者提供有针对性的志愿服务，并在“西高社区文联”微信公众号进行发布。

4. 宣传报道：项目实施期间，充分发挥抖音、快手等新媒体平台的宣传作用，特别是在微信群、朋友圈等平台，及时宣传报道活动成果。

七、责任矩阵

“品质西高”的基本责任分工为：

1. 总体策划：保定市文联、莲池区文联统筹，西高社区根据上级工作安排、社区综合治理需要，确定需要组织的文艺志愿服务活动。西高社区文联制订活动计划，带领各协会文艺志愿者完成活动目标。

2. 活动发布：西高社区文联组织发布。

3. 项目实施：由社区根据活动计划组织。

4. 外宣报道：组织开展活动后征集撰写，西高社区微信公众号平台发布。择优在保定市文联、莲池区、杨庄乡微信公众号、网站发布，并向其他媒体积极推送。

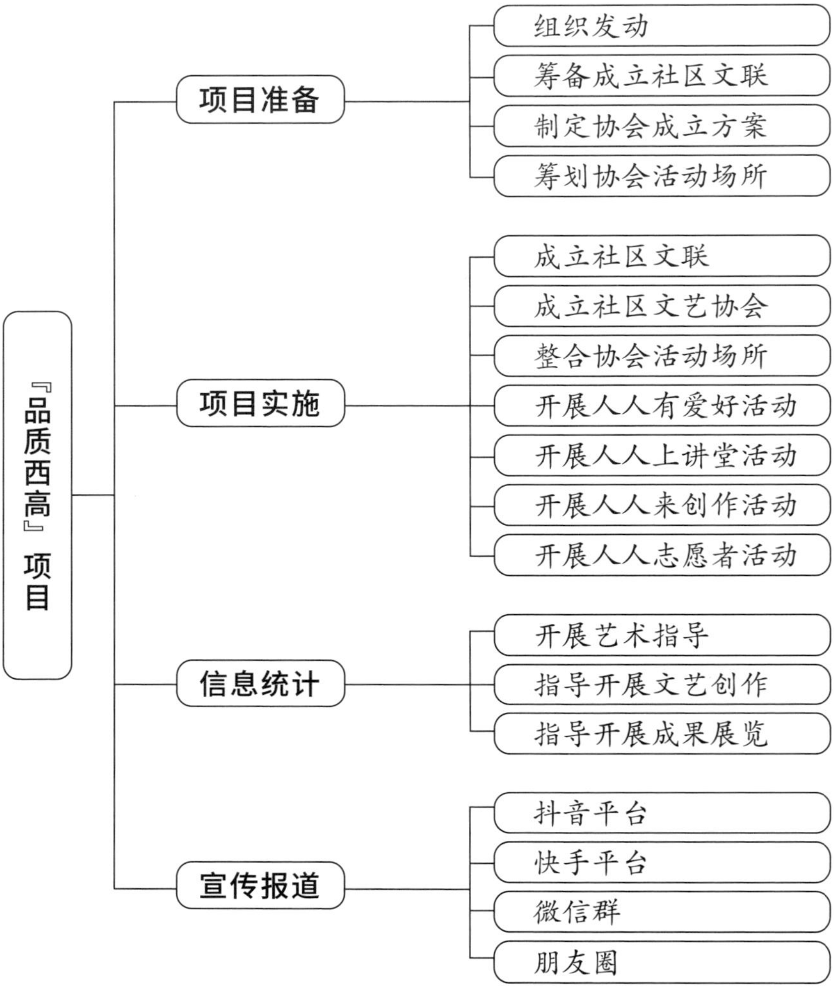

项目分解结构示意图

八、时间进度计划

编制项目进度计划，需要确定项目各项工作的先后关系，同时估计各项工作的工作量和延续时间。"品质西高"是一个系统的综合工程，涉及面广，内容较多。实施过程中，有些工作之间存在明确的先后关系，有些工作则可以平行进行，先后关系并不明确。根据综合研究，制定项目进度表。

项目进度表

序号	工作名称	2020 年		2021 年				2022 年
		9 月前	10—12 月	1—3 月	4—6 月	7—9 月	10—12 月	1 月以后
1	建成新时代文明实践中心	√						
2	50 余个文艺兴趣小组开展活动	√						
3	2008 年开始“人人上讲堂”活动	√						
4	2017 年“人人上讲堂”入选全国社区教育品牌	√						
5	将 50 余个文艺兴趣小组整合成 10 个文艺协会		√					
6	调整文化活动中心和党群服务中心功能，使每个协会有独立的活动场所		√					
7	建立西高社区文联办公室		√					
8	以协会为单位组建文艺志愿服务队			√				
9	培育“人人有爱好、人人上讲堂、人人来创作、人人志愿者”服务品牌			√	√	√	√	

续表

序号	工作名称	2020 年		2021 年				2022 年
		9 月前	10—12 月	1—3 月	4—6 月	7—9 月	10—12 月	1 月以后
10	广泛开展展览、演出、分享会等文艺志愿服务活动			√	√	√	√	√
11	走出社区，助力品质生活之城建设			√	√	√	√	√
12	项目拓展							√

九、项目资源和费用计划

项目资源计划是指在项目执行过程中，决定项目工作所需要的资源类型（人力、材料等）及其数量的规划过程，它是费用估算和管理的基础。“品质西高”项目以让文艺的种子在西高社区生根发芽遍地开花，形成星火燎原的良好发展态势为主旨，所需资源和经费主要由社区自筹。所有经费花销包括文艺场所配套设施建设费、交通费、食宿费等，均严格按照财政规定标准支出。

十、风险分析与管理

“品质西高”有其特殊性，是在常态化疫情防控下人员聚集开展的群众文艺活动，群众参与度较高。项目团队在承认风险、认识风险的基础上，做好“品质西高”决策，尽可能地将风险降至最低，采取了以下措施：

1. 完善项目管理组织，设置风险管理专员，以便及时采取措施应对风险。

2. 将风险识别有规律地贯穿整个项目，全面识别项目每个阶段的潜在风险，重点是节目（作品）内容意识形态风险、活动期间出现疫情风险等，制定风险管理表。

（一）节目（作品）内容意识形态风险

1. 在西高党委的领导下，通过个人学习、观看警示教育片、“人人上讲堂”活动等提高党员干部、群众对于意识形态风险的认识，使其树立崇高的政治责任感和文化使命感，能明辨政治是非，能分清科学、迷信，能区分美与丑、积极健康与消极庸俗。

2. 坚持正确的政治方向，把好政治关，坚持以人为本，为人民服务，为社会主义服务的创作方向，唱响主旋律、提倡多样化，结合重大节日与保定市重点工作，推出创作主题，严格落实节目审核制度，出版文化系列丛书，严格落实“三审三校”制度。

3. 提高微信交流群准入门槛，实行群主负责制和实名制，设置微信群管理员，集体制定群规并严格执行。

（二）活动期间出现疫情风险

以新冠肺炎疫情防控为例，严格落实疫情防控政策，实行活动报批制度，严格控制线下人员聚集活动参与人数，或取消线下活动，转为线上举行。如组织文艺骨干、文艺志愿者利用好微信群、微信公众号等线上平台，创作、录制、发布疫情防控主题作品，做好防疫宣传，提高居民健康卫生意识。如连续两年组织录制网络春晚，利用微信交流群、公告栏、广播等方式告知居民消息；以网络视频连线、分时段分批次等方式开展节目审核、排练工作；设置防疫专员做好防疫工作，各节目分开录制，组织居民线上观看并全网多平台推送，将文艺惠民落到实处，使文艺志愿服务做出成效。

十一、项目沟通与控制

（一）项目沟通机制

为保证“品质西高”项目信息和文件传递的及时、畅通，对“品质西高”项目加强统筹、协调，使各团队间的沟通、协调、信息共享和问题解决更加高效和准确，将各项工作落实到位，建立“品质西高”管理信息系统，其中包括：

1. 建立“品质西高”项目联络机制。在西高社区文联成立后，搭建微信群、整理电话簿等，将下设各文艺协会、文艺骨干、文艺志愿者联系起来。设置信息员，将各文艺活动信息集中汇总，及时传达到位，组织居民参与到文艺培训、志愿演出活动中。

2. 建立“品质西高”项目会商机制。“品质西高”由保定市文联、莲池区委宣传部指导，西高社区党委推进，西高社区文联指定项目负责人组织落实。项目从计划到实施，都十分注重制度规范，聘请了法律顾问为项目提供法律服务，建立健全“两委”联席会议、重大事项报告制度，发挥了社区居民“主人翁”作用，通过会商机制研究解决项目工作中的问题和困难，推动文艺志愿活动顺利开展。

（二）项目控制机制

“品质西高”在实施过程中采取了以下控制措施：

1. 状态跟踪。在“品质西高”项目执行过程中，以项目计划和各目标为基础，西高社区文联办公室和各文艺协会安排专人及时跟踪、记录文艺志愿活动执行的实际情况，以及时发现偏差。

2. 偏差分析。将“品质西高”实际执行情况与目标和计划进行对比，动态分析进度偏差、成本偏差等，权衡其已造成或可能造成的影响，通过“品质西高”项目会商机制制定相应调整方案和措施。

3. 偏差调整。对偏差和缺陷进行规范化调整处理，确保项目在受控范围内，在严重偏离计划指标且无法进行规范化处理时，及时对项目流程和计划进行更新。对于新的项目计划，持续运用 PDCA（计划、执行、检查、处理）循环法控制和改进项目实施，直至项目结束。

“品质西高”西高社区新时代文明实践文艺志愿服务项目在保定市各有关部门的大力支持和共同努力下有序开展，保定市建设现代化品质生活之城“聚焦新颜值、跑出加速度”工作中，到处有西高社区文艺志愿者的身影。他们积极参与保定市文联“百花迎春”联欢晚会演出，“我和我的祖国”“颂歌献给党”快闪活动，唱响新时代主旋律，文化的光芒在西高社区逐渐放大。

“人人有爱好、人人上讲堂、人人来创作、人人志愿者”的文艺志愿服务活动，真正打通了宣传群众、教育群众、服务群众的“最后一公里”，切实产生了传思想、树新风、育新人、聚民心的良好效应，探索了一条现代化乡村治理体系中，文艺服务基层的有效治理途径。

受疫情影响，“品质西高”现场活动场次和现场观众有所减少，但西高社区文联积极采取各级联动和线上线下相互融合方式，推动新时代文明实践文艺志愿服务活动向网上延伸，全年参加线上观演和文艺培训的人数大增，文艺志愿服务的覆盖面更广了，进一步彰显了文艺特色，扩大了社会影响，为丰富人民群众精神文化生活发挥了积极作用。

线上线下相结合项目

“学党史　传精神　跟党走”——中国文艺志愿者在行动主题活动项目案例

一、项目简介

在中国文联的指导下，中国文联文艺志愿服务中心、中国文艺志愿者协会以“文艺进万家　健康你我他”新时代文明实践文艺志愿服务模式为基础，联合各全国文艺家协会、机关各部室及直属单位、全国各级文联于 2021 年 4 月至 5 月在全国广泛开展“学党史　传精神　跟党走”中国文艺志愿者在行动主题活动，并在毛泽东同志《在延安文艺座谈会上的讲话》发表 79 周年、第 8 个中国文艺志愿者服务日之际，推出“精神伟力——‘学党史　传精神　跟党走’中国文艺志愿者在行动特别节目”，联动中央、省、市、县 1 100 多家媒体平台在同一时间集中播出，以“国家、省、市、县、乡、村”六级组织模式，四级联动的宣传方式，为广大人民群众提供了优秀的文艺作品，以生动的文艺实践弘扬中国精神、引领时代风尚。

二、需求分析

（一）引导文艺志愿者和社会各界学党史的必要举措

习近平总书记在党史学习教育动员大会上的重要讲话强调：“在全党开展党史学习教育，是牢记初心使命、推进中华民族伟大复兴历史伟业的必然要求，是坚定信仰信念、在新时代坚持和发展中国特色社会主义的必然要求，是推进党的自我革命、永葆党的生机活力的必然要求。”这深刻阐明了开展党史学习教育的重大意义，为全党学党史、悟思想、办实事、开新局指明了方向，提供了根本遵循。

打造“学党史　传精神　跟党走”——中国文艺志愿者在行动主题活动项目是落实党史学习教育的必然要求，是深入学习领会习近平总书记关于党史、新中国史、改革开放史、社会主义发展史的重要论述，聚力增进政治认同、思想认同、理论认同、情感认同的必然要求。行动聚焦党的发展历程中涌现出的具有代表性的中国精神，让人民群众成为文艺的主角，在亲身参与文艺活动中了解和传播党的创新理论，有利于在文艺界乃至全社会营造优良学风。

（二）疫情常态化背景下丰富人民群众精神文化生活的创新路径

在新冠肺炎疫情常态化背景下，项目有效对接人民群众对高质量文艺精品的需要，打造线上线下联动的“学党史　传精神　跟党走”特别行动，不仅线下举办各类文艺志愿服务活动，还打造特别节目于线上联动四级媒体平台同步播出，拓宽丰富人民群众精神文化生活的路径。这一创新路径联动各艺术门类、各级文联、各级广播电视台、各级各类媒体平台，还有工农兵学商各领域各行业，集思广益、集中智慧、形成合力，激发创意灵感、丰富文化内涵、表达思想情感，积极满足人民文化需求，努力增强人民精神力量，不断增强文艺志愿服务的传播力、引导力、影响力、公信力。

三、项目计划

（一）4 月 1 日—5 月 5 日　精选精神引领地示范带动

结合“文艺进万家　健康你我他”新时代文明实践文艺志愿服务，组建文艺志愿者队伍分赴各地与当地文联联合开展“学党史　传精神　跟党走”主题宣传活动，选取当地精神地标性建筑（如纪念碑、博物馆、英雄雕塑等）作为舞台背景，选取当地最有代表性的红色经典文艺节目进行重新编排，与当地文艺团体、老百姓互动共演并进行拍摄，融入慰问演出、展览展示、文艺培训、原创作品推广等多种形式，用伟大的中国精神引领全国文艺志愿者学党史、传精神、跟党走。

（二）4 月 1 日—5 月 23 日　线上短视频传播

线上开展“学党史　传精神　跟党走”——文艺志愿者在行动短视频活动。在微博、抖音、腾讯微视、快手等网络平台发起“文艺志愿者‘学党史　传精神　跟党走’”话题，号召广大文艺志愿服务组织、文艺志愿者结合音乐、朗诵、戏剧、舞蹈、书法、美术、摄影、影视、曲艺、杂技、民间文艺、文艺评论等艺术元素，拍摄及线上分享短视频，结合自身文艺技能，学习传承中国共产党在长期奋斗中铸就的伟大精神，在全网掀起一波文艺志愿者学党史热潮。同时定向邀请数百位各全国文艺家协会艺术家、中国文艺志愿者协会成员、明星、各大经纪公司参与活动。协调各网络平台在 5 月 23 日形成规模化宣传。

（三）4 月 1 日—5 月 5 日　联动全国各级文联、文艺志愿者竞演

邀请动员各级文联参与此次线上线下活动。结合当地中国精神，选择精

神地标作为主视觉呈现，进行活动策划及拍摄，充分调动当地文艺志愿者积极性，主题突出、多级联动，结合多种艺术形式，将实地演出和线上传播紧密结合，做到线下全动员，线上全展示，促进基层优质内容产出，鼓励各层级优秀文艺作品百花齐放，联合打造人民的舞台。设置全国节目选送机制，激发广大群众参与热情。5 月 5 日前通过视频形式报送中国文艺志愿者协会，拍摄要求由中国文艺志愿者协会统一提供。

（四）5 月 23 日中国文艺志愿者服务日“学党史　传精神　跟党走”——中国文艺志愿者在行动特别节目全网直播（时长 120 分钟）

整合全国资源，媒介融合打造全国舞台，带着致敬历史、展望未来的情怀与憧憬，从新民主主义革命时期（1919—1949 年）、社会主义革命和建设时期（1949—1978 年）、改革开放和社会主义现代化建设新时期（1978—2012 年）、中国特色社会主义新时代（2012 年至今）四个阶段展现从红船起航到奋进新时代的伟大征程，以“中国精神”为主线，将全国各地（12 地及全国竞演视频、线上短视频等）“学党史　传精神　跟党走”的文艺实践精心编排，各艺术门类综合展示呈现，用史料、文物等还原重大历史事件，升华主题，深刻反映中华民族的历史巨变，生动描绘共产党人的精神图谱，从人民的视角，用人民的舞台献礼党的百年华诞。

项目里程碑计划表

序号	任务名称		2021 年			
			3 月	4 月	5 月	6 月
1	前期准备	项目总体调研	◆ 3.1			
		项目总体筹划	◆ 3.10			

续表

序号	任务名称		2021 年			
			3 月	4 月	5 月	6 月
2	启动部署	组建项目领导小组	◆ 3.11			
		召开项目启动会议	◆ 3.11			
		发布活动通知		◆ 4.1		
		动员文艺志愿者		◆ 4.6		
3	精选精神引领地示范带动	联系第一阶段示范性 18 个地点提交节目方案并汇总		◆ 4.2		
		编导小组创作会议		◆ 4.6		
		确定节目方案，联系艺术家，确定 18 个地点最终版拍摄方案、时间地点 部分编导赴地方实地调研		◆ 4.11		
		18 个地区提交拍摄成品			◆ 5.5	
		后期剪辑节目视频			◆ 5.19	
4	线上短视频传播	向全国发送第二阶段通知		◆ 4.6		
		出台宣传方案			◆ 5.7	
		协调各网络平台规模化宣传			◆ 5.14	
		在各平台（微博、抖音、腾讯微视、快手等）创建话题“文艺志愿者‘学党史 传精神 跟党走’”			◆ 5.21 ◆ 5.21	
		进行活动预热宣传				
		定向邀请各全国文艺家协会艺术家、中国文艺志愿者协会成员、明星、各大经纪公司参与活动			◆ 5.20	

续表

序号	任务名称		2021 年			
			3 月	4 月	5 月	6 月
5	联动全国各级文联、文艺志愿者竞演	发文至各中国文联团体会员单位，邀请动员参与此次线上线下活动		◆ 4.6		
		收集并筛选各地报送视频			◆ 5.5	
		选出优秀作品加入 5·23 直播			◆ 5.7	
6	志愿者服务日直播	出台宣传方案			◆ 5.7	
		协调各网络平台规模化宣传			◆ 5.14	
		进行活动预热宣传			◆ 5.23	
		剪辑 18 地视频、全国竞演视频、线上短视频形成约 120 分钟完整节目			◆ 5.19	
7	后期阶段	后期制作			◆ 5.5	
		审片修改			◆ 5.19	
		出片送电视台			◆ 5.22	
8	表彰总结	统计总结			◆ 5.24	
		活动表彰发放志愿者注册证及志愿服务时长			◆ 5.25	
9	项目结束	各工作组按照预算完成经费报销				◆ 6.1
		演出组完成项目结项				◆ 6.11

四、项目分工

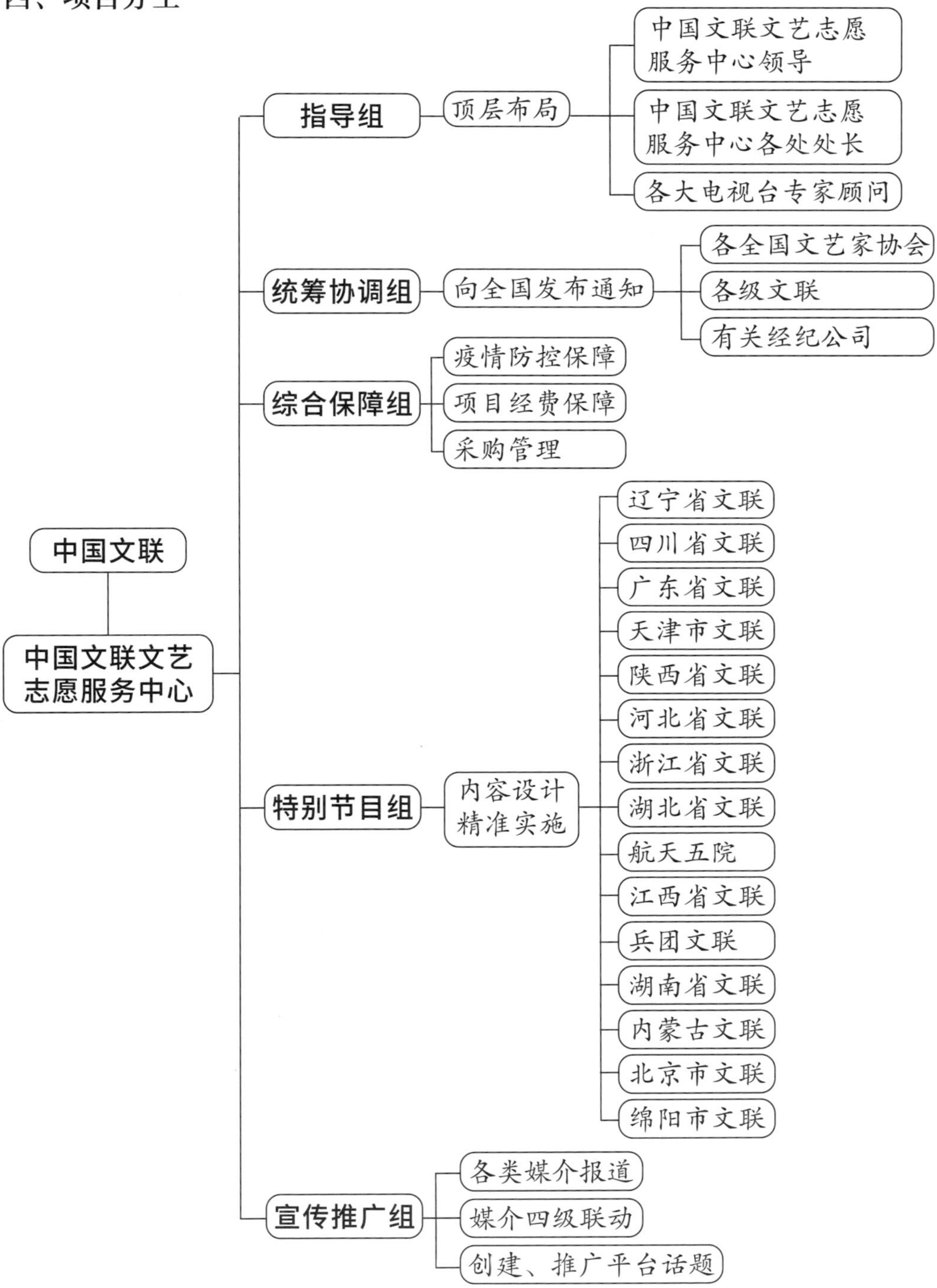

项目组织架构图

五、项目实施

（一）六级联动，开展“学党史　传精神　跟党走”主题文艺志愿服务活动

基于“文艺进万家　健康你我他”新时代文明实践文艺志愿服务模式及理念的实际运用，各级文联组织结合自身实际，团结广大文艺工作者，以文艺演出、展览展示、文艺培训、座谈交流、融媒体互动等方式学党史、传精神、跟党走。北京市文联新时代文明实践文艺志愿服务走进什邡，开展文化交流活动；青海省文联组织省文艺志愿者赴海东市互助土族自治县台子乡上台村开展“学党史　传精神　跟党走”文艺慰问演出；宁夏文联在银川市光明广场开展“学党史　传精神　跟党走”宁夏文艺志愿者在行动红色交响乐晚会；云南省文联走进红河哈尼族彝族自治州联动 1 200 名文艺志愿者共同跳起舞蹈《幸福红》；河北省文艺志愿者协会组织 120 余名青年文艺志愿者开展“学党史　传精神　跟党走”走进西柏坡大合唱活动；山西省文联汇集京、津、晋书画家、曲艺家、文艺志愿者开展走进山西大同潘家园进行惠民演出；陕西省文联走进延安开展文艺演出、书画笔会、专题座谈等，重温《在延安文艺座谈会上的讲话》,慰问革命老战士、模范先进人物代表等；四川省“学党史　传精神　跟党走”中国文艺志愿者在行动走进四川北川；山东莘县万民文艺志愿者深入基层传精神，在各县镇村普遍开展上一堂红色党课、组织一次红色采风、组织一台文艺节目、创作一批红色文艺作品活动，带动群众 10 万余人；等等。

中国文联在百度、新浪微博等搭建了全国的聚合展示平台、搜索导引，运用互联网优势给全国的文艺志愿者和老百姓提供一个与文艺名家、明星共演、线上分享的舞台，随时随地可以观看此次主题宣传活动百花齐放的全国

开展情况和热烈氛围。

（二）围绕主题，联动打造“精神伟力”特别节目

围绕“学党史　传精神　跟党走”中国文艺志愿者在行动主题活动，中国文联发挥文联组织和人才优势，深入调研，重点挖掘，联合策划，按照特别节目总体设计，联动18个省级文联以及有关单位，选取20个反映中国精神的发祥地或标志性地方，以小切口、小事件，深入挖掘和推动学习弘扬大精神，重拳打造了精神伟力——“学党史　传精神　跟党走”中国文艺志愿者在行动特别节目，在全国文联系统进行学党史集体动员和生动实践。全国超过5 000名演职人员参与节目表演及创作，覆盖国家、省、市、县、乡、村六级文艺志愿者，体现了新时代文艺创作的特色，文艺作品主体与受众产生了良好的互动，体验感、荣誉感、自豪感油然而生。

以中国共产党发展过程中各个时期的“中国精神”作为主线，以百年党史的发展脉络为依据,主要分为“没有共产党就没有新中国”“开天辟地”“改天换地”“翻天覆地”“惊天动地”“欢聚吧　第一百个春天”6个部分，包含了《没有共产党就没有新中国》《红船向未来》《井冈星火》《万里长征彝海情》《回延安》《岁月如信》《不朽的赞歌》《革命人永远是年轻》《书写新时代雷锋故事》《我为祖国献石油》《焦桐无声》《人生不等式》《兵团的心》《花鼓敲响新时代》《时代的交响》《生命之河》《敬礼,我的中国》《幸福红》《五月，请听我说》《一往无前》《向祖国报告》《欢聚吧　第一百个春天》22个弘扬中国精神的节目，运用了情景剧、歌舞、合唱、朗诵、美术、摄影等多种文艺形式。

特别节目将党的百年征程与文艺以人民为中心的创作导向紧密结合，将中国精神和人民对美好生活的向往紧密结合，用细腻的笔触刻画了党和人民的血肉情感，紧扣主线艺术化地展现出中国共产党人的精神图谱，凝聚

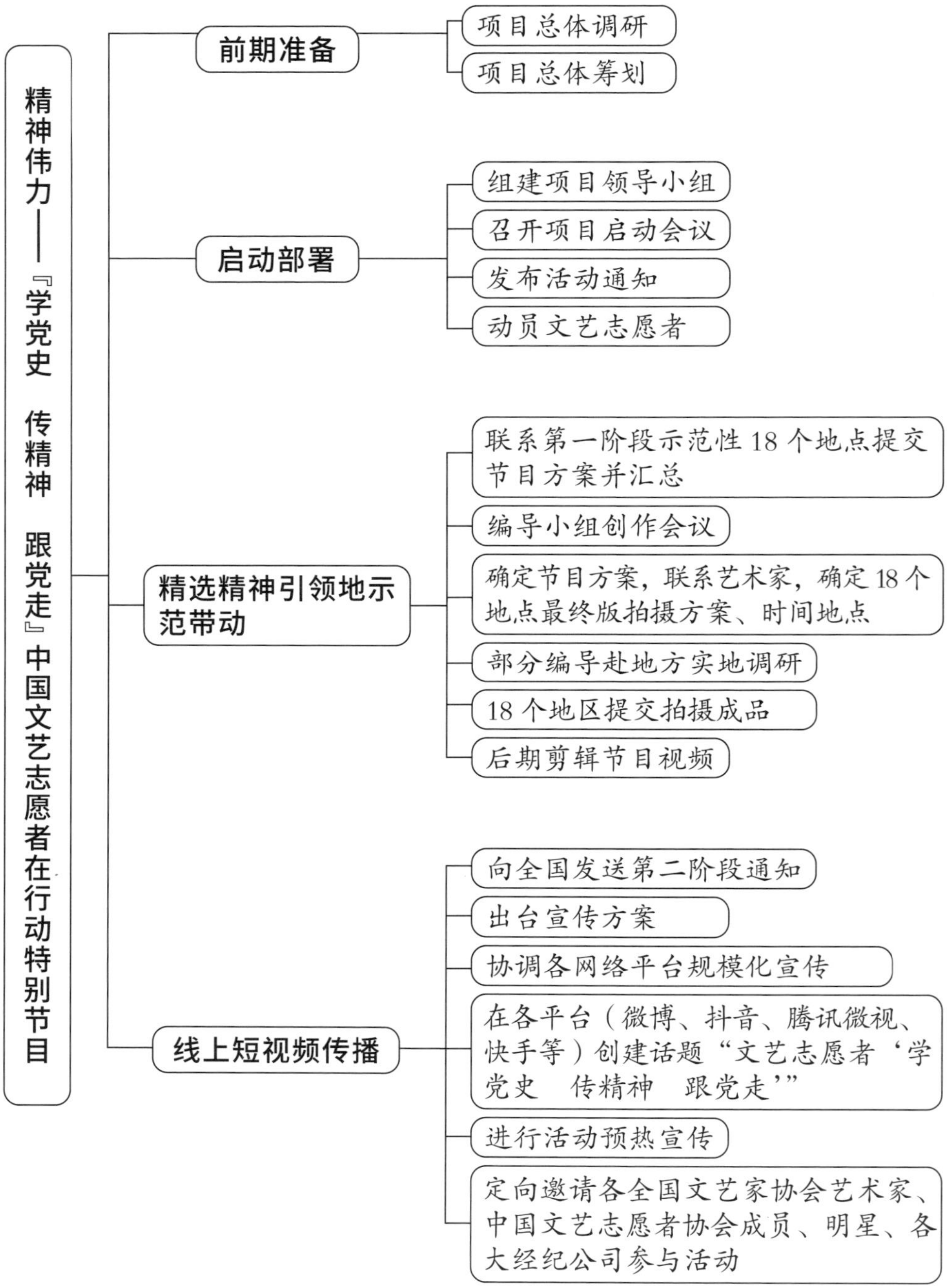
精神伟力——『学党史　传精神　跟党走』中国文艺志愿者在行动特别节目
前期准备
项目总体调研
项目总体筹划
启动部署
组建项目领导小组
召开项目启动会议
发布活动通知
动员文艺志愿者
精选精神引领地示范带动
联系第一阶段示范性18个地点提交节目方案并汇总
编导小组创作会议
确定节目方案，联系艺术家，确定18个地点最终版拍摄方案、时间地点
部分编导赴地方实地调研
18个地区提交拍摄成品
后期剪辑节目视频
线上短视频传播
向全国发送第二阶段通知
出台宣传方案
协调各网络平台规模化宣传
在各平台（微博、抖音、腾讯微视、快手等）创建话题“文艺志愿者‘学党史　传精神　跟党走’”
进行活动预热宣传
定向邀请各全国文艺家协会艺术家、中国文艺志愿者协会成员、明星、各大经纪公司参与活动

项目分解结构示意图

续图

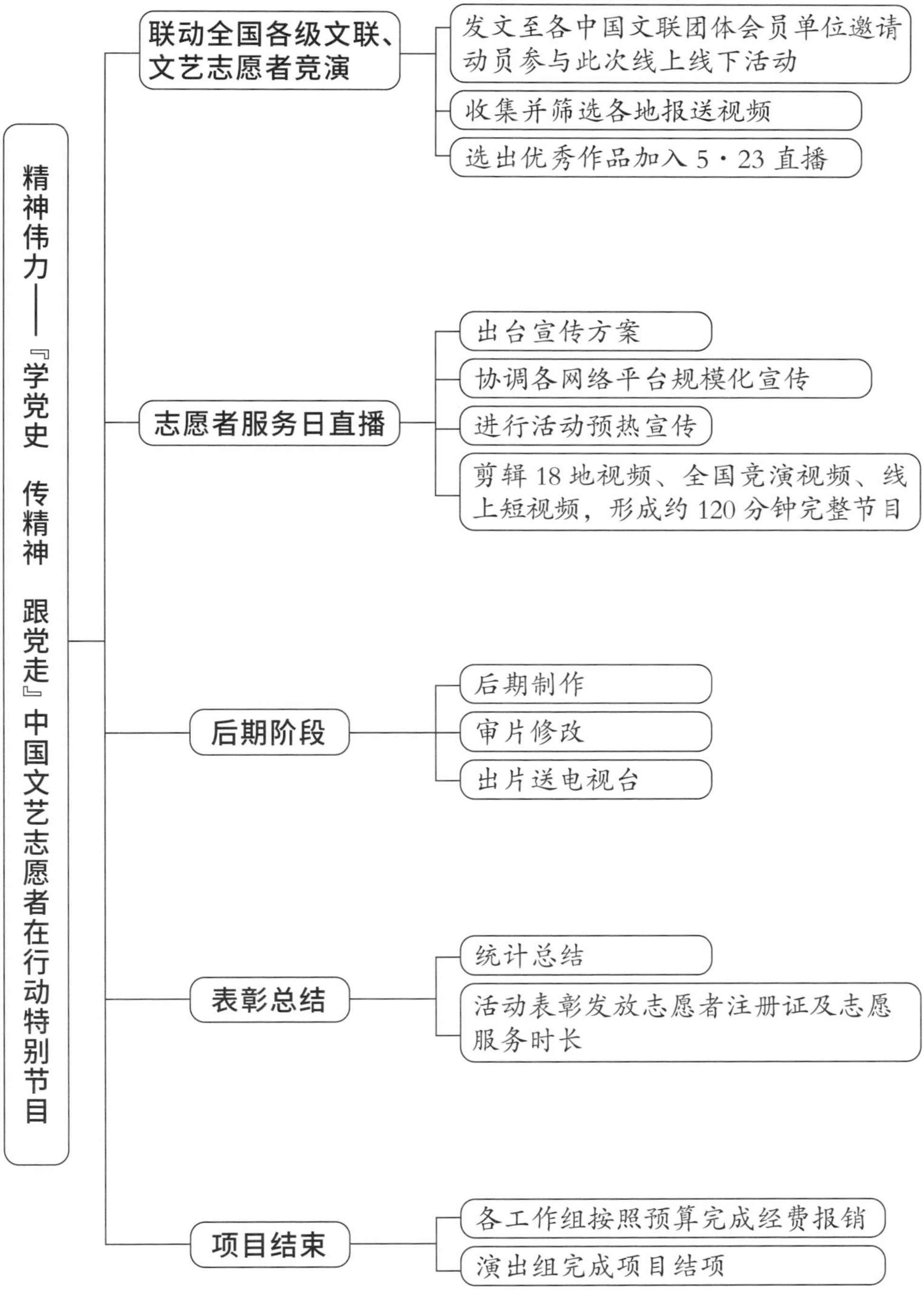

精神伟力——『学党史 传精神 跟党走』中国文艺志愿者在行动特别节目
联动全国各级文联、文艺志愿者竞演
发文至各中国文联团体会员单位邀请动员参与此次线上线下活动
收集并筛选各地报送视频
选出优秀作品加入 5·23 直播
志愿者服务日直播
出台宣传方案
协调各网络平台规模化宣传
进行活动预热宣传
剪辑 18 地视频、全国竞演视频、线上短视频，形成约 120 分钟完整节目
后期阶段
后期制作
审片修改
出片送电视台
表彰总结
统计总结
活动表彰发放志愿者注册证及志愿服务时长
项目结束
各工作组按照预算完成经费报销
演出组完成项目结项

起强大的精神力量，用生动的文艺表达让党史知识亲切地走到老百姓的身边，让党的思想在潜移默化中入脑入心，让党史学习教育内化于心，外化于行。

（三）四级媒体联动传播，掀起学党史热潮

主题活动坚持“送文化、种文化、传精神”工作思路，充分发挥中央媒体、网络媒体、地方融媒体等优势，以广大人民群众乐于参与的方式，在微博、抖音等媒体设立活动话题，形成中央、省、市、县四级以及社会各界重要媒体联动、1 100 多家媒体参与传播的格局。

1.“电视台 + 自媒体 + 融媒体”同步直播。“学习强国”学习平台、人民网、新华网、《中国艺术报》、腾讯、百度、中国文艺网、搜狐视频、爱奇艺等平台和中央、省、市、县四级 1 100 多家媒体同步播出，形成规模化传播效应。

节目播出后在全国好评如潮，引起强烈反响。辽宁省将特别节目作为全省党史学习教育的重点内容，部署在省、市、县三级 65 家广播电视播出机构再次集中播出。辽宁省在对节目的评价中表示：“精神伟力”节目主题鲜明、策划恢宏、制作精良，在全省一经播出，反响热烈，为我省庆祝中国共产党成立 100 周年营造了浓厚的广播电视舆论氛围和文化环境。播出同时段辽宁卫视在辽宁省网 75 套频道中排名第 9 位。全省其他市级、县级广播电视播出机构也对节目播出效果进行了数据分析，无线数字发射覆盖率 97%，有线用户收视率达 40%。

2. 各大平台拆分传播。5 月 23 日，新华社、《人民日报》、中央广播电视总台新闻中心、“学习强国”学习平台、人民网、新华网、《中国艺术报》、腾讯、百度、中国文艺网、搜狐视频、爱奇艺等以及全国各省、市、县媒体同步播出特别节目，对节目进行重点报道，呈现出强大的规模传播效应。

3. 自媒体传播。微博、抖音、今日头条等新媒体平台，把艺术家效应带

来的流量数据，转化为正能量精神传递的载体，传播优秀文艺作品，实现核心价值观念迅速有效地在各圈层传播扩散。新文艺组织和新文艺群体在此次活动的传播中发挥了重要作用，他们通过自媒体积极传播和分享活动中的精彩内容，微博平台话题阅读量已达 9.7 亿次。上千万名网友纷纷留言表示，要跟着文艺志愿者学党史，不忘初心，致敬英雄。

六、制作模式

联动全国各级文联组织“总—分—总”制作形式。在全国广泛开展“学党史　传精神　跟党走”——中国文艺志愿者在行动主题宣传活动的热烈氛围和深厚基础之上，“精神伟力”特别节目重点联动了 18 个省份，选取 20 个地点录制文艺节目，按照总—分—总的原则策划展开，总体部署，分头实施，再总体编创。

“学党史　传精神　跟党走”——中国文艺志愿者在行动特别节目 5 分钟短片拍摄基本原则及具体要求

1	人民舞台	尽可能让更多的百姓参与，让百姓成为主角，突出演出现场感与互动感
2	六级联动	尽可能多地联动国家级、省级、市级、县级、乡级、村级艺术家参与
3	精神内涵	艺术形式的运用需注重展现精神内涵，同时要努力追求生动、感人的艺术效果
4	宣传报道	拍摄之日起即可进入宣传状态，拍摄片段及时利用社交媒体平台短视频进行宣传造势 拍摄完三天内，提供新闻稿、图片（精选 5 张）、短视频（3 段均在 1 分钟内），发送至邮箱 dxhdc9233@163.com 邮件题目 :“学党史　传精神　跟党走”——中国文艺志愿者在行动特别节目 ×× 省文联 ×× 精神宣传资料

续表

5	拍摄背景	选择当地红色地标为背景进行节目拍摄（如纪念碑、博物馆、英雄雕塑等），拍摄地标性场景时需要有航拍。采用远、全、中、近、特各种景别和角度进行节目拍摄
6	拍摄格式	拍摄格式最好采用 2k 格式，最低不能少于高清 1920×1080 格式。声音文件（48Hz 格式）需单独提交。所有素材用统一无压缩的方式
7	视频报送	报送竞演的节目视频原则上不超过 5 分钟。 报送时间截止到 5 月 5 日，百度云盘链接发送至邮箱 dxhdc9233@163.com
8	贴标佩戴	拍摄现场尽量运用党旗，党员需佩戴党徽。 自行制作文艺志愿者不干胶贴标，所有主要演员拍摄时贴于服装上。 贴标图片及尺寸可在邮箱 wyzyzxds523@163.com 进行下载
9	合唱画面	在地标建筑前拍摄《没有共产党就没有新中国》《欢聚吧第一百个春天》合唱片段 歌曲音频及歌谱可在邮箱 wyzyzxds523@163.com 进行下载
10	横幅制作	制作横幅，用于拍摄结束后大合影环节，横幅内容如下： 文艺志愿者标志＋文字："学党史 传精神 跟党走"——中国文艺志愿者在行动走进 ××× 文艺志愿者标志可在邮箱 wyzyzxds523@163.com 进行下载

从参与度和呈现形式上来看，是全国文联系统学习领会党史学习教育精神的一次集体动员。通过主题宣传活动以开放的形式联络全国文联组织，帮助策划、打磨作品，选派知名艺术家参与其中，借力基层组织录制节目，形成了追求实效、目标导向、上下联动的工作机制。中国文联和各级文联组织"合力联动"，生动践行着党史学习教育的重要精神。

以节目《花鼓敲响新时代》制作为例：

中国文联 中国文志协	总体部署、配备优秀节目编导指导 匹配作曲家下留念编曲，吕薇赴当地参与录制 划拨项目经费
安徽省文联	节目策划的撰写及修改、节目编排、现场导演 协调拍摄团队、后期制作
滁州市文联 滁州市委宣传部	协调群演凤阳花鼓队、舞狮队、红绸队 调取、选用凤阳花鼓音视频及相关图片资料
凤阳县文联 凤阳县委宣传部	演职人员食宿交通保障、现场安保 党旗、党徽、志愿者旗帜、横幅等物料制作 现场短视频、图片、文字等宣传资料
小溪河镇	选取、协调拍摄场地，落地现场搭建事宜 协调文艺志愿者参与（村民、学生、文艺工作者）
小岗村	协调“大包干”带头人参与拍摄及现场采访 以第一书记的视角讲述当年故事

七、项目进度

序号	工作名称	2021 年			
		3 月	4 月	5 月	6 月
1	项目总体调研				
2	项目总体筹划				
3	组建项目领导小组				
4	召开项目启动会议				
5	发布活动通知				
6	动员文艺志愿者				
7	联系第一阶段示范性 18 个地点提交节目方案并汇总				
8	编导小组创作会议				
9	确定节目方案，联系艺术家，确定 18 个地点最终版拍摄方案、时间地点 部分编导赴地方实地调研				
10	18 个地区提交拍摄成品				
11	后期剪辑节目视频				
12	向全国发送第二阶段通知				
13	出台宣传方案				
14	协调各网络平台规模化宣传				
15	在各平台（微博、抖音、腾讯微视、快手等）创建话题“文艺志愿者‘学党史　传精神　跟党走’”				
16	进行活动预热宣传				

项目甘特图

序号	工作名称	2021 年			
		3 月	4 月	5 月	6 月
17	定向邀请各全国文艺家协会艺术家、中国文艺志愿者协会成员、明星、各大经纪公司参与活动				
18	发文至各中国文联团体会员单位邀请动员参与此次线上线下活动				
19	收集并筛选各地报送视频				
20	选出优秀作品加入 5·23 直播				
21	出台宣传方案				
22	协调各网络平台规模化宣传				
23	进行活动预热宣传				
24	剪辑 18 地视频、全国竞演视频、线上短视频，形成约 120 分钟完整节目				
25	后期制作				
26	审片修改				
27	出片送电视台				
28	统计总结				
29	活动表彰发放志愿者注册证及志愿服务时长				
30	各工作组按照预算完成经费报销				
31	演出组完成项目结项				

项目甘特图（续）

精神伟力——“学党史　传精神　跟党走”中国文艺志愿者在行动特别节目拍摄日程表

	精　神	负责单位	地　点	计划拍摄时间
1	没有共产党就没有新中国	混编		
新民主主义革命时期（1919.5—1949.10）				
1	红船精神 1921	浙江省文联	浙江 嘉兴	4.29
2	井冈山精神 1927	江西省文联	江西 吉安	4.22—4.23
3	长征精神 1934	四川省文联	虚实影像	4.28—4.29
4	延安精神 1942	陕西省文联	陕西 延安	5.8
5	西柏坡精神 1948	河北省文联 河北电视台	河北 西柏坡	4.30
社会主义革命和建设时期（1949.10—1978.12）				
1	“两弹一星”精神 20世纪50—60年代	四川省文联	四川 绵阳	4.18
2	抗美援朝精神 1950	辽宁省文联	辽宁 丹东	4.23
3	大庆精神、铁人精神 20世纪60年代	黑龙江省文联	黑龙江 大庆	4.28
4	兵团精神 1965—1998	兵团文联	新疆兵团	4.30
5	焦裕禄精神	河南省文联	河南 兰考	4.26
改革开放和社会主义现代化建设新时期（1978.12—2012.11）				
1	小岗精神 1978	安徽省文联	安徽小岗村	4.27
2	特区精神 1980—2000	广东省文联	深圳	4.20
3	女排精神 1984	天津市文联	天津	5.6
4	西迁精神 1956—2005	陕西省文联	陕西 西安交通大学	4.30
5	抗震救灾精神 2008	四川省文联	四川 北川	4.27

续表

	精　神	负责单位	地　点	计划拍摄时间
中国特色社会主义新时代（2012.11—至今）				
1	抗疫精神 2020	湖北省文联	湖北 武汉	4.30
2	新时代北斗精神 2020	航天五院	北京	4.26/5.6
	探月精神 2021			
	载人航天精神			
3	脱贫攻坚精神	湖南省文联	湖南	5.6
4	乌兰牧骑精神（蒙古马精神）	内蒙古文联	内蒙古 科右中旗	5.1 前
5	欢聚吧第一百个春天	北京文联	北京	5.4
6	主持人串联	中国文联	四川建川博物馆	5.6

八、风险管控

（一）意识形态与舆情风险管控

1. 完善审核流程。导演组（或项目组）应首先根据节目的主题思想、创作方向、艺术追求、呈现效果进行总体设计、节目遴选和推荐，形成文字方案报请中心领导，最终在主任办公会上讨论通过后，方可推进落实。录制节目须组成五人以上的审核小组，对画面、演出内容、字幕等进行仔细初审后，提请中心三位领导进行二度审核。如属中国文联主办的重大演出活动，须报请中国文联党组领导进行终审，方可上线播出。

2. 严格人员选用。拟定参与相关活动的人选应报送中国文联理论研究室（中国文联意识形态安全领导小组办公室）及相关部门征求意见，并报请中国文联党组领导进行终审。

3. 严格监测舆情。通过监测方式关注意识形态安全与舆情的动态变化。一是提前搭建各级文艺志愿服务宣传负责人、宣传信息报送员工作网群，及时沟通各地活动宣传情况与舆情风险点。二是与深度合作媒介提前做好网络信息安全部署，节目播出当天加强发布平台中评论、话题、热点、热搜等区域的实时动态监测。

4. 严格信息发布。活动新闻宣传转发内容需经中心分管领导审定，原创内容需经中心分管领导审定后报主要领导审定，最大限度避免负面舆情出现。

5. 及时做好舆情报送工作。做好舆情动态收集分析、梳理工作，把握舆论关键点，便于后期有针对性地开展工作。当负面舆情出现，应第一时间锁定舆情点，立即与发布平台安全协调部门沟通应对，引导舆情的正确走向。同步报送中心分管领导与主要领导，并根据舆情事态及时向上级主管部门汇报。做到及时汇报、及时请示、及时应对。

6. 加强组织领导。组建“学党史　传精神　跟党走”——中国文艺志愿者在行动主题活动舆情工作小组。

九、保障及激励

（一）保险保障

特别行动按照中国文联、中国文艺志愿者协会和中国人寿保险股份有限公司共同推出的“文艺志愿者保险计划”，主要针对文艺志愿者参加志愿服务时面对的人身风险，为文艺志愿者提供综合保险保障，包括意外伤害身故、意外伤害残疾、交通意外伤害身故和残疾保障，将为广大文艺志愿者提供切实的权益保障。

中国人寿保险股份有限公司
China Life Insurance Company Limited

被保险人清单（团单/清汇通用）

投保单号：1209211190000334O

投保单号：1209211190003340														
投保人/汇交人名称：中国文艺志愿者协会														
序号	投保人（汇交投保需填写此栏）	（主）被保险人姓名	连带被保险人姓名	投被保险人关系	属组	性别	出生日期	证件类别	证件号码	职业代码	受益人	被保险人签字	已投保有效身故保险金额总和：（见提示4）	备注

（二）志愿者证书激励与注册时长登记

为更好激励文艺志愿者参与特别行动和特别节目，针对参与人员制作证书并根据参与情况进行服务时长登记，同时在工作中逐渐形成制度化举措。

文艺志愿者注册时长登记表

序　号	姓　名	证书编号	新 注 册	服务时长

后 记

《“文艺进万家　健康你我他”新时代文明实践文艺志愿服务项目模式工作手册》是一本新时代文艺志愿服务工作的工具书。中国文联党组对本书编撰工作高度重视，对编撰工作提出明确指导意见和要求。中央文明办二局局长熊大同对本书编撰工作给予了大力指导。中国文联文艺志愿服务中心主任冀彦伟深入学习中央精神，深化理念创新，率队开展调研，提出了项目设想，组织推动项目试点实施，不断总结提炼，创建了“文艺进万家　健康你我他”新时代文明实践文艺志愿服务项目模式，指导《工作手册》编撰，做了大量具体工作。中国文联文艺志愿服务中心副主任李岩、吴艳华进行了审稿。项目试点 7 省（区、市）文联党组领导高度重视项目实施，并指导入选项目的撰稿工作。山东省是该项目最早试点的省份，山东省文联党组书记、副主席王世农亲自统筹部署山东试点工作，创新实践，对试点工作给予大力支持。

中国文联文艺志愿服务中心刘海阔配合推进山东省试点和项目扩大试点工作，执笔撰写了有关文稿，开展了统稿、审稿工作；桑健博配合开展了试点推动和《工作手册》文稿收集工作。中国文联文艺志愿服务中心赵梦燃、甘益聪、胡瀚博，山东省文联王宇鹏、乔新江、张娜娜、张童，河南省文联申慧生、张晓艳，内蒙古文联曹文军，内蒙古视协杨扬，山东省剧协姚文正、梁清果，山东省美协魏百勇、高仁贵，山东省书协郝晓明，淄博市文联孔祥翠，淄博市剧协常勇，淄博市五音戏艺术传承保护中心史晓睿，朝阳区文联金童、姜军，莱芜区文联于晓敏，莘县文联邹海宏，莘县县委改革办陈继龙，罗庄区互联网信息安全服务中心王磊，罗庄区文联李伟维，河北省文联蒋朝忠，保定市文联朱昕华、杨佳林，南五十家子镇党委、镇文联苏振忠，分别撰写了有关项目篇章。各有关项目负责人、撰稿人在编撰过程中付出了辛勤努力。中国文联文艺志愿服务中心马康强、邢雅萍、蒲强以及全体同志对试点开展新时代文明实践文艺志愿服务工作给予了大力支持。中国文联出版社社长尹兴及本手册责任编辑王柏松、张甜对手册编撰出版工作提出了大量宝贵意见。在试点和本书编撰工作中，还有大量的文艺工作者、文艺志愿者对该项工作给予支持和帮助，在此一并致谢。

囿于水平，本书难免存在不当之处，敬请批评指正。